SER MAIS

ANOS INICIAIS
do Ensino Fundamental
Educação de Jovens e Adultos

Ari Herculano de Souza
Licenciado em História e Geografia pela UNISAL. Especialização em Filosofia pela PUC-PR. Professor dos Ensinos Fundamental e Médio.

Cilé Terezinha Toledo Ogg
Licenciada em Geografia pela UFPR. Especialização em Educação de Jovens e Adultos PUC-PR. Professora e coordenadora de Geografia do Ensino Médio-PR.

Ezenir Gabardo
Licenciada em Língua Portuguesa pela PUC-PR. Especialização em Ensino de Língua Portuguesa UTP. Professora de EJA da Educação Básica.

Lia Kucera
Licenciada em História Natural pela PUC-PR. Professora dos Ensinos Fundamental e Médio. Professora de EJA.

Maria Cristina Müller
Licenciada em Artes Plásticas pela FAP. Especialização em metodologia do Ensino da Arte e Ensino Superior- IBPEX. Professora de EJA da Educação Básica.

Roseli Machado
Licenciada em Ciências Biológicas pela UFPR. Especialização em Educação Ambiental. Professora dos Ensinos Fundamental e Médio.

Salete P. Andrade
Licenciada em Matemática pela PUC-PR. Especialização em Educação Matemática na sala de aula virtual PUC-PR. Professora do Ensino Fundamental.

Valda Marcelino Tolkmitt
Licenciada em Educação Física pela UFPR. Especialização em esporte para todos. Professora dos Ensinos Fundamental e Médio.

EJA VOLUME 2

BASE EDITORIAL
2ª edição
Curitiba – 2023

Dados para catalogação
Bibliotecária responsável: Luciane Magalhães Melo Novinski
CRB 1253/9 – Curitiba, PR

Dados Internacionais de Catalogação na Publicação (CIP) de acordo com ISBD

S481 Ser mais Anos iniciais 2º e 3º ano: Educação de Jovens e Adultos Manual do Educador / Ari Herculano de Souza ... [et al.] ; ilustrado por Ivan Sória Fernandez. - 2. ed. - São Paulo : Base Editorial LTDA, 2023.
512 ; 20,5 x 27,5cm. – (v.2)

ISBN: 978-85-427-0637-6 (aluno)
ISBN: 978-85-427-0638-3 (educador)

1. Alfabetização. 2. Educação de adultos. I. Souza, Ari H. de. II. Ogg, Cilé T. Toledo. III. Gabardo, Ezenir. IV. Kucera, Lia. V. Müller, Maria Cristina. VI. Machado, Roseli. VII. Andrade, Salete P. VIII. Tolkmitt, Valda M. IX. Fernandez, Ivan Sória. X. Título. XI. Série.

CDD 372.41
2023-749 CDU 372.41

Elaborado por Vagner Rodolfo da Silva - CRB-8/9410

Índice para catálogo sistemático:
1. Alfabetização 372.41
2. Alfabetização 372.41

Ser mais – Volume 2

Ficha técnica

Conselho editorial
Mauricio Carvalho
Renato Guimarães
Dimitri Vasic
Jorge Yunes
Marco Stech
Mauro Bueno
Silvia Massini
Célia de Assis
Valdeci Loch

Gerência editorial
Eloiza Jaguelte Silva

Coordenação de produção editorial
Osmarina F. Tosta

Editor
Carmen Lucia Gabardo

Revisão
Gilberto Girardello Filho
Juliana M. Gusso Rosado
Juliana Dias

Iconografia
Ana Cláudia Dias (Coord.)
Aline Tavares
Belquís R. Drabik
Jéssica C. Ortiz
Antonio Sevilha

Tratamento de imagens
Solange Schipio

Licenciamento de textos
Luiz Fernando Bolicenha

Projeto gráfico e capa
Paulo de Oliveira Franco

Editoração
Cézar Augustus Guariente

Imagem da capa
© sonya etchison/Fotolia.com

Ilustração
Ivan Sória Fernandez

Revisão comparativa
Lucy Myrian Chá

Finalização
Marline Meurer Paitra (Coord.)
José Cabral Lima Júnior
Patricia Librelato Rodrigues
Solange Eschipio

BASE EDITORIAL

Base Editorial Ltda.
Rua Antônio Martin de Araújo, 343 • Jardim Botânico • CEP 80210-050
Tel.: (41) 3264-4114 • Fax: (41) 3264-8471 • Curitiba • Paraná
www.baseeditora.com.br • baseeditora@baseeditora.com.br

Impresso na Leograf Gráfica e Editora - Janeiro/2024

Apresentação

Educação, uma via necessária.

O que isso quer dizer? Significa que aprender a ler e a escrever o mundo e sobre o mundo é imprescindível quando vivemos numa sociedade que difunde e registra por meio de muitas linguagens e suas ideias e seus valores.

É preciso ler nas linhas e entrelinhas para que possamos compreender nossos direitos e deveres, a importância das decisões coletivas e o caminho mais justo para o bem-estar de todos. Neste livro, você encontrará textos, informações e atividades que objetivam a ampliação do domínio das linguagens e da compreensão das relações culturais e sociais.

Sumário

Unidade 3 *Diferentes forma de ser e de viver*

Unidade 4 *Desafios da vida*

Sumário

Unidade 1 Quem somos

Nesta unidade, você vai ler diferentes gêneros de texto e refletir sobre identidade e diversidade brasileira; diferentes paisagens e lugares; diversas formas de comunicação e percepção do mundo; nossa identidade pessoal no social.

Um mundo de diversidade

Brasil, o nosso país, apresenta uma grande dimensão territorial e possui uma vasta diversidade natural e cultural. Cada região brasileira exibe diferentes peculiaridades.

Roda de conversa

Observe as imagens na página ao lado: o que elas representam? Que diversidade está representada? Na sua região existem belezas que merecem destaque? Quais?

Leitura de imagens: paisagens brasileiras

Observe as imagens representativas de regiões brasileiras e indique, no mapa, a que região pertencem.

Brasil – Regiões

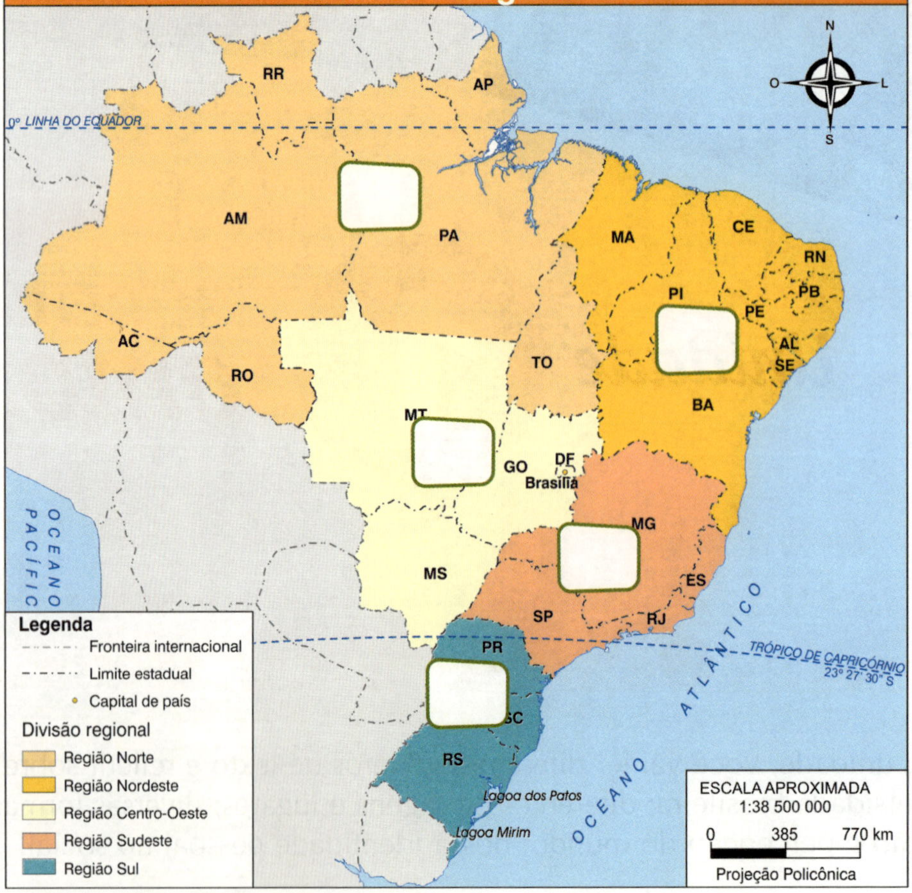

Jorge.kike.medina/W. Commons

Floresta Amazônica – Região Norte.

© Adrovando Claro/Fotolia.com

Praia de Perobas – Região Nordeste.

Sarah and Iain/W. Commons

Ouro Preto – Região Sudeste.

Alicia Yo/W. Commons

Pantanal – Região Centro-Oeste.

W. Commons

Pampas – Região Sul.

Roda de conversa

O texto a seguir, publicado na Revista Roteiros do Brasil, do Ministério do Turismo, tem o objetivo de divulgar informações sobre as belezas do nosso país e roteiros turísticos de viagens a lugares do território brasileiro. Você acha importante divulgar as atrações turísticas do Brasil? A que público-leitor o Ministério do Turismo destina as informações? O que o título "Um mundo chamado Brasil" nos sugere?

Um mundo chamado Brasil

O Brasil é um país de superlativos. Estima-se que seu litoral ostente mais de 1500 praias.

Só isso bastaria para fazer dele um destino turístico inevitável. Acontece que o território brasileiro tem também o rio mais caudaloso da Terra, o Amazonas, e a maior floresta tropical do Planeta, a Amazônia. Realiza o maior carnaval do mundo. São Paulo é simplesmente a terceira maior cidade do globo. Ainda que não reunisse tantos superlativos, o Brasil encantaria qualquer visitante, graças, principalmente, à sua diversidade – em todos os aspectos: clima, fauna, flora, relevo, história, arte, gastronomia. Sem contar, claro, o povo brasileiro. De norte a sul, de leste a oeste, o visitante encontra uma gente calorosa cercada de incríveis belezas naturais e arquitetônicas. Na maioria dos pontos turísticos do país, natureza e civilização dialogam, e desse contraste surgem atrações únicas, que ajudam a compreender a alma brasileira. Da floresta amazônica, no Norte, com forte presença indígena, aos Pampas, no Sul, passando pelo exuberante Pantanal, no Centro-Oeste, e pela biodiversidade incomparável da Mata Atlântica, na faixa litorânea, o Brasil fascina por sua beleza natural. Da mesma forma que as marcas históricas deleitam o turista diante da arquitetura moderna de Brasília ou das preciosas construções barrocas de Minas Gerais.

Tudo isso sob as bênçãos do Cristo Redentor, instalado no alto do Morro do Corcovado, no Rio de Janeiro, um dos mais célebres cartões postais do mundo.

O Brasil é imperdível!

BRASIL. Ministério do Turismo. Um mundo chamado Brasil. In: **Revista Roteiros do Brasil**, 2010. Disponível em: <http://turismo.gov.br/export/sites/default/turismo/o_ministério/publicacoes/downloads_publicacoes/Revista_Roteiros_do_Brasil_2.pdf>.

GLOSSÁRIO

Superlativo: graus elevados das qualidades positivas que se exprimem.
Ostente: deixa ver; mostra naturalmente; exibe com ostentação.
Caudaloso: que leva água em abundância.
Arquitetônica: relativa à arquitetura, arte de construir edifícios.
Exuberante: repleto, cheio; vivo; cheio de vigor, animado.
Biodiversidade: ou diversidade biológica: descreve a riqueza e a variedade do mundo natural, todas as formas de vida.

Responda oralmente

1. Qual é o título do texto e qual é o nome da revista em que foi publicado?
2. Em que veículo de comunicação ele foi publicado?
3. Com que intenção o texto foi escrito?

4. Qual é o Ministério responsável pelo turismo no Brasil?
5. Você conhece alguma das belezas citadas no texto? Qual? Descreva-a.
6. Algum aspecto da sua região é citado no texto pelo autor?
7. Por que o texto se refere ao Brasil como "um país de superlativos"?

Os roteiros apresentados na Revista Roteiros do Brasil propõem viagens a locais que são patrimônio natural e cultural. Portanto, nessas viagens, o cuidado com a preservação do meio ambiente e com a promoção do bem-estar da população deve ser observado. A atividade turística que zela pelo patrimônio natural e cultural chama-se ecoturismo.

GLOSSÁRIO

Sustentável: que tem condições para se manter ou conservar.

Saber mais

O ecoturismo, segundo a EMBRATUR, é um "segmento de atividade turística que utiliza, de forma sustentável, o patrimônio natural e cultural, incentiva sua conservação e busca a formação de uma consciência ambientalista através da interpretação do ambiente, promovendo o bem-estar das populações envolvidas".

Reflexão sobre o uso da língua

1. Releia o texto e complete.

O nome do nosso país e como ele é descrito no texto.

____

2. Utilize letra maiúscula e escreva:

a) O nome do nosso Planeta.

____

b) O nome do rio mais caudaloso.

____

c) O nome da maior floresta tropical do Planeta.

____

d) O nome dos estados citados no texto.

____

Quando escrevemos o nome de pessoas, países, rios, cidades e estados, usamos letra maiúscula.

Observe o conjunto de letras que usamos para escrever palavras.

Imprensa maiúscula e minúscula

Aa Bb Cc Dd Ee Ff Gg Hh Ii
Jj Kk Ll Mm Nn Oo Pp Qq Rr
Ss Tt Uu Vv Ww Xx Yy Zz

Manuscrita maiúscula e minúscula

Aa Bb Cc Dd Ee Ff Gg Hh Ii Jj
Kk Ll Mm Nn Oo Pp Qq Rr
Ss Tt Uu Vv Ww Xx Yy Zz

Trabalhando com as palavras

1. Escreva os nomes próprios, retirados do texto, em ordem alfabética, completando o quadro.

Amazonas		

2. Procure no dicionário o significado das palavras:

Brasileiro: ______________________________

Tropical: ______________________________

Povo: ______________________________

Indígena: ______________________________

3. Escreva seu nome e o lugar onde você nasceu. Use letra manuscrita.

____

____

4. Vamos observar os nomes dos nossos colegas de turma e organizá-los, escreven-do

a) os nomes que começam com a mesma letra:

____

____

____

____

____

b) os nomes que começam com vogal:

____

____

____

Produção Oral

O texto "Um mundo chamado Brasil", publicado na Revista Roteiros do Brasil, refere-se às belezas naturais e arquitetônicas brasileiras. Divulgue você, também, um ponto turístico.

Faça uma exposição oral sobre uma beleza natural ou arquitetônica da sua região, informe como ela é, onde fica, como se chega lá e qual é a relação da população com esse espaço.

Cada sociedade tem uma maneira de compreender o mundo. As diferenças são decorrentes da cultura e do modo de vida dos grupos sociais, e estão relacionadas ao tempo e ao lugar em que essas sociedades vivem.

Roda de conversa

Nosso país é rico em belezas naturais e construídas. Você fez um relato sobre sua região e como a população age nesse espaço. Agora vamos imaginar como diferentes grupos sociais agem no planeta Terra.

Em sua opinião, é possível estabelecer um objetivo comum a todos os habitantes da Terra? Como você define o planeta Terra?

O texto a seguir fala sobre nosso planeta. O que o título "O despertar da águia" nos sugere?

Leitura

Acompanhe a leitura que o professor fará do texto.

O despertar da águia

© Tyler Olson/Fotolia.com

[...] De lá de cima, dizem eles, a Terra é tão pequenina que cabe na palma de nossa mão. Esconde-se atrás de nosso polegar. De lá se apagam todas as diferenças. Não há negros nem brancos, nem ricos nem pobres, nem excluídos nem incluídos, nem capitalistas nem socialistas. Terra e humanidade formam uma única entidade. O ser humano é a própria Terra que sente, que pensa, que ama e que venera. Os nacionalismos se esvaziam. Já não existem limites entre as nações e discriminações entre as raças. Todos somos Terra, nosso único planeta azul-branco, dependurado na vasta escuridão do espaço. Planeta amado, ameaçado e objeto de nossa preocupação por causa de seu futuro incerto. Somos responsáveis por este pedacinho do Universo que nos coube habitar. [...]

BOFF, Leonardo. **O despertar da águia**: o diabólico e o simbólico na construção da realidade. Petrópolis: Vozes, 1998, p. 56

O despertar da águia é um texto do gênero narração, fragmento da obra de Leonardo Boff, que discorre sobre um tema filosófico. Caracteriza-se pelo discurso expositivo-argumentativo.

GLOSSÁRIO

Excluídos: indivíduos postos para fora, deixados de fora; que não fazem parte do grupo.

Incluídos: indivíduos que fazem parte do grupo ou de uma categoria de pessoas.

Capitalistas: indivíduos adeptos do sistema econômico cujo objetivo é obter lucro; aqueles que possuem capital e contratam os serviços de outros em troca de salários.

Socialistas: indivíduos adeptos do socialismo, política e doutrina que surgiu entre o final do século XVIII e a primeira metade do século XIX.

Entidade: sociedade ou grupo que dirige as atividades de uma classe.

Venera: tem grande respeito; tem grande consideração; adora.

Em grupo

Discutam com a mediação do professor:

- O que significa o despertar da águia no interior do ser humano?
- Como foi possível ver a Terra do espaço, pequenina e distante?
- Quais são as diferenças apontadas pelo autor que se apagam quando a Terra é vista "lá de cima"?
- Qual é o argumento usado no texto para caracterizar a unidade na Terra?

Compreensão do texto

Observe como o autor escreve sobre o mundo em que vivemos e responda:

1. Quem é o autor do texto?

____

2. O que significa a expressão "lá de cima"?

____

3. Quem pôde ver o planeta Terra a distância?

____

4. Quando o autor escreve que "[...] se apagam todas as diferenças", a que diferenças se refere?

____

5. Por intermédio de quem a Terra sente, pensa, ama e venera?

____

6. Por que o autor se refere ao planeta Terra como ameaçado e objeto de preocupação?

7. Quais são os argumentos que o autor apresenta no texto para defender a igualdade entre as pessoas?

8. Segundo o texto, quem são os responsáveis pelo futuro do Planeta?

9. Em sua opinião, qual é a intenção do texto? Ele traz informações importantes? Por quê?

Os textos de opinião, orais ou escritos, devem ser breves, claros na interpretação de fatos e apresentar argumentos. Os textos opinativos têm a finalidade de informar, influenciar e convencer os leitores e ouvintes.

10. Exponha oralmente um fato que ocorre na sua comunidade e atrapalha o bem-estar dos moradores. Dê sua opinião sobre isso, apresentando argumentos que defendam sua opinião.
Com a finalidade de convencer a opinião pública, defenda sua ideia na comunidade. Pense em uma forma de divulgação.

Trabalhando com palavras

1. Observe:

> "O ser humano é a própria Terra que sente, que pensa, que ama e que venera."

No texto, a palavra "Terra" tem o mesmo significado que na frase:

a) A criança, enquanto brincava, sujou a mão de terra.

b) A Terra é um planeta do Sistema Solar.

c) Pedro comprou alguns alqueires de terra.

d) Aqueles homens acampados lutam pela posse de um pedaço de terra.

2. No texto, o que significam as expressões "Todos somos Terra", "nosso único planeta", "nossa preocupação por causa de seu futuro", "nos coube habitar"?

a) Que algumas pessoas fazem parte da Terra.

b) Que nem todas as pessoas estão incluídas nessa relação.

c) Que todos nós fazemos parte da Terra e somos responsáveis por ela.

d) Que apenas algumas nações, as mais importantes, compõem a Terra.

3. Observe nesta frase a seleção e a combinação das palavras em diferentes estruturas:

"De lá de cima, se apagam todas as diferenças."

O autor selecionou palavras numa determinada ordem para transmitir uma ideia. Nós podemos fazer outras combinações com as mesmas palavras.

De lá de cima, se apagam todas as diferenças.
De lá de cima, todas as diferenças se apagam.
Todas as diferenças se apagam de lá de cima.
Todas as diferenças de lá de cima se apagam.

Quando você escreve, seleciona as palavras da língua e as combina dentro de uma determinada estrutura, está expressando uma maneira própria de comunicação.

Cada um de nós, ao falar ou escrever, faz a seleção e combinação das palavras, compondo, assim, o texto que quer comunicar.

Agora, complete o quadro abaixo com as combinações possíveis:

"A Terra, vista do alto, é tão pequenina."

Cada um de nós tem uma maneira individual de selecionar e combinar as palavras. A essa maneira individual de expressão chamamos estilo.

A Terra	vista do alto	é tão pequenina.

4. Coloque as seguintes palavras em ordem alfabética. Com auxílio do dicionário, escreva seus significados. Discuta com o professor e colegas os diferentes significados e usos destas palavras:

PLANETA – UNIVERSO – TERRA

____

____

____

Observe o significado da palavra "terra" em cada um desses exemplos:

a) O homem habita no planeta Terra (nome do planeta habitado pelo homem).

b) A criança sujou a mão de terra (significa solo ou mistura de solos que apresenta fragmentos de rochas).

c) Quando retornou, beijou a terra em que nasceu (território geograficamente delimitado e habitado por pessoas de uma comunidade).

Observe que a palavra "terra" tem vários significados, porém ela funciona ora denominando o Planeta, ora o solo ou o território.

5. Explique por que as palavras acima iniciam com letra maiúscula ou minúscula.

6. Coloque as palavras seguintes em ordem alfabética.

RAÇA – PLANETA – FUTURO – UNIVERSO – TERRA – ÁGUIA – MÃO

____

____

Produção de texto

Em grupo, escrevam uma lista de atitudes, ações e gestos que vocês consideram exemplo de responsabilidade com o lugar em que moramos. Para fazer a lista, enumere as ações, começando pelas mais importantes. Escrevam a lista numa folha, ilustrem e exponham no mural da escola.

Listas são textos que relacionam pessoas ou coisas, em ordem numérica, alfabética, cronológica, etc. Por exemplo: lista de chamada, lista telefônica, lista de compras, lista de ideias, etc.

Roda de conversa

Acompanhe a leitura da carta e observe que é um fragmento de um documento maior e que se trata da disputa de territórios entre povos culturalmente diferentes. Cada povo tem uma forma de se relacionar com a terra que habita. Isso faz parte da sua identidade cultural. Em sua opinião, essa diferença pode trazer problemas no relacionamento dos povos? No Brasil, atualmente, existem questões sobre a posse de terras?

Carta do Chefe Seattle

Em 1854, o presidente dos Estados Unidos (Francis Pierce) propôs comprar uma grande área de terra dos índios peles-vermelhas, prometendo-lhes uma reserva para que nela pudessem viver.

A resposta do Cacique Seattle da tribo Suquamish, do Estado de Washington, é tida como uma profunda declaração de amor ao Meio Ambiente, brotada do coração puro e simples de um índio cheio de reconhecimento à natureza, por tudo de bom que ela dá ao homem. Esse fato ocorreu há mais de um século e meio, mas o desabafo do cacique tem uma incrível atualidade.

Há duas versões dessa famosa carta e existe a possibilidade de que ela não tenha sido escrita pelo cacique Seattle, mas que tenha origem em texto de jornal, baseado na reflexão que o cacique fez para seu povo, sobre as relações do homem com a natureza, em resposta à proposta de compra das terras enviada pelo presidente dos Estados Unidos – Francis Pierce. Eis a resposta:

"Como se pode comprar ou vender o firmamento, ou ainda o calor da terra? Tal ideia é desconhecida para nós. Se não somos donos da frescura do ar nem do fulgor das águas, como podereis comprá-los? Cada parcela desta terra é sagrada para o meu povo. Cada brilhante, mata de pinheiros, cada grão de areia nas praias, cada gota de orvalho nos

Daderot/W. Commons

WEHN, James. **Estátua de Seattle, chefe dos Suquamish**. 1912. Seattle - Washington (EUA).

escuros bosques, cada outeiro e até o zumbido de cada inseto é sagrado para a memória e para o passado do meu povo. A seiva que circula nas veias das árvores leva consigo a memória dos peles-vermelhas.

As flores perfumadas são nossas irmãs; o veado, o cavalo, a grande águia são nossos irmãos; as rochas escarpadas, os úmidos prados, o calor do corpo do cavalo e do homem, todos pertencem à mesma família. [...] Os rios são nossos irmãos e saciam a nossa sede; são portadores das nossas canoas e alimentam os nossos filhos. [...]

Sou um selvagem e não compreendo outro modo de vida. [...]"

(Carta do Chefe Seattle, em 1854, ao Grande Chefe Branco de Washington.)

GLOSSÁRIO

Cacique Seattle: um importante chefe indígena dos Estados Unidos.
Firmamento: espaço celeste visível no qual estão os astros; céu.
Fulgor: brilho; clarão.
Outeiro: colina; monte; pequena elevação de terreno.
Escarpas: terreno de rochas em forma de muralhas; corte inclinado nas rochas.
Prado: campo coberto de plantas que servem para pastagem; pasto.
Saciar: satisfazer; apagar; matar.

Em grupo

Discutam em grupo, com a mediação do professor, sobre:

- Em que época e por que a Carta do Chefe Seattle foi escrita?
- Quais os argumentos apresentados na carta pelos povos indígenas que justificam a posse da terra?
- A questão da posse de territórios é muito antiga; ela continua motivando disputas atualmente?

Elaborem um texto coletivo com as respostas das questões. O professor registrará no quadro.

Compreensão do texto

A mesma preocupação com a Terra está manifestada nesse texto, que tem como momento histórico um outro tempo, não o das viagens espaciais, mas um período no século XIX. Nessa época, a preocupação era a disputa, entre povos indígenas e brancos, pela ocupação e posse de uma parte da terra.

1. Por que o Chefe Seattle disse não poder vender as terras?

2. O que a terra representa para o povo indígena?

3. Como os peles-vermelhas consideram os elementos da natureza?

4. Explique o sentido do que disse o chefe indígena neste trecho: "Sou selvagem e não compreendo outro modo de vida."

5. A carta foi enviada para uma autoridade política dos Estados Unidos da América. Qual foi a forma de linguagem utilizada na mensagem?

6. Qual é o propósito do texto?

Reflexão sobre o uso da língua

1. Procure, no texto, palavras que nomeiam elementos da natureza e escreva-as nas linhas abaixo.

As cartas são mensagens manuscritas ou impressas dirigidas a pessoas ou organizações para comunicar alguma coisa. Há vários tipos de carta que possuem estrutura semelhante, com elementos básicos indispensáveis, como local e data, saudação, corpo, despedida e assinatura. Dependendo do tipo de correspondência, uma carta pode ser mais ou menos formal. Uma carta familiar geralmente é escrita em estilo simples, de forma coloquial, em torno de temas pessoais, pois são escritas para pessoas próximas. As cartas entre organizações – cartas comerciais – são documentos formais do mundo dos negócios: compra, venda, promoção, cobrança...

2. Na carta que lemos, o Chefe Seattle escreve como representante do seu povo, por isso, o texto está escrito na primeira pessoa do plural (nós) e inclui todos os componentes da sua comunidade indígena.

Reescreva a frase a seguir como se apenas o Chefe Seattle se dirigisse ao presidente dos Estados Unidos. Substitua as palavras em destaque e faça as adaptações necessárias.

a) "Tal ideia é desconhecida para **nós**. Não **somos donos** da frescura do ar nem do fulgor das águas."

____

____

b) "Os rios são **nossos** irmãos e saciam a **nossa** sede; são portadores das **nossas** canoas e alimentam os **nossos** filhos."

____

____

3. Se mudarmos a pessoa que fala, quais são as mudanças que ocorrem na frase? Reescreva-a.

Eu sou selvagem e não compreendo outro modo de vida.

Nós ____

Eles ____

Ele ____

Produção de texto

Reúna-se com alguns colegas, forme um pequeno grupo e conversem sobre a relação que existe entre os povos indígenas e a terra em que habitam. Anotem as ideias para discuti-las no grande grupo e, após a discussão geral, elaborem, com o auxílio do professor, um texto coletivo listando as conclusões, que será colocado no mural da sala.

Roda de conversa

Você recebe cartas com notícias de parentes e amigos? De que tipo de notícias elas podem ser portadoras? As cartas familiares são escritas em estilo simples, de forma coloquial, e tratam de assuntos pessoais, pois são dirigidas a pessoas que se conhecem, são próximas.

Leitura

Leia a carta a seguir:

Chácara das Flores

Aníbal Machado

Chácara das Flores, 18 de fevereiro de 1963. → Local e data

Querido Paulo: → Saudação

(Corpo) Evite morar em **arranha-céu**, meu filho, é o que lhe peço. Nem mesmo de graça. São uns edifícios enormes, seu tio me disse. De uma altura descomunal. Você sempre foi meio sonâmbulo, então, fico aflita. Tenho medo de você sonhar e atirar-se da janela, pensando que está voando. Deus nos livre! Além disso, há o perigo do elevador, ou seja, em caso de incêndio, como é que meu filhinho vai se salvar?

Seu tio disse que quase não entra ar nesses apartamentos e que um vizinho não liga para o outro e se um procura o outro é para questionar. Não se esqueça, meu querido, de que gente da cidade grande é diferente de nós. Seu tio disse que aí a gente vê uma pessoa morta, estendida na rua e nem olha. Se você passar perto de um falecido, não se esqueça de rezar uma ave-maria e acender uma vela.

Enquanto você não arranja emprego, seu avô vai mandando um dinheirinho para as despesas, pois com a falência tudo ficou difícil para nós.

A chácara vai ser vendida, com o dinheiro apurado seu pai está querendo comprar uma pequena olaria.

Não se esqueça de fazer uma visitinha de vez em quando para suas velhas tias. Elas gostam muito de você e precisam de carinho.

Muito juízo, sim? Receba a minha bênção e a de seu pai. Junto vai o **retrato** que tirei com seu pai como última lembrança da chácara.

Beijos → Despedida

sua mãe → Assinatura

MACHADO, Aníbal. **João Ternura**. 4. ed. Rio de Janeiro: José Olympio, 1978. p. 95-96.

Aníbal Monteiro Machado nasceu em Sabará, Minas Gerais, em 1894, e morreu no Rio de Janeiro, em 1964. Formou-se em Direito em 1917 e trabalhou como promotor público no interior de Minas Gerais. Em 1923, mudou-se para o Rio de Janeiro. Destacou-se principalmente como contista, mas também escreveu um único romance, *João Ternura*, publicado postumamente em 1965.

Em grupo

Reflitam sobre

- as marcas do tempo aparentes no texto da carta: data em que foi escrito, vocabulário usado, preocupações manifestadas pela remetente;
- as diferenças que existem no comportamento das pessoas que vivem nas grandes cidades e em outros ambientes: nos costumes, na forma de encarar a vida, na religiosidade, na manifestação da solidariedade;
- a importância da carta como portadora de notícias, informações, manifestações de afeto, mesmo numa sociedade em que, atualmente, há outras formas de comunicação mais rápidas.

Compreensão do texto

Observe as expressões **arranha-céu** e **retrato** usadas no texto, procure o significado no dicionário e responda:

1. Que palavras substituem essas expressões em outros textos? Troque-as nas frases.

   - Evite morar em arranha-céu, meu filho.
   - Evite morar em ____________________, meu filho.
   - Junto vai o retrato que tirei com seu pai.
   - Junto vai ____________________ que tirei com seu pai.

2. Quais são as preocupações expressas referentes à vida numa cidade grande? Cite três.

   ____

3. Quem é o remetente da carta?

   ____

4. A quem se destina a carta?

____

5. As comparações entre a vida na cidade grande e a vida no interior tinham como base algumas informações. Quem as fornecia?

____

6. Você concorda com as preocupações da mãe de Paulo? Por quê?

____

Reflexão sobre o uso da língua

Leia em voz alta as palavras e complete as sílabas com M ou N

Sonâmbulo – além – incêndio – entra – gente – nem – emprego – falência – comprar – vendida – lembrança.

so nâ ___ bu lo	i ___ cê ___ dio	le ___ bra ___ ça	
ve ___ di da	alé ___	e ___ tra	ge ___ te
e ___ pre go	co ___ prar	bê ___ ção	fa lê ___ cia

Produção de texto

Escreva uma carta para um amigo contando como é a vida na cidade em que você mora: o mercado de trabalho, os locais de lazer, o trânsito, o relacionamento com os vizinhos, sua expectativa em relação ao futuro, etc.

Não se esqueça dos elementos básicos que compõem a carta: data e local, saudação, corpo da carta, despedida e assinatura.

Lembre-se: para enviar a carta, é necessário preencher corretamente o envelope, colar o selo e enviá-lo através do correio.

Observe o modelo do envelope.

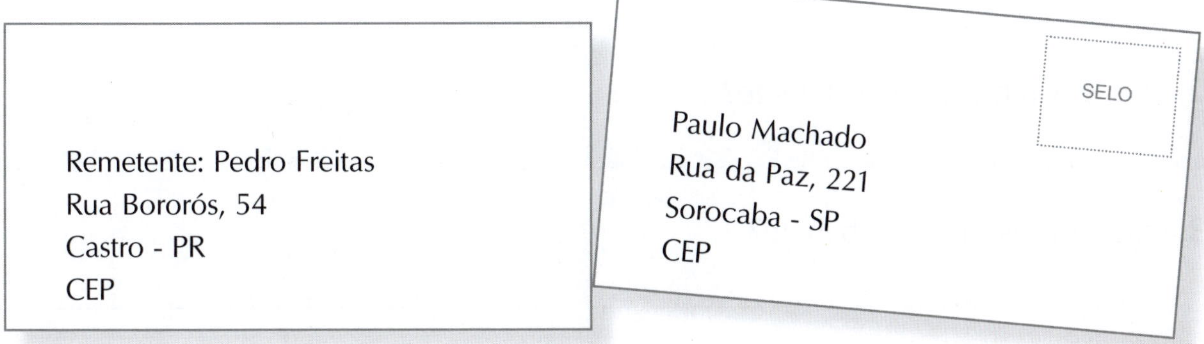

Além das cartas, podemos nos comunicar de forma rápida por meio de bilhetes, mensagens muito usadas no dia a dia. São textos simples, breves, com conteúdo reduzido ao essencial. O gênero bilhete geralmente é escrito em linguagem coloquial entre interlocutores que mantêm uma relação próxima.

Ledinha,

Recebi dois convites para assistir a uma peça de teatro. Gostaria que você fosse comigo. No sábado à noite. Que tal? É um bom programa, não acha?

Confirme, por favor.

Beijos

Cris

24/02/2023

Lembre-se que o bilhete é uma mensagem curta. Inicia-se com o nome do destinatário. A linguagem é informal, descontraída. É finalizado com o nome do remetente.

GLOSSÁRIO

Linguagem coloquial: linguagem em tom de conversação ou palestra entre duas ou mais pessoas.
Linguagem informal: linguagem usada no cotidiano nas conversas com amigos ou com a família.

Compreensão do texto

1. A quem se destina o bilhete?

____

2. Que é a remetente do bilhete?

____

3. Qual é o assunto do bilhete?

____

Na comunicação diária, fazemos uso de um gênero textual breve e curto: a mensagem de *e-mail* via internet – correio eletrônico e mensagem instantânea –, que transmite a alguém um aviso, um comunicado, uma informação, uma felicitação, uma ordem, etc.

Para poder trocar essas mensagens virtuais – pessoais ou formais – nesse sistema de transmissão, deve-se ser usuário de computador ou de celular que possua internet e ter cadastrado um endereço eletrônico – *e-mail* (*eletronic mail*).

Observe como se estrutura uma mensagem virtual.

Endereço eletrônico do remetente (preenchimento automático), data (preenchimento automático), endereço do destinatário, possibilidade de cópias a outros destinatários, assunto, texto (vocativo, corpo da mensagem, despedida e assinatura).

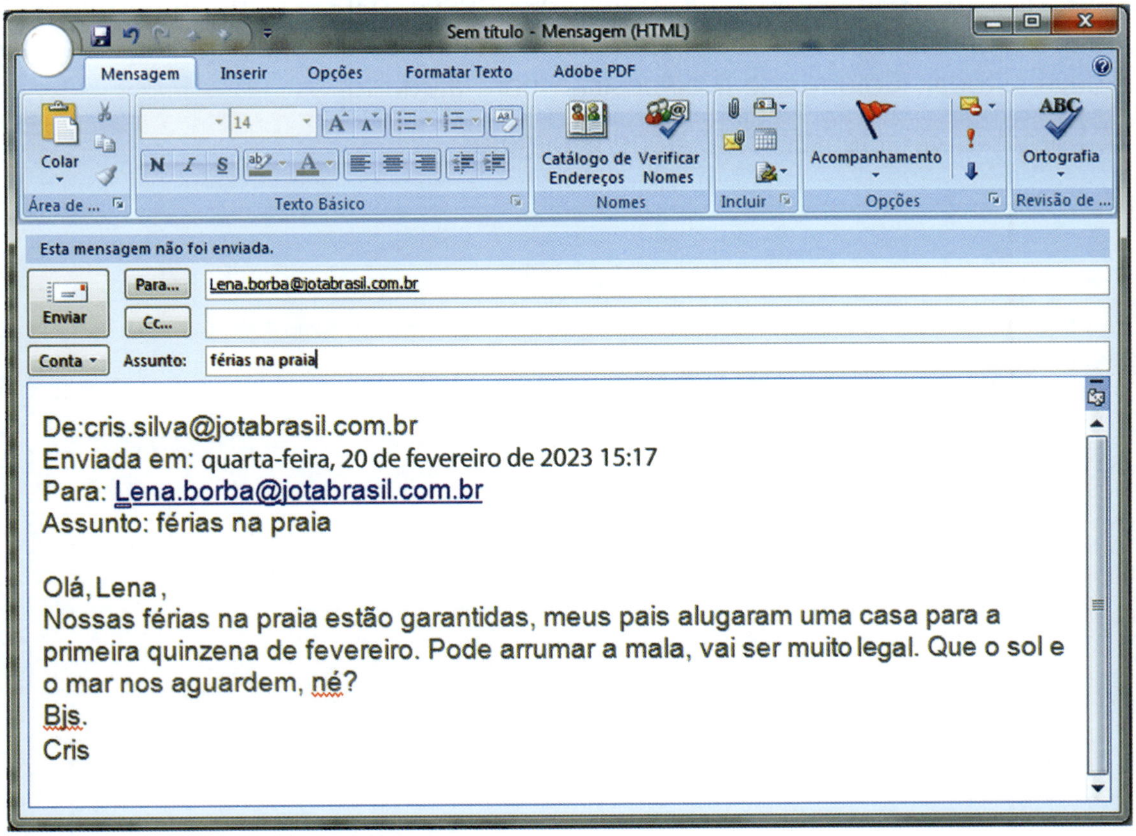
Sem título - Mensagem (HTML)
Mensagem
Inserir
Opções
Formatar Texto
Adobe PDF
Colar
Área de ...
Texto Básico
Catálogo de Endereços
Verificar Nomes
Nomes
Incluir
Acompanhamento
Opções
Ortografia
Revisão de ...
Esta mensagem não foi enviada.
Enviar
Para...
Lena.borba@jotabrasil.com.br
Cc...
Conta
Assunto:
férias na praia
De:cris.silva@jotabrasil.com.br
Enviada em: quarta-feira, 20 de fevereiro de 2023 15:17
Para: Lena.borba@jotabrasil.com.br
Assunto: férias na praia
Olá, Lena,
Nossas férias na praia estão garantidas, meus pais alugaram uma casa para a primeira quinzena de fevereiro. Pode arrumar a mala, vai ser muito legal. Que o sol e o mar nos aguardem, né?
Bjs.
Cris

Compreensão do texto

1. Quem enviou o *e-mail*?

____

2. Para qual endereço eletrônico o *e-mail* foi enviado?

____

3. Observe que a linguagem usada no *e-mail* é informal. Há expressões de gíria e abreviações que caracterizam esse gênero textual. Quais são elas? Comente o significado das expressões do texto.

- Legal ______________________________
- Né ______________________________
- Bjs ______________________________

Produção de texto

Escreva um bilhete para um amigo avisando que o professor de Ciências marcou a prova, que ele havia perdido por motivo de doença, para segunda-feira, na segunda aula, na biblioteca da escola. Pergunte ao colega se ele sabe qual é o conteúdo que deve estudar. Coloque-se à disposição para ajudá-lo.

Observe as características do gênero bilhete.

Renato Soares/Pulsar Imagens

Unidade 2 Que mundo é esse?

Nesta unidade, você vai ler sobre a diversidade cultural do povo brasileiro, analisar dados sobre a composição da população brasileira e interpretar lendas e contos indígenas e africanos que fazem parte do ideário brasileiro.

Diversidade cultural brasileira

Roda de conversa

O que você já sabe sobre a formação do povo brasileiro? Qual é o significado da expressão "um povo mestiço"? Leia o texto a seguir, escrito por Darcy Ribeiro, sobre o assunto.

Leitura

O povo brasileiro

GLOSSÁRIO

Étnico: pertencente ou próprio de um povo ou grupo.

Mestiçagem: cruzamento de etnias diferentes.

"Nós, brasileiros, somos um povo [...] mestiço na carne e no espírito, já que aqui a mestiçagem jamais foi crime ou pecado. Nela fomos feitos e ainda continuamos nos fazendo. Essa massa de nativos viveu por séculos sem consciência de si... Assim foi até se definir como uma nova identidade étnico-nacional, a de brasileiros..."

RIBEIRO, Darcy. **O povo brasileiro**: a formação e o sentido do Brasil. São Paulo: Companhia das Letras, 1995.

Leia os seguintes verbetes. Eles auxiliam os leitores na busca dos significados das palavras usadas nos textos.

Nos dicionários, encontramos os verbetes, conjuntos de sentidos que uma palavra pode ter. Dentre os sentidos da palavra, devemos selecionar o mais adequado ao texto em que ela se encontra.

VERBETE

Massa – *sf* **1** quantidade de matéria sólida ou pastosa, de maior ou menor coesão, ger. de forma indefinida. **3** conjunto de elementos, ger. da mesma natureza, formando um aglomerado. **13** Der: sentido figurado. Multidão ou conjunto numeroso de pessoas. **15** o grande público. **21** qualquer quantidade de dinheiro.

Mestiço – adj+sm **1** diz-se de ou pessoa que provém do cruzamento de pais de etnias diferentes. **2** diz-se de ou animal nascido do cruzamento de espécies diferentes.

Crioulo – adj+sm **1** que ou quem nasceu escravo nos países sul-americanos, p. opos. a quem já chegou da África com essa destinação. **2** que ou quem, embora descendente de europeus, nasceu nos países hispano-americanos e em outros originários de colonização europeia. **2.1** diz-se de ou negro nascido no Brasil. **2.2** der. regionalismo – diz-se de ou qualquer indivíduo negro.

HOUAISS, Antonio. **Dicionário Houaiss da Língua Portuguesa**. Rio de Janeiro: Objetiva, 2001.

“No princípio eram principalmente índios nativos e uns poucos brancarrões importados. Depois, principalmente negros, vindos de longe, africanos. Mas logo, logo, veja só: eram multidões de mestiços, crioulos daqui mesmo.”

RIBEIRO, Darcy. **O povo brasileiro**: a formação e o sentido do Brasil. São Paulo: Companhia das Letras, 1995.

Consulte o verbete na página anterior e responda: qual é o sentido, no texto, das palavras “mestiço” e “crioulo”?

Compreensão do texto

Responda, de acordo com o texto de Darcy Ribeiro:

1. Segundo Darcy Ribeiro, quem somos nós, os brasileiros?

2. Por que a mestiçagem ocorreu com tanta facilidade no Brasil?

3. O que significa “fomos feitos (na mestiçagem) e ainda continuamos nos fazendo”?

4. Segundo o texto, o povo brasileiro sempre teve consciência de si mesmo?

5. E hoje, você acredita que o povo tem a consciência do que é ser brasileiro?

Reflexão sobre o uso da língua

1. Leia e responda:

   "[...] já que **aqui** a mestiçagem jamais foi crime ou pecado."

   No texto, a que se refere a palavra "aqui"?

   a) A Portugal.

   b) Ao Brasil.

   c) A todo o globo terrestre.

   d) Ao mundo.

2. Busque no texto palavras que tenham as sílabas "ço" e "ça" e as escreva na linha abaixo.

   ____

3. Complete as palavras com as sílabas ço e ça.

   Carro______ pesco______ palho______ peda______

   caro______ pa______ca mi______nga

"Um povo [...] mestiço na **carne** e no **espírito**".

4. As palavras em negrito denotam o gênero dos nomes, isto é, referem-se ao feminino e ao masculino. A palavra carne é ______________, enquanto espírito é ______________.

Produção de texto

Reúna-se com três colegas e discutam sobre algumas **características** que definem a identidade do povo brasileiro. Anotem as características e as justificativas pelas escolhas do grupo. Preparem um relato para os demais alunos. Ao apresentarem o trabalho, falem de forma clara e precisa e ouçam com atenção os relatos dos outros grupos. Com o auxílio do professor, elaborem uma lista com os principais aspectos levantados pelos alunos da sala.

Lembre-se: relato é uma narração sobre um fato, um acontecimento ou os resultados a que chegaram as pessoas encarregadas de desenvolver uma atividade.

Lista é um texto que relaciona pessoas, coisas, ideias em ordem numérica, alfabética ou cronológica.

Leitura de tabela - dados do IBGE

Existem órgãos governamentais de pesquisa que fornecem dados e informações sobre nosso país. O Instituto Brasileiro de Geografia e Estatística é o principal provedor desses dados.

Roda de conversa

Você sabe o que significa a sigla IBGE? Você já foi entrevistado pelos agentes desse instituto? Em sua opinião, as informações apresentadas pelo censo são importantes para o país?

Vamos ler a tabela comparativa 2000/2010, publicada pelo IBGE, sobre o censo da população brasileira, verificar quantos somos e qual é a composição étnica da população brasileira revelada pelo censo de 2010.

As tabelas são organizadas em colunas e usadas para diversos tipos de consulta: de dados, de pessoas, etc. Têm a função de apresentar informações de maneira clara e rápida. Devem conter informações exatas e escritas de forma breve e precisa.

Cor / Raça	2000		2010	
Branca	91.298.042	53,77%	90.621.281	47,51%
Preta	10.554.336	6,22%	14.351.162	7,52%
Parda	65.318.092	38,47%	82.820.452	43,42%
Amarela	761.583	0,45%	2.105.353	1,10%
Indígena	734.127	0,43%	821.501	0,43%
Sem declaração	1.132.990	0,67%	36.051	0,02%
TOTAL	169.799.170	100%	190.755.799	100%

O BRASIL mostra sua cor. Disponível em: https://www12.senado.leg.br/institucional/responsabilidade-social/oel/panorama-nacional/populacao-brasileira

GLOSSÁRIO

IBGE: O Instituto Brasileiro de Geografia e Estatística é o principal provedor de dados e informações do país, que atendem às necessidades dos mais diversos segmentos da sociedade civil, bem como dos órgãos das esferas governamentais federal, estadual e municipal.

Saber mais

Em 2002 e 2003, o IBGE, para definir as categorias de classificação da pergunta do questionário básico aplicado à totalidade da população, realizou seminários com organizações representantes do movimento negro, instituições de pesquisa, organizações não governamentais que trabalham com questões relativas às nações indígenas e secretarias estaduais, além de pesquisadores e técnicos do próprio IBGE. O último censo promovido pelo Instituto foi realizado no ano de 2010 e o próximo estava previsto para acontecer em 2020, porém a coleta de dados só começou no fim de 2022 em decorrência da Pandemia de COVID-19.

No Censo de 2010, repetiu a mesma categoria de classificação da pergunta, que voltou ao questionário básico como: branca, preta, parda, amarela e indígena e, pela primeira vez, as pessoas identificadas como indígenas foram indagadas a respeito de sua etnia e língua falada.

Em grupo

Converse com o professor e os colegas sobre os dados do censo publicado pelo IBGE referentes a 2010:

- A função do IBGE como provedor de dados e informações do país.
- O aumento da população do Brasil.
- Os números que correspondem a cada faixa da população.
- O fato de a definição de raça/cor ser declarada pelo entrevistado.
- A redução do número de pessoas que se autodeclararam brancas.
- Conforme o termo utilizado pelo IBGE, o número de pessoas da cor/raça amarela em número superior ao número de indígenas.
- O crescimento do número de pessoas que se autodeclararam pretas e pardas.
- Pesquise a estimativa da população brasileira com base nos dados coletados pelo Censo demográfico de 2022.

Saiba mais

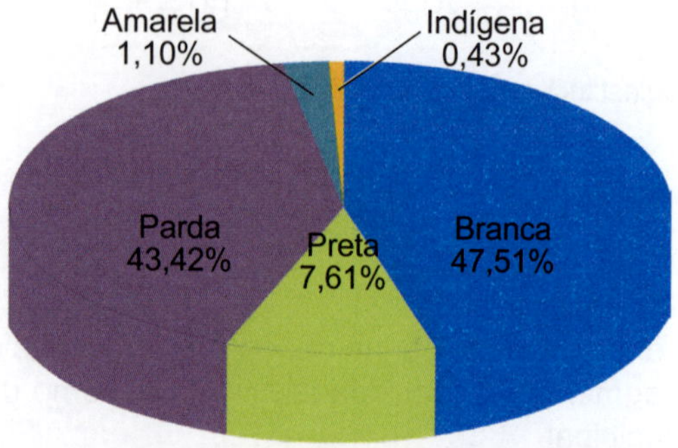

Observe que as mesmas informações referentes ao censo de 2010, contidas na tabela, podem ser apresentadas em gráficos de setores.

Os gráficos de setores servem para expressar informações em uma circunferência fracionada. Esse tipo de gráfico é muito usado na demonstração de dados percentuais.

Compreensão do texto

Em dupla, consultando a tabela e com a ajuda do professor, respondam:

1. Segundo o censo de 2010, quantos habitantes tinham no Brasil?

2. Comparando o censo de 2000 e o de 2010, o que aconteceu com o número de brasileiros que se autodeclaram da cor/raça branca nesses dez anos?

3. Se somarmos os números de entrevistados que se autodeclararam da cor/raça preta e parda, isto é, o número de afrodescendentes, qual é a faixa da população que apresenta o maior número de brasileiros?

4. Em sua opinião, qual o motivo da redução do número de pessoas não declararam a própria cor/raça no censo de 2010?

Construindo uma tabela

Reúna-se com um colega e respondam: vocês já foram entrevistados pelo IBGE? Fizeram parte da amostra do censo? É importante o trabalho desenvolvido pelo Instituto? Por quê? Apresentem a opinião da dupla.

Façam um levantamento das etnias existentes na sala de aula.

Elaborem uma tabela e depois representem em forma de gráfico.

A influência da cultura indígena evidencia-se na maneira de ser, festas, tradições e manifestações populares que fazem parte da identidade do povo brasileiro. O comportamento do brasileiro reflete a incorporação de diferentes culturas.

Roda de conversa

Você identifica em seu dia a dia a influência das culturas indígena e africana em seus hábitos, em sua linguagem, em seus costumes e preferências?

Os povos indígenas que já habitavam o Brasil, em seu contato com os colonizadores, influenciaram os costumes da época. Hoje, você considera possível identificar a influência dos povos indígenas na nossa cultura?

Leitura

Leia a letra da música de Hélio Ziskind e, se possível, acesse o *site*: <www.youtube.com/watch?v=kSV1ZSyb5ew> e ouça em sala de aula, prestando atenção na letra e no ritmo da música.

Hélio Ziskind é músico, compositor, produz CDs infantis, trilhas para rádio e TV e CDs para projetos educacionais.

Tu Tu Tu Tu Tupi

Todo mundo tem
um pouco de índio
dentro de si
dentro de si

Todo mundo fala
língua de índio
tupi-guarani
tupi-guarani

Paulo Fridman/Pulsar Imagens

E o velho cacique já dizia
tem coisas que a gente sabe
e não sabe que sabe
e ô e ô

O índio andou pelo Brasil
deu nome pra tudo que ele viu
Se o índio deu nome, tá dado!
Se o índio falou, tá falado!
Se o índio chacoalhou
tá chacoalhado!
e ô e ô

Rogério Reis/Pulsar Imagens

Chacoalha o chocalho
Chacoalha o chocalho
vamos chacoalhar
vamos chacoalhar
Chacoalha o chocalho
Chacoalha o chocalho
que índio vai falar:

© rafcha/Fotolia.com

Jabuticaba Caju Maracujá
Pipoca Mandioca Abacaxi
é tudo tupi
tupi-guarani

Tamanduá Urubu Jaburu
Jararaca Jiboia
Tatu
Tu Tu Tu
é tudo tupi
tupi-guarani

Arara Tucano Araponga Piranha
Perereca Sagui Jabuti Jacaré
Jacaré Jacaré
quem sabe o que é que é?
– ... aquele que olha de lado...
é ou não é?

© gallas/Fotolia.com

Se o índio falou tá falado
se o índio chacoalhou
tá chacoalhado
e ô e ô

Maranhão Maceió
Macapá Marajó
Paraná Paraíba
Pernambuco Piauí
Jundiaí Morumbi Curitiba Parati
É tudo tupi
Butantã Tremembé Tatuapé
Tatuapé Tatuapé
quem sabe o que é que é?
– ... caminho do Tatu...

Tu Tu Tu Tu
Todo mundo tem...

Hélio Ziskind

Disponível em: <http://letras.mus.br/helio-ziskind/387577>

Compreensão do texto

1. Identifique

a) o tema da letra da música. ____________________

b) o autor do texto. ____________________

c) o gênero do texto. ____________________

2. Você concorda que "todo mundo tem um pouco de índio dentro de si. Todo mundo fala língua de índio tupi-guarani"? Por quê?

____

____

____

3. Explique o que você entende por "tem coisas que a gente sabe e não sabe que sabe".

____

____

____

4. Complete as colunas com os nomes de origem indígena do texto.

Frutas/alimento	Animais	Localidades

5. Em sua opinião, por que encontramos denominações indígenas para locais, animais e frutas em todas as regiões do Brasil?

____

____

____

6. Qual é o significado das palavras "Tatuapé" e "jacaré" em tupi-guarani?

____

____

____

7. Em sua opinião, qual é o significado da expressão "se o índio chacoalhou, tá chacoalhado"?

____

____

8. Procure outras palavras de origem indígena e copie-as as linhas abaixo.

____

____

9. "Se o índio deu nome, **tá** dado! Se o índio falou, **tá** falado! Se o índio chacoalhou, **tá** chacoalhado."

   Observe que o autor fez uso da licença poética, isto é, da permissão para extrapolar o uso das normas da língua na composição do texto, aproximando-o mais da linguagem falada.

   a) Reescreva as frases na grafia padrão, substituindo as palavras destacadas.

   ____

   ____

Reflexão sobre o uso da língua

1. Procure no texto uma palavra que tenha a letra X: ________________________

2. Você conhece outras? Escreva: ______________________________________

3. Leia em voz alta as palavras e preste atenção na pronuncia da letra X.

   Ameixa – mexerica – táxi – exercício – exame – existe – texto – explicar

   próximo – trouxe – auxílio – fixo – tórax

4. É sempre o mesmo som em todas as palavras?

   ____

Produção de texto

Reúna-se com um colega, conversem sobre o assunto do texto e façam uma relação das ideias principais apresentadas. Apresentem oralmente a conclusão para os colegas de sala.

Roda de conversa

Lendas são histórias populares orais ou escritas que passam de geração para geração entre pessoas e comunidades. O folclore brasileiro é rico em lendas, muitas das quais nasceram com povos indígenas e geralmente referem-se à natureza.

Você conhece alguma lenda brasileira? Qual? O que são lendas? Você já ouviu uma lenda contada por alguém?

Lendas são narrativas existentes no imaginário popular que nascem com o objetivo de explicar acontecimentos com causas desconhecidas. Apresentam as características: ricas em ações; permanência no tempo; autoria desconhecida ou anônima; divulgadas de geração em geração entre pessoas e comunidades; destaque de algum personagem por seus poderes; relação direta com o momento histórico da comunidade em que foi criada; final extraordinário ou maravilhoso.

Leia a lenda indígena que se refere à origem da mandioca, essa raiz tão importante na alimentação do povo brasileiro.

Leitura

© xico Putini/Fotolia.com
Pés de mandioca.

Lenda da Mandioca

Existem várias lendas que explicam a origem da mandioca, porém a mais conhecida é sobre Mani.

Mani era uma linda indiazinha, neta de um grande cacique de uma tribo antiga. Desde que nasceu andava e falava. De repente, morreu sem ficar doente e sem sofrer. A indiazinha foi enterrada dentro da própria oca onde sempre morou e como era a tradição do seu povo.

Todos os dias, os indígenas da aldeia iam visitá-la e choravam sobre sua sepultura, até que nela surgiu uma planta desconhecida, então os indígenas resolveram cavar para ver que planta era aquela, tiraram-na da terra e ao examinar sua raiz viram que era marrom, por fora, e branquinha por dentro. Após cozinharem e provarem a raiz, eles entenderam que se tratava de um presente do Deus Tupã.

As raízes da mandioca.

A raiz de Mani veio para saciar a fome da tribo. Os indígenas deram à raiz o nome de Mani e como nasceu dentro de uma oca ficou Manioca, que hoje conhecemos como mandioca.

Disponível em: <www.sohistoria.com.br/lendasemitos/mandioca/>.

Saber mais

A mandioca é uma raiz comestível com alto valor energético – cada 100 gramas possuem 150 calorias. Contém sais minerais (cálcio, ferro e fósforo) e vitaminas do Complexo B. É base da alimentação de muitos povos indígenas do Brasil. A sua farinha é um dos alimentos de maior consumo no Brasil, muito usada na culinária brasileira, acompanhando o churrasco, em forma de farofa, o feijão, a paçoca, o pirão. Nas regiões brasileiras, recebe nomes diferentes, como: macaxeira, aipim, castelinha, macamba, etc.

A tapioca é um alimento de origem indígena, produzido com a farinha de mandioca.

Existe uma espécie de mandioca conhecida como mandioca-brava que não pode ser consumida sem que o veneno seja retirado.

Nossa cultura herdou dos indígenas brasileiros o hábito de comer mandioca. Com ela podemos fazer pratos deliciosos. Leia a receita e traga outras para a sala de aula para trocar com os colegas.

Receitas de culinária são instruções que orientam a confecção de um alimento. Nesses textos, predomina a linguagem instrucional com o uso de formas verbais no imperativo ou infinitivo. As receitas compõem-se geralmente de duas partes: ingredientes e modo de preparo. Incluindo-se, muitas vezes, o tempo de preparo, o rendimento, a dificuldade e a maneira de servir.

Receita de vaca atolada mineira

Alessandro Shinada/Folha Press

Ingredientes

1 kg de costela de vaca
2 cebolas picadas
4 dentes de alho amassados
5 tomates descascados, picados sem sementes
1 colher (sopa) de vinagre
1 colher (chá) de salsinha picada
3 cebolinhas verdes picadas
1 cubinho de caldo de carne
2 colheres (sopa) de óleo
1 kg de mandioca descascada e cortada em pedaços

Modo de Preparo

Misture as costelas com a cebola e o alho.
Leve ao fogo com o óleo e frite até que dourem.
Junte os tomates, o vinagre, a salsinha, a cebolinha e o cubinho de caldo de carne.
Acrescente água suficiente para cobrir. Cozinhe.
Quando a carne estiver macia, adicione a mandioca e água suficiente para cozinhá-la.

Tempo de preparo: 50 min
Rendimento: 10 porções
Dificuldade: moderada

Compreensão do texto

1. Identifique no texto.

a) O que caracteriza o gênero do texto "Lenda da mandioca"?

____

b) Quem era Mani.

____

c) A intenção do texto.

____

d) O *site* de onde foi retirado a "Lenda da mandioca".

____

e) Outros nomes dados à mandioca nas diversas regiões do Brasil.

____

2. A lenda indígena explica a origem da mandioca. Que significado os indígenas da aldeia atribuíram às raízes da mandioca?

____

____

3. Onde o povo de Mani costumava enterrar seus mortos, segundo a tradição?

____

4. Como a mandioca é chamada na região em que você mora? Qual é o prato regional preparado com ela que você mais gosta?

____

5. Em sua opinião, qual é a importância da mandioca na alimentação do povo brasileiro?

____

6. Qual é o estado de origem da receita de Vaca Atolada?

____

7. Qual é a intenção do texto da receita de Vaca Atolada Mineira?

____

Refletindo sobre o uso da língua

1. É comum usarmos, nas receitas, palavras para orientar as ações na confecção de um prato. Observe as colunas a seguir: nelas vemos formas diferentes de orientar ou dar ordens. Identifique em qual das colunas encontramos as palavras da receita que você leu.

MISTURAR	MISTURE
LAVAR	LAVE
FRITAR	FRITE
JUNTAR	JUNTE
ACRESCENTAR	ACRESCENTE
COZINHAR	COZINHE
ADICIONAR	ADICIONE

2. Leia novamente, em voz alta, as seguintes frases e reescreva-as, substituindo as palavras em destaque pelas formas terminadas em R:

a) **Misture** as costelas com a cebola e o alho.

___

b) **Leve** ao fogo com o óleo e **frite** até que dourem

___

c) **Junte** os tomates, o vinagre, a salsinha, a cebolinha e o cubinho de caldo de carne.

___

___

3. Leia em voz alta as palavras misturar, lavar, juntar. Na leitura você pronunciou o R final das palavras? Você falou "misturar" ou "misturá"?

___

O **R** no final das palavras não é normalmente pronunciado, por isso precisamos ficar atentos.

Produção de texto

Pesquise e selecione uma lenda indígena. Escreva-a em seu caderno e, em sala de aula, leia ou conte a lenda escolhida para seus colegas. Ouça também a leitura da lenda que eles pesquisaram.

Assim como os indígenas, os africanos tiveram importante papel na formação do povo brasileiro. Os povos africanos trazidos para o Brasil trouxeram sua língua, seus costumes, sua alimentação, suas crenças e lendas, seu modo de se vestir, suas experiências e sua história.

Roda de conversa

Você identifica as contribuições da cultura africana nos nossos costumes, na nossa culinária e na nossa língua?

Atualmente os afrodescendentes mantêm costumes e crenças trazidos da África?

Leitura

Políticas públicas de inclusão social

"Em decorrência da atividade dos movimentos negros, o governo Federal do Brasil vem propondo uma política pública de preferência especial destinada a promover o acesso ao poder, ao prestígio e à riqueza para os afro-descendentes, históricamente discriminados. [...]

RUGENDAS, Johann Moritz. **Casa de Negros.**1802-1858. In: Viagem Pitoresca através do Brasil, 1835.

Uma das propostas de ação afirmativa no Brasil é o polêmico estabelecimento de cotas para o ingresso nas universidades públicas, iniciado de forma experimental nos primeiros anos do século XXI.

Entre outras, registram-se as seguintes propostas de ações afirmativas:

– legalização dos títulos de propriedades das terras dos antigos quilombos;

– implantação dos serviços básicos de educação, saúde e assistência social às populações dos quilombos;

– implementação da obrigatoriedade do ensino de história e cultura afro-brasileiras (Lei nº 10639/2003)".

Benjamin, Roberto. **A África está em nós**: história e cultura afro-brasileira. João Pessoa: Grafset, 2006.

Saber mais

Quilombos e quilombolas

As comunidades quilombolas são grupos étnicos – predominantemente constituídos pela população negra rural ou urbana –, que se autodefinem a partir das relações com a terra, o parentesco, o território, a ancestralidade, as tradições e práticas culturais próprias. Estima-se que em todo o País existam mais de três mil comunidades quilombolas.

No Brasil, existem atualmente milhares de comunidades quilombolas que se mantêm vivas e atuantes, lutando pelo direito de propriedade de suas terras previsto pela Constituição Federal de 1988.

Existem comunidades quilombolas em pelo menos 24 estados do Brasil: Amazonas, Alagoas, Amapá, Bahia, Ceará, Espírito Santo, Goiás, Maranhão, Mato Grosso, Mato Grosso do Sul, Minas Gerais, Pará, Paraíba, Pernambuco, Paraná, Piauí, Rio de Janeiro, Rio Grande do Norte, Rio Grande do Sul, Rondônia, Santa Catarina, São Paulo, Sergipe e Tocantins.

Disponível em: <www.incra.gov.br/index.php/estrutura-fundiaria/quilombolas>

Roda de conversa

Você gosta de ler e ouvir contos? Contos orais sobre os costumes e as histórias de uma aldeia africana? Cada povo tem sua forma de transmitir sua cultura e o povo africano é tradicionalmente contador de histórias. Leia um trecho de um conto africano.

O conto é uma narrativa pouco extensa e tem como características: número reduzido de personagens; esquema temporal e ambiental, muitas vezes, restrito; poucas ações; unidade em que tempo, espaço e personagem se fundem.

A África meu pequeno Chaka...

[...] Vovô Dembo é alto que nem o baobá
e mais sábio que o marabu.

Vovô Dembo é o meu avô,
ele conta histórias melhor que ninguém.

– Diga, Vovô Dembo
me diga qual é a cor da África.
– A África, meu pequeno Chaka?
A África é preta como a minha pele,
é vermelha como a terra,
é branca como a luz do meio-dia,
é azul como a sombra da noite,
é amarela como o grande rio,
é verde como a folha da palmeira.

A África, meu pequeno Chaka,
tem todas as cores da vida.

– Conte, Vovô Dembo,
me conte o início,
quando você era pequeno,
menor do que eu sou hoje.

– O início, meu pequeno Chaka,
ah!, foi há muito tempo!
Bem antes de mim.
Havia Kadidja
e depois havia Samba.
Ela, pobre mas bela como o céu
de primavera depois da chuva.
Ele, filho de rei e com o louco tam-tam
do amor no coração.
E eu, o primogênito deles.

Nas costas de Mamãe Kadidja,
Descobri o mundo. [...]

SELLIER, Marie. **A África, meu pequeno Chaka...** Tradução de Rosa Freire d'Aguiar. São Paulo: Companhia das Letras, 2006.

Quinn Norton/W. Commons

GLOSSÁRIO

Marabus: sacerdotes venerados pela religião muçulmana.

Compreensão do texto

1. Identifique

a) o gênero do texto.

____

b) o assunto do texto.

____

c) quem escreveu o texto, quem o ilustrou e quem o traduziu.

____

____

____

2. Como Chaka identifica o seu Vovô Dembo? Como ele o vê?

Vovô Dembo é ______________ que nem o ______________,

é mais ______________ que o ______________.

Vovô Dembo é meu ______________,

ele conta histórias melhor que ______________.

3. Chaka e o avô dialogam sobre a África. O pequeno Chaka faz dois questionamentos importantes ao Vovô Dembo. Quais são?

____

____

____

4. Vovô Dembo, sempre que fala das cores da África, faz comparações. Que comparações são essas? Leia novamente o texto e complete.

A África é ______________ como a minha ______________ .

é ______________ como a ______________ .

é ______________ como a ______________ .

é ______________ como a ______________ .

é ______________ como o ______________ .

é ______________ como a ______________ .

5. Observe as palavras em destaque:

a) Vovô Dembo é **mais** sábio **que** o marabu.

b) Ele conta histórias **melhor que** ninguém.

Nestas frases, há uma comparação. Procure no texto três outras frases que também indiquem comparações.

____

____

____

Em grupo

Discutam as questões abaixo e exponham para os demais colegas as conclusões a que o grupo chegou.

- Chaka procura descobrir os costumes antigos do seu povo, quer saber o início da vida do Vovô Dembo. Como o avô explica ao neto quem eram seus pais, por que se uniram e como ele descobriu o mundo?
- Em sua opinião, a forma como essa história é contada é semelhante às histórias contadas em nossa terra, pelo nosso povo? Por quê?

Produção de texto

Reúna-se com colegas, conversem sobre o assunto e escrevam o que vocês entenderam do texto. Lembrem-se de apontar o título, a ideia principal, o local onde os fatos aconteceram e os personagens do texto.

____

____

____

____

____

____

____

____

____

____

O que é cultura?

Para compreender melhor os textos e para encontrar o significado de uma palavra que desconhecemos, recorremos ao dicionário.

É preciso ler com atenção as definições, porque as palavras podem ter mais de um sentido, e devemos selecionar o que mais se aproxima daquele do texto.

Leia o verbete do dicionário:

Verbete é um conjunto de definições, exemplos e outras informações específicas sobre uma palavra, locução, frase, abreviatura ou símbolo, geralmente disposto em ordem alfabética e escrito em linguagem objetiva.

CULTURA

cul.tu.ra

sf (*lat cultura*) 1 Ação, efeito, arte ou maneira de cultivar a terra ou certas plantas. 2 Terreno cultivado. 3 *Biol* Propagação de microrganismos ou cultivação de tecido vivo em um meio nutritivo preparado. 4 *Biol* Produto de tal cultivação. 5 *Biol* O meio junto com o material cultivado. 6 Utilização industrial de certas produções naturais. 7 Aplicação do espírito a uma coisa; estudo. 8 Desenvolvimento que, por cuidados assíduos, se dá às faculdades naturais. 9 Desenvolvimento intelectual. 10 Adiantamento, civilização. 11 Apuro, esmero, elegância. 12 *V culteranismo.* 13 *Sociol* Sistema de ideias, conhecimentos, técnicas e artefatos, de padrões de comportamento e atitudes que caracterizam uma determinada sociedade. 14 *Antrop* Estado ou estágio do desenvolvimento cultural de um povo ou período, caracterizado pelo conjunto das obras, instalações e objetos criados pelo homem desse povo ou período; conteúdo social. [...]

Disponível em: <http://michaelis.uol.com.br/moderno/portugues/index.php?lingua=portugues-portugues&palavra=cultura>.

Para ler o verbete:

- Note que o dicionário apresenta várias definições para a palavra "cultura" e que cada um dos sentidos está numerado.
- *sf* – abreviatura de substantivo feminino.
- (*lat cultura*) – indica a língua de origem da palavra (do latim cultura)

Nesse verbete, antes de algumas definições, encontramos as abreviaturas de vários campos do conhecimento, por exemplo: Biol – Biologia; Sociol – Sociologia; Antrop – Antropologia.

Fazendo conexão com... História e Geografia

Produza um texto

No caderno, com o auxílio do seu professor, consulte a parte do material de Geografia e de História. Pesquise também em jornais, revistas, internet, livros ou outros materiais sobre as influências das diferentes culturas na formação da sociedade brasileira.

Registre sua pesquisa

Em grupo, reúnam as informações e imagens, organizem um texto coletivo e componham um mural na sala de aula.

Roda de conversa

O povo brasileiro tem preferências por comidas típicas regionais, porém, a feijoada é o prato favorito de grande parte da população. Leia a letra da composição de Chico Buarque, que se refere a duas preferências nacionais: a feijoada e o encontro com os amigos para conversar.

Feijoada completa

Chico Buarque

Mulher
Você vai gostar
Tô levando uns amigos pra conversar
Eles vão com uma fome que nem me contem
Eles vão com uma sede de anteontem
Salta a cerveja estupidamente gelada prum batalhão

E vamos botar água no feijão.

Paul_Brighton/Shutterstock

Mulher
Não vá se afobar
Não tem que pôr a mesa, nem dá lugar
Ponha os pratos no chão e o chão tá posto
E prepare as linguiças pro tira-gosto.
Uca, açúcar, cumbuca de gelo, limão
E vamos botar água no feijão.

Mulher
Você vai fritar
Um montão de torresmo pra acompanhar
Arroz branco, farofa e a malagueta
A laranja-baía ou da seleta
Joga o paio, carne seca, toucinho no caldeirão
E vamos botar água no feijão.

Mulher
Depois de salgar
Faça um bom refogado, que é pra engrossar.
Aproveite a gordura da frigideira
Pra melhor temperar a couve mineira.
Diz que tá dura, pendura a fatura no nosso irmão

E vamos botar água no feijão.

As letras das músicas são escritas geralmente em linguagem poética. Há versos que apresentam a beleza dos sons, do ritmo das palavras e a força da linguagem figurada provocando diferentes associações, emoções e interpretações.

BUARQUE, Chico. Feijoada completa. Intérprete: Chico Buarque. In: _____. **Chico Buarque**. Rio de Janeiro: Poygram, 1977. 1 LP. Lado A, Faixa 1.

Em grupo

Reúna-se com um colega para discutir e responder às questões.

- Qual é o assunto do texto?
- A linguagem do texto é informal. Vocês acreditam que a informalidade é uma característica do povo brasileiro? Por quê?
- Qual é o principal objetivo quando amigos se reúnem para comer feijoada?
- A receita da feijoada é uma receita simples? É fácil de fazer?

Compreensão do texto

1. Na letra da música, percebemos que as palavras "tô", "prum", "pra" e "tá" estão escritas da forma como falamos no dia a dia, numa linguagem coloquial.

   Converse com seus colegas e preencha os espaços abaixo com a maneira formal de escrever essas palavras.

   tô – ____________________ prum – ____________________

   pra – ____________________ tá – ____________________

2. No texto, encontramos o verso:

   "Diz que tá dura, pendura a fatura no nosso irmão."

Observe as expressões de gíria utilizadas: "tá dura", "pendura", "nosso irmão". Observe também que a beleza poética dos versos está nessa forma de expressão. Se o autor dissesse isso de maneira formal, perderia a graça, que, nesse caso, reside na comunicação informal entre familiares e amigos, caracterizando o espaço social do grupo.

Agora, explique o significado desse verso.

3. O texto trata de uma reunião entre amigos em que estão dispensadas as formalidades, como pôr a mesa; porém, é necessário preparar a feijoada. A quem cabe esse trabalho? Você acredita que todas as mulheres ficam satisfeitas quando os maridos trazem, além dos amigos, muito trabalho para elas? Por quê?

4. A expressão "E vamos botar água no feijão" é usada também em outras situações, por outras pessoas. O que ela significa?

5. Você concorda que o encontro de amigos para comer, conversar e descontrair, um hábito do brasileiro, tem um papel importante na vida das pessoas? Justifique sua resposta.

6. Leia novamente a primeira estrofe da letra e responda:

a) O que rima com **gostar**?

b) O que rima com **contem**?

c) O que rima com **batalhão**?

Reflexão sobre o uso da língua

1. Reescreva as frases substituindo o pronome:

a) Eles vão com uma sede de anteontem.

Nós ______

Eu ______

b) Você vai fritar

Eu ______________________________

Nós ______________________________

Eles ______________________________

2. Altere as frases, transformando-as em negativas.

a) Ponha os pratos no chão.

____

b) Prepare as linguiças pro tira-gosto.

____

c) Você vai fritar um montão de torresmo.

____

3. Qual o sentido da palavra "batalhão" no texto?

( ) uma unidade militar.

( ) corpo de infantaria.

( ) grande quantidade de pessoas.

4. Qual é o significado da palavra "botar" na frase: "E vamos botar água no feijão."

( ) pôr ovos.

( ) colocar.

( ) atirar.

Produção de texto

Escreva no caderno a receita do seu prato favorito. Leia e explique para os colegas e professor.

Depois de revisada, ela deverá compor o livro de receitas da classe.

Lembre-se:
Receita, em culinária, são instruções que orientam a preparação de um alimento. A linguagem que predomina é a instrucional, com o uso de formas verbais no imperativo. Geralmente, a receita é estruturada em duas partes: ingredientes e modo de preparo. As receitas, muitas vezes, também contêm modo de servir e ao número de porções que podem ser servidas.

Fazendo conexão com... Arte, História e Geografia

O Brasil é um país com grande extensão territorial, sendo dividido em regiões. Na divisão regional do Brasil, são utilizados critérios como semelhanças nos aspectos físicos, humanos, culturais, sociais e econômicos. Atualmente, está em vigor a divisão em cinco regiões: Norte, Nordeste, Centro-Oeste, Sudeste e Sul.

Com as informações que você já obteve no estudo da primeira unidade e com o auxílio dos seus professores, reúna-se com os colegas, escolham uma das regiões do Brasil e pesquisem as suas características, a sua localização no mapa, os pontos turísticos, o clima, o folclore, as comidas típicas, os problemas sociais e outras informações que julgarem importantes.

Vocês podem pesquisar em enciclopédias, na internet, no material didático disponível na biblioteca da escola, em jornais, revistas, fôlderes de companhias de turismo, etc.

Com o material coletado e o auxílio do professor, criem um fôlder informativo (inicialmente em rascunho) sobre a região pesquisada, seguindo o modelo apresentado.

Depois de revisados quanto à forma e ao conteúdo, os fôlderes serão concluídos em sua forma final e expostos em mural da sala de aula.

Fôlder é um impresso gráfico semelhante a um folheto, elaborado com ilustrações coloridas e dobras. É o impresso que possui no mínimo uma dobra ou ilustrações. O fôlder é dobrado conforme a sequência dos argumentos. A capa contém o chamado principal, o qual deve despertar a curiosidade do leitor. A primeira dobra apresenta o detalhamento do que a capa anuncia; geralmente, cada divisão do assunto ocupa uma dobra interna. A última dobra (externa), em geral, contém dados, como: endereço, telefones, *e-mails* e outras informações, por exemplo, mapas de localização e mais formas de contato.

Nils Z/Shutterstock

© TheSupe87/Fotolia.com

Unidade 3 Diferentes formas de ser e viver

Nesta unidade, você vai ler e discutir sobre as diferentes formas de relacionar-se com o tempo e o lugar que habitamos, e perceber as diferentes maneiras de viver e participar.

Cultura e identidade

A história de vida de cada pessoa é muito importante e ocorre no seio do grupo cultural ao qual se pertence. As histórias de pessoas do mesmo grupo social são parecidas, mas únicas, com eventos e situações vivenciados de forma diferente.

Roda de conversa

As pessoas não são iguais, cada ser é único. O respeito às diferentes formas de ser e viver é condição para a vida em sociedade. Em sua opinião, algumas pessoas são melhores que as outras? Você já presenciou um ato de discriminação da pessoa humana? Por que é importante respeitar as diferenças culturais?

Leitura

Leia a história do nascimento de Tibicuera, um indiozinho criado pelo escrito gaúcho Érico Veríssimo.

Nasci

Nasci na taba duma tribo tupinambá. Sei que foi numa meia-noite clara. Fazia luar. Minha mãe viu que eu era magro e feio. Ficou triste, mas não disse nada. Meu pai resmungou:

— Filho fraco. Não presta para a guerra!

Tomou-me então nos seus braços fortes e saiu caminhando comigo para as bandas do mar. Ia cantando uma canção triste. De vez em quando gemia.

Os caminhos estavam respingados do leite da lua. O urutau gemeu no mato escuro. Uma sombra rodopiou ligeira por entre as árvores.

O mar apareceu na nossa frente: mole, grande, barulhento, cheio de rebrilhos. Meu pai parou. Olhou primeiro para mim, depois para as ondas [...]. Não teve coragem.

Voltou para a taba chorando. Minha mãe nos recebeu em silêncio.

VERÍSSIMO, Érico. **As aventuras de Tibicuera**. São Paulo. Cia das Letras, 2005.

GLOSSÁRIO

Urutau: ave de hábitos noturnos, tem cabeça larga e chata, com grandes olhos e bico pequeno; também conhecida como chora-lua, mãe-da-lua, jurutau.

Rebrilhos: brilhos intensos.

Taba: construção que serve de casa para os indígenas.

O texto intitulado "Nasci" é um fragmento de romance, uma narração. Romance é um dos gêneros mais conhecidos da literatura, do modo narrativo, como a novela e o conto. É escrito em prosa e pode tanto narrar fatos imaginários quanto inspirado em fatos reais. Geralmente, o centro de interesse dessa narrativa é o estudo de costumes, o relato de aventuras, a crítica social, etc.

Em grupo

Reflitam em conjunto:

- São significativas as diferenças entre os costumes, os valores e as tradições de diferentes grupos sociais?
- Como devemos considerar as diferenças?

Apresentem oralmente a resposta do grupo, destacando os argumentos usados para defender as ideias.

Nem sempre as pessoas nos aceitam totalmente como somos. Muitas vezes não preenchemos as expectativas que os outros têm a nosso respeito. Veja o que aconteceu com Tibicuera!

A aceitação da diversidade é uma questão que deve ser discutida, e devemos lutar para que a inclusão de todos ocorra e não haja discriminações. Essa luta se inicia em nós, com nossa própria aceitação, pelo autoconhecimento. Trata-se de um desafio a superar, como deve ter feito nosso indiozinho.

Compreensão do texto

1. Qual é o gênero do texto "Nasci"?

____

____

2. Quem conta a história contida no texto?

____

3. Qual foi a reação da mãe com o nascimento do filho?

____

____

4. O que o pai falou a respeito do filho?

____

5. Segundo os costumes da tribo, o que o pai ia fazer quando se afastou com o indiozinho nos braços?

____

6. Por que o pai voltou chorando para a taba?

____

____

7. O que significa a expressão "meia-noite clara?"

8. Númere os acontecimentos abaixo conforme aparecem no texto:
( ) O mar fazia muito barulho.
( ) A mãe do pequeno Tibicuera ficou triste.
( ) O pai, com o filho nos braços, voltou para casa.
( ) O indiozinho nasceu.
( ) O pai carregou o indiozinho em direção ao mar.
( ) O indiozinho era magro e feio.
( ) O pai sentiu pena do filho.

Reflexão sobre o uso da língua

1. Junte as duas frases em uma só, usando a palavra indicada:

MAS

a) Ficou triste. Não disse nada.

b) Olhou primeiro para mim, depois para as ondas. Não teve coragem.

PORQUE

a) Não presta para a guerra. É fraco.

b) Sei que foi numa meia-noite clara. Fazia luar.

c) De vez em quando gemia. Estava triste.

2. Reescreva o trecho seguinte, substituindo o narrador, que viveu a história, por outro que conhece e nos conta os fatos.

a) "Nasci na taba duma tribo tupinambá. Sei que foi numa meia-noite clara. Fazia luar. Minha mãe viu que eu era magro e feio. Ficou triste, mas não disse nada. Meu pai resmungou:

– Filho fraco. Não presta para a guerra!"

____

____

____

b) "Voltou para a taba chorando. Minha mãe nos recebeu em silêncio."

____

____

Em grupo

Discutam o significado das palavras: discriminação, tradição, identidade e cultura. Usem o dicionário.

Produção de texto

Existem documentos, como a carteira de identidade, o CPF, o título de eleitor, a carteira de trabalho e a carteira de habilitação, que trazem informações sobre você. Mas sua identidade não é composta apenas de documentos. Você é único, com suas preferências, costumes, aversões, enfim, dotado de um conjunto de elementos que constituem a pessoa que você é.

Escreva um texto, em seu caderno, narrando em primeira pessoa uma história em que você se sentiu diferente num grupo de pessoas, quando vivenciou uma situação envolvendo costumes, valores ou tradições que não eram os seus.

Lembre-se das características do texto narrativo.

Depois de lidos em voz alta para o grupo, o professor mediará a reestruturação coletiva de alguns textos.

Roda de conversa

O espaço que habitamos é um dos fatores que determina a nossa forma de ser e viver. Dedide, também, o ritmo que impomos a nossa vida, os níveis de necessidades que temos, as pessoas com as quais convivemos... Você gosta da vida no campo? Gosta de morar no meio rural, em uma cidade pequena ou prefere as cidades maiores? É um ser urbano? Prefere o agito das grandes cidades?

Leia a letra da música:

Fazenda

© Graham Prentice/Fotolia.com

Água de beber
bica no quintal
sede de viver tudo
e o esquecer era tão normal
que o tempo parava
e a meninada
respirava o vento
até vir a noite
e os velhos falavam
coisas dessa vida
eu era criança
hoje é você
e no amanhã
nós
água de beber
bica no quintal
sede de viver tudo
e o esquecer era tão normal
que o tempo parava
tinha sabiá, tinha laranjeira
tinha manga-rosa
tinha o sol da manhã
e na despedida
tios na varanda
jipe na estrada
e o coração lá

ANGELO, Nelson. Fazenda. Intérprete: Milton Nascimento. In:______. **Geraes**. [s.l.]: EMI, 1976. Faixa 1.

Compreensão do texto

1. Leia mais uma vez o texto e procure nele palavras que comprovem que as ações aconteceram no passado.

___

2. Em qual ambiente se passa parte da história de vida do narrador (a pessoa que fala no texto)?

____

3. Em que época da vida do narrador esses fatos ocorreram?

____

4. Você acredita que esses fatos foram importantes para ele? Por quê?

____

5. Que expressões nos revelam a existência de maior experiência nas pessoas mais velhas?

____

6. O que existia na fazenda que fica mais evidente na expressão das memórias do menino-personagem? O que mais o impressionava?

____

____

7. Releia os quatro versos finais do poema e responda: qual foi a sensação vivida pelo personagem, no momento da despedida?

____

____

Assim como a história narrada no texto, todos nós temos uma história de vida. História cheia de sensações, emoções e vida. Nesse texto, o narrador conta sua história em versos, que foram cantados por Milton Nascimento.

Reflexão sobre o uso da língua

Agora, leia as seguintes palavras: fazenda, água, bica, sede, tempo, meninada, vento, velhos, vida, criança, sabiá, laranjeira, manga-rosa, sol, tios, varanda, estrada. Note que elas dão nomes a elementos com os quais nós convivemos ou que fazem parte de nossa história.

Essas palavras ganham mais significado e força em nossa linguagem quando se estruturam em frases, combinando-se com outras palavras, como: viver, esquecer, parava, era, respirava, vir, falavam, é, beber, tinha.

Para que possamos nos comunicar melhor, há necessidade do uso de palavras desses grupos de forma articulada. Veja estas combinações e perceba como os significados se complementam:

- A meninada respirava o vento.
- Os velhos falavam da vida.

É interessante combinar as palavras para expressar ideias, comunicar pensamentos. Isso nós aprendemos desde que nascemos – o uso da língua materna. Nós aprendemos falando, convivendo com as outras pessoas. Na escola, vamos ter um maior contato com a linguagem e aprender que existem várias formas de comunicação.

Combine as palavras ou expressões contidas nos balões e forme sentenças, escrevendo-as nas linhas abaixo:

velhos
sol
tios

Os
O
Os

histórias dessa vida.
na varanda.
no céu azul.

brilhava
acenavam
contavam

a) ____________________

b) ____________________

c) ____________________

Produção de texto

O texto "Fazenda" conta, em versos, fatos que foram importantes na construção da história de vida de alguém. Em seu caderno, escolha um título e narre um fato ou acontecimento ocorrido na sua infância. Pode ser em verso ou em prosa.

Um aluno lerá ou contará de memória a história criada, enquanto os colegas ouvem com atenção. Terminada a narração, todos escrevem a história, procurando reproduzi-la fielmente.

Depois, os alunos que quiserem podem ler a reprodução da história para a sala toda.

O aluno que contou a história escolhe o texto que mais se aproxima do texto inicial e justifica a escolha. Para concluir, o grupo se manifesta, concordando ou não com a escolha do colega.

Roda de conversa

A vida nas cidades propicia a observação e o contato com um grande número de pessoas, principalmente quando se trabalha em lugares por onde transita muita gente, cada um com uma identidade, uma maneira única de ser. Você gosta de observar as diferentes formas de ser das pessoas que transitam nas ruas? Você acredita que observar quem passa pode ser uma forma de distração para algumas pessoas?

Leia o texto literário:

O ascensorista

Denis Belyaevskiy/shutterstock

Estas notas que vou escrevendo ao acaso não são contra o meu arranha-céu. No fundo, eu gosto dele. E não saberia ser cabineiro de nenhum outro, nem mesmo daquele, todo envidraçado, que surgiu em frente e vai botando o Lua Nova na sombra.

Coisa curiosa é gente velha. Como comem! Esse pessoal do 12, pelo menos a maioria, é de velhos. Descem comendo biscoitos, sobem comendo biscoitos. Vivem reclamando contra o papagaio da cartomante, que não os deixa dormir durante o dia. Em compensação, como abusam do rádio! Precisam de barulho, têm horror à solidão.

Logo que me empreguei de ascensorista, o que mais me aborrecia era ouvir conversa em língua estrangeira. Outro dia, dois sujeitos olhavam para as minhas muletas sem que eu pudesse saber se falavam bem ou mal delas. Nem em que língua.

Estive fazendo os cálculos: com mais de oito anos de serviço, já passei cerca de vinte mil horas encurralado neste túnel. É duro! Sobretudo no verão, com um ventilador que só funciona quando quer. O passarinho na gaiola tem, pelo menos, a paisagem para contemplar. E nós? O que nos distrai mesmo são os passageiros de alguns segundos. Trazem no rosto os reflexos do mundo lá fora. Por incrível que pareça, esses passageiros aumentam o espaço da cabina. Sobem e descem com a marca de suas paixões, só faltam dizer o que fizeram, o que vão fazer. Quando os homens não falam nem gesticulam (há um minuto de silêncio quando usam o elevador), a alma deles parece que aflui mais depressa à flor da pele.

O elevador é o único transporte gratuito e igualitário da cidade. Acho isso extraordinário.

MACHADO, Aníbal. **Histórias reunidas**. Rio de Janeiro: José Olympio, 1959, p. 87.

Compreensão do texto

Discutam, com o auxílio do professor, e anotem as respostas no caderno.

1. Quem é o personagem que narra o texto?
2. Quais são as características do personagem do texto?
3. Copie duas frases que apresentam um tom irônico do narrador.
4. Qual é o significado da palavra "túnel", no quarto parágrafo?
5. O que significa "botar na sombra", no primeiro parágrafo?
6. O que mais aborrecia o ascensorista?
7. Que motivo levou o ascensorista a afirmar: "Por incrível que pareça, esses passageiros aumentam o espaço da cabina".
8. "O elevador é o único transporte gratuito e igualitário da cidade. Acho isso extraordinário." O que o autor quis dizer nesse último parágrafo do texto?

Reflexão sobre o uso da língua

No texto, o narrador ora fala do passado, ora do presente. Percebe-se isso pelas palavras que ele usa.

Observe:

a) No fundo, eu gosto dele. (presente)

b) Já passei cerca de vinte mil horas encurralado neste túnel. (passado)

1. Nas frases seguintes, identifique se as palavras destacadas (verbos) estão no presente ou no passado.

   a) Precisam de barulho, têm horror à solidão. (   )

   b) Descem comendo biscoitos, sobem comendo biscoitos. (   )

   c) Outro dia, dois sujeitos olhavam para as minhas muletas. (   )

2. Reescreva as frases a seguir, mudando a pessoa que fala:

   - Eles trazem no rosto os reflexos do mundo lá fora.

   a) Ele ________________ no rosto os reflexos do mundo lá fora.

   b) Nós ________________ no rosto os reflexos do mundo lá fora.

   - Eles vivem reclamando contra o papagaio da cartomante. Em compensação, como abusam do rádio! Precisam de barulho, têm horror à solidão.

   a) Ele ________________ reclamando contra o papagaio da cartomante. Em compensação, como ________________ do rádio! ________________ de barulho, ________________ horror à solidão.

   b) Nós ________________ reclamando contra o papagaio da cartomante. Em compensação, como ________________ do rádio! ________________ de barulho, ________________ horror à solidão.

Produza um texto

Leia novamente o texto e observe a maneira como o ascensorista se refere ao trabalho que executa há oito anos. Você acredita que ele gosta do que faz?

No caderno, escreva um texto de opinião. Não se esqueça dos argumentos que dão sustentação à sua opinião. Depois, leia o texto para o grupo, comparem as opiniões e verifiquem qual é a mais comum entre todas.

Roda de conversa

Cada pessoa tem um jeito próprio de se expressar, uma maneira de perceber os fatos que compõem suas lembranças. Leia as biografias de Bartolomeu Campos de Queirós e de José Simão e observe as diferenças na forma de ser e viver expressas nos seus textos. Com qual dessas formas você se identifica?

Autobiografia é uma narrativa sobre a vida de um indivíduo, escrita por ele próprio, sobre fatos reais pontuados de lembranças.
Na autobiografia predomina o uso da primeira pessoa (eu).

Autobiografia de Bartolomeu Campos de Queirós

Juarez Rodrigues/EM/D.A Press

Texto 1

... das saudades que não tenho

Nasci com 57 anos. Meu pai me legou seus 34, vividos com duvidosos amores, desejos escondidos. Minha mãe me destinou seus 23, marcados com traições e perdas. Assim, somados, o que herdei foi a capacidade de associar amor ao sofrimento...

Morava numa cidade pequena do interior de Minas, enfeitada de rezas, procissões, novenas e pecados. Cidade com sabor de laranja-serra-d'água, onde minha solidão já pressentida era tomada pelo vigário, professora, padrinho, beata, como exemplo de perfeição.

[...] Meu pai não passeou comigo montado em seus ombros, nem minha mãe cantou cantigas de ninar para me trazer o sono. Mesmo nascendo com 57 anos estava aos 60 obrigado ainda a ser criança. E ser menino era honrar pai com seus amores ocultos. Gostar da mãe e seus suspiros de desventuras.

[...] Tive uma educação primorosa. Minha primeira cartilha foi o olhar do meu pai, que me autorizava a comer ou não mais um doce nas festas de aniversário. Comer com a boca fechada, é claro, para ficar mais bonito e meu pai receber elogios pelo filho contido que ele tinha. E cada dia eu era visto como a mais exemplar das crianças, naquela cidade onde a liberdade nunca tinha aberto as asas sobre nós.

Mas a originalidade de minha mãe ninguém poderá desconhecer. Ela era capaz de dizer coisas que

Bartolomeu Campos de Queirós nasceu em Papagaio, no interior de Minas Gerais. É autor de mais de quarenta livros publicados no Brasil, vários deles traduzidos e editados em outros países.

nenhuma mãe do mundo dizia, como por exemplo: – Você, quando crescer vai ter um filho igual a você. Deus há de me atender, para você passar pelo que eu estou passando. – Mãe é uma só. [...]

QUEIRÓS, Bartolomeu Campos de. ... das saudades que eu não tenho. In: ABRAMOVICH, Fanny (Org.). **O mito da infância feliz**. São Paulo: Summus, 1983.

A autobiografia de Bartolomeu Campos de Queirós é escrita em linguagem formal, relatando suas lembranças com um tom emocional e crítico em relação à educação recebida e ao ambiente da cidade onde nasceu. Pode-se perceber a maneira adulta como o menino Bartolomeu fazia a leitura do espaço em que vivia.

Autobiografia de José Simão

Texto 2

Aí eu peguei e nasci!

Sou filho de árabe com loira e **deu macaco na cabeça**. E eu não tenho 56 anos. Eu tenho 18 anos. Com 38 de experiência. E eu era um menino asmático que ficava lendo Proust e ouvindo programa de terror no rádio.

Em 69 entrei pra Faculdade de Direito do Largo de São Francisco. Mas eu **matava** aula com o namorado da Wanderléa pra ir assistir o programa de rádio do Erasmo Carlos. E aí eu desisti. Senhor Juiz, Pare Agora!

E aí eu fui pra Swinging London, usava calça boca de sino, cabelo comprido e assisti ao *show* dos Rolling Stones no Hyde Park. **E fazia alguns bicos** pra BBC.

Voltei. Auge do tropicalismo. Frequentava as Dunas da Gal em Ipanema. Passei dois anos **batendo palma pro pôr-do-sol** e assistindo o show da Gal toda noite. E depois diz que *hippie* não faz nada! [...]

SIMÃO, José. Aí eu peguei e nasci! Disponível em: <www2.uol.com.br/josesimao/biografia.htm>.

Marisa Cauduro/Folhapress

José Simão, colunista de humor, posa para foto em sua casa, em São Paulo (SP), durante entrevista para a jornalista Barbara Gancia sobre seu novo livro *O Esculhambador Geral da República*

É importante saber que José Simão é um colunista de humor do jornal Folha de São Paulo, do portal Universo Online e da rádio Band News FM, e as principais características do seu trabalho são humor e sátira.
Ele é também conhecido no meio jornalístico como Macaco-Simão.

GLOSSÁRIO

Proust: Marcel Proust foi um intelectual francês, escritor de romances e crítico literário.

Wanderléa e **Erasmo Carlos**: cantores brasileiros da Jovem Guarda nos anos de 1960.

Swinging London: termo usado para descrever a efervescência cultural e o modernismo de costumes da cidade de Londres.

***Show*:** espetáculo formado por números variados, usado em programas de teatro, rádio e televisão.

Rolling Stones: banda de rock inglesa formada em 1962, uma das bandas mais antigas ainda em atividade.

Hyde Park: um parque no centro de Londres, Inglaterra.

BBC: A Corporação Britânica de Radiodifusão é uma emissora pública de rádio e televisão do Reino Unido. Possui boa reputação nacional e internacional.

Tropicalismo: um movimento musical que também atingiu outras esferas culturais (artes plásticas cinema, poesia), surgido no Brasil no final da década de 1960.

Dunas da Gal: nome de praia carioca, ponto de encontro de artistas e intelectuais no fim dos anos de 1960 e início da década de 1970.

***Hippie*:** membro de um grupo não conformista, geralmente de classe média, que rompe com a sociedade regular, especialmente no modo de vestir-se e nos hábitos de vida, tendo como lema "paz e amor".

Observe:

Para ler a autobiografia de José Simão é preciso conhecer o significado das palavras usadas no texto e entender o momento histórico vivido pelo autor, marcado pela Jovem Guarda no Brasil, movimento *hippie* internacional e tropicalismo brasileiro.

Observe no glossário quantas palavras pertencem ao vocabulário do nosso dia a dia.

Gíria é uma linguagem informal, usada por determinado grupo social que busca se destacar por meio de marcas linguísticas. Muitas vezes é absorvida pelo vocabulário oficial.

José Simão usa, no texto, linguagem coloquial, expressões populares, palavras estrangeiras e **gírias**.

Pesquise sobre esses movimentos na internet.

Em grupo

Com a mediação do professor, discuta com seus colegas de sala sobre:

- O que é autobiografia?
- Qual a diferença entre uma biografia e uma autobiografia?

Compreensão do texto

1. Qual é o gênero dos textos lidos?

____

2. Quais são os títulos das autobiografias?

____

3. Quem são os autores das autobiografias?

____

____

4. Nos dois textos, quem apresenta as narrativas?

____

5. Que diferenças você percebe na linguagem dos dois textos?

____

____

____

6. Em sua opinião, a linguagem interfere na expressão do humor do texto? Por quê?

____

____

7. O uso da linguagem coloquial e expressões de gíria dão humor ao texto, tornando-o engraçado e descontraído.

a) Procure no texto 2 as expressões populares e de gíria.

____

____

b) Pesquise o significado das expressões:

- Deu macaco na cabeça: ______________________________

____

- Matava aula: ______________________________

- Fazia alguns bicos: ______________________________

____

8. Identifique as características da linguagem dos textos e estabeleça as relações, numerando os parênteses.

a) Texto 1 – ...das saudades que não tenho

b) Texto 2 – Aí eu peguei e nasci!

( ) linguagem formal.

( ) linguagem informal.

( ) uso de gírias e expressões coloquiais.

( ) apresenta tom emocional e crítico em relação à educação recebida.

( ) uso de expressões estrangeiras.

Produção de texto

Registre no seu caderno alguns acontecimentos, fatos e conquistas vivenciados por você. Organize essas anotações e informações pessoais, a fim de construir sua autobiografia. Dê o tom e use a linguagem que preferir: formal ou informal. Crie um título para sua autobiografia.

Reúna-se com dois colegas, leiam e discutam os textos escritos, façam uma revisão e preparem-se para apresentá-los aos colegas de sala.

Depois de apresentados, o professor selecionará algumas produções e fará a reescrita dos textos coletivamente no quadro.

Roda de conversa

Há pessoas singulares que vivem à sua maneira, fora do convencionado pela sociedade. É o caso da família de Lorelai, uma menina conhecida de Raquel, personagem do livro A bolsa amarela, de Lygia Bojunga Nunes. Nessa família, todos vivem a vida, participam e decidem em pé de igualdade: o avô, Lorelai e seus pais.

Em nossa sociedade, como são tratados as pessoas idosas, as crianças e os adultos? O idoso é reconhecido como aquele que, com seu trabalho, ajudou a construir o mundo? Os velhos, como as crianças, são tutelados pelos adultos?

Existem diferenças entre o trabalho de homens e mulheres?

Leitura

Leia o fragmento de um romance, um texto de literatura para jovens que destaca a valorização das pessoas idosas.

A bolsa amarela

— Você tem pressa?

— Hmm-hmm.

— Então amanhã tá pronto.

Mas eu fiquei parada, querendo entender melhor a gente daquela casa. Apontei o homem:

— Ele é seu pai?

— É. — E aí ela apresentou os três: — Meu pai, minha mãe e meu avô.

Eles me deram um sorriso legal, e eu cochichei pra menina:

— Por que é que ele tá cozinhando?

Ela me olhou espantada:

— O quê?

Perguntei ainda mais baixo:

— Por que é que ele está cozinhando e tua mãe soldando panela?

— Porque ela hoje já cozinhou bastante e ele já consertou uma porção de coisas; e eu também já estudei um bocado e meu avô soldou muita panela: tava na hora de trocar tudo.

— Por quê?

— Pra ninguém achar que tá fazendo uma coisa demais. E pra ninguém achar também que está fazendo uma coisa menos legal do que o outro.

— Teu avô tá estudando?

— Tá.

— Velho daquele jeito? (Era meio chato conversar com ela: só eu que cochichava; ela falava normal, todo o mundo ouvia.)

— Ele só é velho por fora. O pensamento dele tá sempre novo.

— Por quê?

— Porque ele tá sempre estudando. Que nem meu pai e minha mãe.

— Eles também estudam?

— Aqui em casa a gente não vai parar de estudar.

— Toda a vida?

— Tem sempre coisa nova para aprender.

— E quem é que resolve o que cada um estuda?

— Como é?

— Quem é que resolve as coisas? Quem é o chefe?

— Chefe?

— É, o chefe de casa. Quem é? Teu pai ou teu avô?

— Mas pra que que precisa de chefe?

— Pra resolver os troços, né; pra resolver o que cada um vai estudar.

— Cada um estuda o que gosta mais. Tem livro aí; a gente escolhe o que quer. O vovô agora tá estudando teatro de bonecos: ele vai fazer um lá na praça.

— Mas... e o resto?

— Que resto?

— Não tem sempre uma porção de coisas pra resolver? Quem é que resolve?

— Nós quatro. Pra isso todo dia tem hora de resolver coisa. Que nem ainda há pouco tempo teve hora de brincar. A gente senta aí na mesa resolve tudo que precisa. Resolve como é que vai enfrentar um caso que vizinha criou; resolve se vai brincar mais que trabalhar; ou estudar mais do que brincar; resolve o que é que vai comer; quanto é que vai gastar em roupa, em comida, em livro, resolve essas transas todas. Cada um dá uma ideia. E fica resolvido o que a maioria acha melhor.

— Você também pode achar?

— Claro! eu também moro aqui, eu também estudo, eu também cozinho, eu também conserto. Aqui todo o mundo acha igual.

— Mas pode?

— Por que é que não pode?...

Cide Gomes

NUNES, Lygia Bojunga. **A bolsa amarela**. 22. ed. Rio de Janeiro: Agir, 1990, p. 99-100.

Leia o livro *A bolsa amarela* e descubra os segredos que ela contém.

Compreensão do texto

1. Identifique

a) o gênero de texto.

b) a autora dessa obra literária.

c) o livro em que se encontra o texto.

2. A família da menina Lorelai tem características diferentes das de outras famílias; descreva algumas dessas características.

3. A família de Lorelai desenvolve um trabalho. É possível descobrir qual é a atividade?

4. Como é a divisão das tarefas na casa de Lorelai?

5. Explique qual é o modelo que Raquel tem de família que faz com que ela ache estranhos os procedimentos da família de Lorelai.

6. "Teu avô estuda? Velho daquele jeito?" O que estas perguntas de Raquel significam?

7. Como é que Lorelai diz que o avô é?

8. Todo dia tem hora de resolver coisas. Nesta hora, sobre o que se decide e quem tem direito de votar?

____

____

9. Observe que o texto é um diálogo entre duas meninas, Raquel e Lorelai. Procure palavras da linguagem coloquial no texto.

____

____

10. Por que Raquel, ao fazer perguntas, cochichava, enquanto Lorelai falava normalmente? O que isso representa?

____

____

11. Que valores o texto procura discutir?

____

____

Observe o exemplo e reescreva as frases, fazendo as alterações necessárias.

a) A gente escolhe o que quer. = Nós escolhemos o que queremos.

A gente senta aí na mesa. = ______________________________

b) Teu avô tá estudando? = Teu avô está estudando?

Por que é que ele tá cozinhando?

____

c) Tava na hora de trocar tudo.

____

Produção de texto

Você já observou algum fato ou comportamento de pessoas com hábitos ou valores diferentes dos comuns à maioria das pessoas? Escreva uma história contando esses fatos. Você pode usar as expressões: era uma vez..., certo dia..., numa tarde..., etc. Lembre-se de citar personagens, o que e onde aconteceu, o tempo em que tudo aconteceu, como terminou...

Diego Cervo/Shutterstock

Unidade 4 Desafios da vida

Nesta unidade, você vai refletir sobre a construção da história de cada um. Como a história de vida passada reflete o presente. Essa construção passa pela superação dos desafios e a conquista dos direitos de participação e preservação da vida.

Vida, trabalho e cidadania

Construímos nossa história e nossa vida estudando, trabalhando, enfim, nos relacionando com os outros. Definimos nossa maneira de ser e as nossas condições de vida.

Roda de conversa

Nossas memórias nos ajudam a compreender o nosso presente, a avaliar como construímos nossa vida, que caminhos percorremos, que obstáculos nós superamos e aonde chegamos. Você concorda que sua vida é resultado de suas escolhas? Que somos nós que construímos a nossa história?

Leitura

O fragmento de texto do gênero memórias resgata um fato do passado de Humberto de Campos em que o próprio escritor faz o relato de suas lembranças em primeira pessoa. No texto de memórias, o passado se torna presente em objetos, coisas, lembranças.

Um amigo de infância

[...]

Aos treze anos da minha idade, e três da sua, separamo-nos, o meu cajueiro e eu. Embarco para o Maranhão, e ele fica. Na hora, porém, de deixar a casa, vou levar-lhe o meu adeus. Abraçando-me ao seu tronco, aperto-o de encontro ao meu peito. A resina transparente e cheirosa corre-lhe do caule ferido. Na ponta dos ramos mais altos abotoam os primeiros cachos de flores miúdas e arroxeadas como pequeninas unhas de crianças com frio.

— Adeus, meu cajueiro! Até à volta!

Ele não diz nada, e eu me vou embora.

Da esquina da rua, olho ainda, por cima da cerca, a sua folha mais alta, pequenino lenço verde agitado em despedida. E estou em São Luís, homem-menino, lutando pela vida, enrijando o corpo no trabalho bruto e fortalecendo a alma no sofrimento, quando recebo uma comprida lata de folha acompanhando uma carta de minha mãe: "Receberás com esta uma pequena lata de doce de caju, em calda. São os primeiros cajus do teu cajueiro. São deliciosos, e ele te manda lembranças..."

[...]

CAMPOS, Humberto de. **Memórias.** 3. ed. São Paulo: José Olympio, 1937.

GLOSSÁRIO

Abotoam: lançam botões ou gomos (as plantas quando germinam).

Enrijando: endurecendo.

Cide Gomes

Em Grupo

Discuta com os colegas e o professor sobre as características do texto. Dê sua opinião sobre a importância do resgate das minorias das pessoas.

- Quais são as características de um texto do gênero memórias?
- Quem é o narrador das memórias?

O texto lido é um fragmento, uma parte de uma unidade maior – o livro de memórias de Humberto de Campos. Essa parte tem significado, não depende do restante do texto para que possamos compreendê-la.

Compreensão do texto

Releia atentamente o texto e responda:

1. Qual é a intenção do texto?

___

___

2. Quais são as memórias que aparecem no texto?

___

___

___

___

3. No início do relato das memórias, quando o menino se despede do cajueiro, percebemos que existe emoção. Que expressões demonstram isso?

___

___

4. No momento da despedida, como o narrador descreve o cajueiro?

___

5. A que o narrador compara as flores do cajueiro?

___

___

6. Qual é a sensação manifestada pelo menino quando, da esquina da rua, olha a folha mais alta do cajueiro?

____

7. Como você interpreta o texto: "Estou em São Luís, homem-menino, lutando pela vida, enrijando o corpo no trabalho bruto e fortalecendo a alma no sofrimento"?

____

____

8. A que se referem os termos destacados nos textos a seguir?

- "Aos treze anos da minha idade, e três da sua, separamo-nos, o meu cajueiro e eu. [...] Na hora, porém, de deixar a casa, vou levar-**lhe** o meu adeus."

a) (   ) À casa.
b) (   ) À família.
c) (   ) Ao cajueiro.
d) (   ) Ao menino.

- "Abraçando-me ao seu tronco, aperto-**o** de encontro ao meu peito."

a) (   ) Ao cajueiro.
b) (   ) Ao pai.
c) (   ) Ao amigo.
d) (   ) Ao menino.

- "São os primeiros cajus do teu cajueiro. São deliciosos, e ele **te** manda lembranças..."

a) (   ) Ao menino-homem.
b) (   ) Ao cajueiro.
c) (   ) Ao carteiro.
d) (   ) À mãe do menino.

Reflexão sobre o uso da língua

1. Reescreva o texto como se você fosse o narrador dos fatos vividos pelo personagem, substituindo as palavras em destaque.

Na hora, porém, de deixar a casa, **vou** levar-lhe o **meu** adeus. Abraçando-**me** ao seu tronco, **aperto**-o de encontro ao **meu** peito.

____

____

____

____

Produza um texto

No caderno, escreva suas memórias. Releia o texto "Um amigo de infância" e observe a forma como ele foi escrito, como o autor narra suas lembranças do passado. Você pode usar expressões como "naquele tempo" e "antigamente" para resgatar os fatos importantes da sua vida.

Não se esqueça de que um texto narrativo de memórias deve ser escrito em primeira pessoa (eu). Escolha um título bem sugestivo e mãos à obra!

Roda de conversa

No Brasil, as mulheres conquistaram alguns direitos, mas ainda lutam pela igualdade contra a discriminação social. Você acha que a mulher, na sociedade em que vivemos, sofre discriminação social? Essa situação já foi mais acentuada em outros tempos? Em outras sociedades existe diferença entre os direitos do homem e os da mulher? Vamos ler um texto sobre os papéis sociais dos homens e das mulheres no século XVIII.

Leitura

O texto que vamos ler é um fragmento do livro *As caras e as máscaras*. É uma obra literária em que o autor retrata a história latino-americana dos últimos quinhentos anos.

Se ele tivesse nascido mulher

Dos dezesseis irmãos de Benjamin Franklin, Jane é a que mais se parece com ele em talento e força de vontade.

Mas na idade em que Benjamin saiu de casa para abrir seu próprio caminho, Jane casou-se com um seleiro pobre, que a aceitou sem dote, e dez meses depois deu à luz seu primeiro filho. Desde então, durante um quarto de século, Jane teve um filho a cada dois anos. Algumas crianças morreram, e cada morte abriu-lhe um talho no peito. As que viveram exigiram comida, abrigo, instrução e consolo. Jane passou noites a fio ninando os que choravam, lavou montanhas de roupa, banhou montões de crianças, correu do mercado à cozinha, esfregou torres de pratos, ensinou abecedários e ofícios, trabalhou ombro a ombro com o marido na oficina e atendeu os hóspedes cujo aluguel ajudava a encher a panela. Jane foi esposa devota e viúva exemplar; e quando os filhos já estavam crescidos, encarregou-se dos próprios pais doentes, de suas filhas solteironas e de seus netos desamparados.

COOLEY, Le Roy C. **Gravura do experimento de Benjamin Franklin**. 1881.

Jane jamais conheceu o prazer de se deixar flutuar em um lago, levada à deriva pelo fio de um papagaio, como costumava fazer Benjamin, apesar da idade. Jane nunca teve tempo de pensar, nem se permitir duvidar. Benjamin continua sendo um amante fervoroso, mas Jane ignora que o sexo possa produzir outra coisa além de filhos.

Benjamin, fundador de uma nação de inventores, é um grande homem de todos os tempos. Jane é uma mulher do seu tempo, igual a quase todas as mulheres de todos os tempos, que cumpriu com seu dever nesta terra e expiou sua parte de culpa na maldição bíblica. Ela fez o possível para não ficar louca e buscou, em vão, um pouco de silêncio.

Seu caso não despertará o interesse dos historiadores.

GALEANO, Eduardo. **As caras e as máscaras**. Porto Alegre: L&PM Rocket, 1997. (Memória do fogo).

Benjamin Franklin (1706-1790) nasceu em Boston (EUA) e foi tipógrafo, ensaísta, líder cívico, cientista, inventor, diplomata, filósofo e herói da independência norte-americana. Suas atividades abrangeram os mais variados ramos do conhecimento humano, das ciências naturais, educação e política às ciências humanas e arte. De origem humilde, de família numerosa de 17 irmãos, aos 10 anos já trabalhava com o pai na fabricação de sabão. Foi autodidata e iniciou-se nas letras e nas ciências. Realizou a famosa experiência de empinar um papagaio durante uma tempestade, comprovando que o raio é uma descarga elétrica e inventando, assim, o primeiro para-raios.

GLOSSÁRIO

Seleiro: fabricante ou vendedor de selas para cavalos.
Talho: corte; rasgo.
Expiou: purificou-se, sofreu as consequências.
Cívico: patriótico; inspirado no amor à pátria.
Autodidata: que aprende sozinho; que se instrui por si.

Em Grupo

Acompanhem a leitura do texto feita pelo professor, discutindo e expondo oralmente suas opiniões sobre as seguintes questões:

- Qual é a intenção do texto e que comparações o autor faz?
- Quais as funções sociais dos homens e das mulheres nessa sociedade?
- Como eram os direitos das mulheres na sociedade dessa época?
- O que tornou Benjamin Franklin um grande homem de todos os tempos?

Compreensão do texto

1. "Se ele tivesse nascido mulher": a quem o autor se refere no título do texto?

____

2. Benjamin saiu de casa para construir sua vida. Enquanto isso, o que aconteceu com Jane?

____

____

____

3. O que o autor quer dizer com a expressão "abriu-lhe um talho no peito", quando se refere a alguns filhos de Jane?

____

____

____

4. "Jane passou noites a fio ninando os que choravam, lavou montanhas de roupa, banhou montões de crianças, [...] esfregou torres de pratos [...]." Nas figuras de linguagem utilizadas nesse trecho, quais palavras ou expressões nos dão a ideia de exagero?

____

____

____

5. Benjamin, apesar da idade, costumava se deixar flutuar em um lago, levado à deriva pelo fio de um papagaio, prazer que Jane jamais conheceu. Por que Benjamin fazia isso?

____

____

6. "Benjamin [...] é um grande homem de todos os tempos. Jane é uma mulher do seu tempo, igual a quase todas as mulheres de todos os tempos [...]." Explique a que o autor se refere nesse trecho e por que o caso de Jane não desperta o interesse dos historiadores.

____

____

____

____

7. O que teria acontecido se Benjamin tivesse nascido mulher?

____

____

____

Reflexão sobre o uso da língua

Análise coletiva sobre o sentido das palavras e expressões do texto.

O texto de Eduardo Galeano aponta situações histórico-culturais de discriminação, tanto econômicas quanto em relação à mulher. Observe como o autor se expressa:

a) "Jane casou-se com um seleiro pobre, que a aceitou **sem dote** [...]." Havia, naquela época, a necessidade de dote para que a mulher fosse aceita em casamento.

b) "Jane passou **noites a fio** ninando os que choravam." A mulher desempenhava sozinha o seu papel no atendimento aos filhos.

c) "[...] encarregou-se [...] de suas **filhas solteironas** [...]." A forma como o autor se refere às mulheres que não casaram evidencia a discriminação sofrida por elas.

d) "Jane nunca teve **tempo de pensar**, nem se **permitir duvidar**." Na condição de mulher submissa, seu papel não era pensar, mas aceitar o pensamento de uma sociedade machista.

e) "Benjamin continua sendo um **amante fervoroso**, mas **Jane ignora que o sexo possa produzir outra coisa além de filhos**." Ainda, discriminação relacionada ao comportamento sexual.

Um texto de opinião tem como objetivo apresentar o ponto de vista do autor sobre o assunto. E, a partir da exposição de ideias, apresentar uma conclusão.

Produção de texto

O texto "Se ele tivesse nascido mulher", de Eduardo Galeano, apresenta cenário e personagens do século XVIII, uma história de mais de duzentos anos. Porém, atualmente, ainda enfrentamos situações de discriminação social.

Em conjunto, pesquisem sobre as diferenças nas condições de vida dos homens e das mulheres na sociedade moderna – século XXI. Façam, no caderno, um texto de opinião sobre o assunto.

Preparem-se para uma exposição oral do tema. Ouçam as conclusões dos outros grupos da sala. Com o auxílio do professor, reúnam as informações dos grupos num único texto e coloquem uma cópia no mural da sala.

Conexão com... História

Hoje os historiadores reconhecem o papel de pessoas comuns como sujeitos históricos. Discuta sobre isso com seus colegas e professor.

Roda de conversa

O diálogo é a melhor maneira de as pessoas se conhecerem. Muito mais que palavras, ele revela emoções, sentimentos e intenções. Mas é muito importante saber se expressar para não ser mal entendido, bem como observar as reações de seu interlocutor para que a conversa não se torne cansativa, em que só um fala, sem se preocupar com o ouvinte. Dizemos que há um monólogo quando uma pessoa fala sozinha (ou não deixa o outro falar).

Veja, no texto a seguir, como um diálogo pode fluir entre duas pessoas de modo tão natural que acaba por aproximá-las em poucos minutos:

Vamos fazer uma leitura compartilhada da crônica "O lixo", de Luís Fernando Veríssimo. Um aluno lê as falas do personagem masculino, e uma aluna, as falas da personagem feminina.

As crônicas literárias são textos curtos, breves, simples, de interlocução direta com o leitor, com marcas de oralidade. Predominam as narrativas, possuem trama sem grandes conflitos, personagens simples, com motivos, geralmente, extraídos do cotidiano imediato, como amor, futebol, escola, família, etc. A crônica é um gênero produzido para ser veiculado na imprensa, nas revistas e nos jornais. Tem como propósito agradar e entreter os leitores.

O lixo

Encontram-se na área de serviço. Cada um com seu pacote de lixo. É a primeira vez que se falam.

– Bom dia...

– Bom dia.

– A senhora é do 610.

– E o senhor do 612.

– É.

– Eu ainda não lhe conhecia pessoalmente...

– Pois é...

– Desculpe a minha indiscrição, mas tenho visto o seu lixo...

– O meu quê?

– O seu lixo.

Ilustrações - Cide Gomes

– Ah...

– Reparei que nunca é muito. Sua família deve ser pequena...

– Na verdade sou só eu.

– Mmmm. Notei também que o senhor usa muito comida em lata.

– É que eu tenho que fazer minha própria comida. E como não sei cozinhar...

– Entendo.

– A senhora também...

– Me chame de você.

– Você também perdoe a minha indiscrição, mas tenho visto alguns restos de comida em seu lixo. Champignons, coisas assim...

– É que eu gosto muito de cozinhar. Fazer pratos diferentes. Mas, como moro sozinha, às vezes sobra...

– A senhora... Você não tem família?

– Tenho, mas não aqui.

– No Espírito Santo.

– Como é que você sabe?

– Vejo uns envelopes no seu lixo. Do Espírito Santo.

– É. Mamãe escreve todas as semanas.

– Ela é professora?

– Isso é incrível! Como foi que você adivinhou?

– Pela letra no envelope. Achei que era letra de professora.

– O senhor não recebe muitas cartas. A julgar pelo seu lixo.

– Pois é...

– No outro dia tinha um envelope de telegrama amassado.

– É.

– Más notícias?

– Meu pai. Morreu.

– Sinto muito.

– Ele já estava bem velhinho. Lá no Sul. Há tempos não nos víamos.

– Foi por isso que você recomeçou a fumar?

– Como é que você sabe?

– De um dia para o outro começaram a aparecer carteiras de cigarro amassadas no seu lixo.

– É verdade. Mas consegui parar outra vez.

Ilustrações - Cide Gomes

– Eu, graças a Deus, nunca fumei.

– Eu sei. Mas tenho visto uns vidrinhos de comprimido no seu lixo...

– Tranquilizantes. Foi uma fase. Já passou.

– Você brigou com o namorado, certo?

– Isso você também descobriu no lixo?

– Primeiro o buquê de flores, com o cartãozinho, jogado fora. Depois, muito lenço de papel.

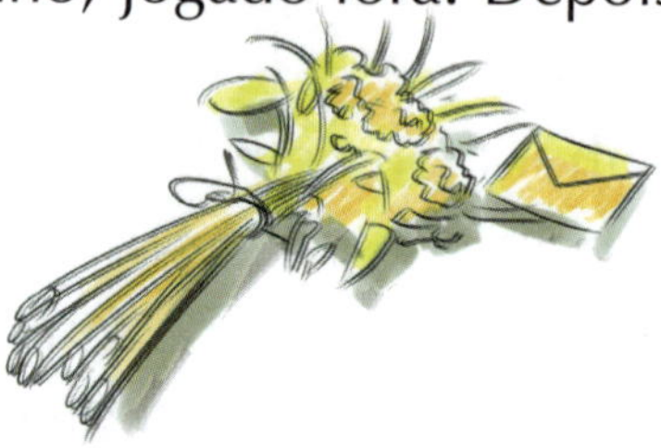

– É, chorei bastante, mas já passou.

– Mas hoje ainda tem uns lencinhos...

– É que eu estou com um pouco de coriza.

– Ah.

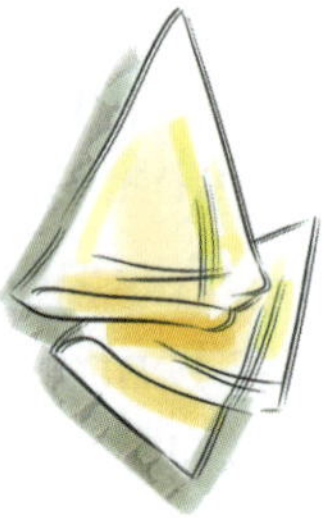

– Vejo muita revista de palavras cruzadas no seu lixo.

– É. Sim. Bem. Eu fico muito em casa. Não saio muito. Sabe como é.

– Namorada?

– Não.

– Mas há uns dias tinha uma fotografia de mulher no seu lixo. Até bonitinha.

– Eu estava limpando umas gavetas. Coisa antiga.

– Você não rasgou a fotografia. Isso significa que, no fundo, você quer que ela volte.

– Você já está analisando o meu lixo!

– Não posso negar que o seu lixo me interessou.

– Engraçado. Quando examinei o seu lixo, decidi que gostaria de conhecê-la. Acho que foi a poesia.

– Não! Você viu meus poemas?

– Vi e gostei muito.

– Mas são muito ruins!

– Se você achasse eles ruins mesmo, teria rasgado. Eles só estavam dobrados.

– Se eu soubesse que você ia ler...

– Só não fiquei com eles porque, afinal, estaria roubando. Se bem que, não sei: o lixo da pessoa ainda é propriedade dela?

– Acho que não. Lixo é domínio público.

– Você tem razão. Através do lixo, o particular se torna público. O que sobra da nossa vida privada se integra com a sobra dos outros. O lixo é comunitário. É a nossa parte mais social. Será isso?

– Bom, aí você já está indo fundo demais no lixo. Acho que...

– Ontem, no seu lixo...

– O quê?

– Me enganei, ou eram cascas de camarão?

– Acertou. Comprei uns camarões graúdos e descasquei.

– Eu adoro camarão.

– Descasquei, mas ainda não comi. Quem sabe a gente pode...

– Jantar juntos?

– É.

– Não quero dar trabalho.

– Trabalho nenhum.

– Vai sujar a sua cozinha?

– Nada. Num instante se limpa tudo e põe os restos fora.

– No seu lixo ou no meu?

VERÍSSIMO, Luis Fernando. **O analista de Bagé**. 81. ed. Porto Alegre: L&PM Pocket, 1984.

Compreensão do texto

1. Qual é a intenção do texto?

____

____

2. Qual é o autor da crônica e em que livro foi publicada?

____

____

3. Duas pessoas, moradoras de um mesmo prédio, encontram-se na área de serviço quando vão jogar o lixo e, pela primeira vez, conversam. Sobre o que falam essas pessoas?

____

____

4. O que cada um pode perceber ao analisar o lixo do vizinho de apartamento?

5. Qual foi o motivo que levou o rapaz a querer conhecer a vizinha?

6. Qual foi o pretexto para que os dois decidissem jantar juntos?

7. Trata-se da representação de um diálogo, ou seja, uma conversa entre duas pessoas. Aponte algumas marcas da linguagem oral no texto.

8. Você considera possível conhecer os costumes das pessoas observando o lixo e a forma como esse lixo é descartado nas lixeiras ou nas ruas? Há uma forma mais adequada para descartar o lixo?

Reflexão sobre o uso da língua

Sinais de pontuação são marcas visuais que acompanham o texto com a finalidade de estabelecer relações entre as partes que compõem a fala dos personagens. Nossa língua, o português, apresenta vários tipos de sinais de pontuação: travessão, ponto final, ponto de exclamação, ponto de interrogação, reticências, entre outros. Note que o texto "O lixo" apresenta muitos destes. Conheça alguns a seguir.

- Por se tratar da reprodução de um diálogo, diante de cada fala dos interlocutores vamos encontrar um **travessão.**

"— É."

"— Pois é..."

"— O seu lixo."

"— Como é que você sabe?"

- O **ponto-final** é usado quando a frase que emitimos é uma afirmativa.

"— É."

"— O seu lixo."

"— Sinto muito."

- O **ponto de exclamação** é usado no final da frase quando exclamamos, ou seja, quando nos admiramos com alguma coisa.

"— Você já está analisando o meu lixo!"

"— Mas são muito ruins!"

- O **ponto de interrogação** é usado no final das frases interrogativas, isto é, nas perguntas.

"— O meu quê?"

"— Como é que você sabe?"

- As **reticências** são usadas quando não completamos um pensamento, quando queremos deixar uma ideia em suspenso ou hesitamos em nossa fala.

"— Pois é..."

"— Ah..."

Pontue as seguintes sentenças:

a) — A quem pertence este lixo?

b) — Que flores lindas!

c) — Comprei camarões ontem e descasquei-os.

d) — Onde moram seus pais?

e) — Ah!

f) — Pois é.

g) — Parabéns, seja feliz!

h) — Não quero dar trabalho.

Saber mais

O uso correto da pontuação nos textos é muito importante: uma vírgula mal colocada pode alterar o sentido da frase. Observe:

- **A vírgula pode condenar ou salvar.**

  Não tenha clemência!

  Não, tenha clemência!

- **A vírgula muda uma opinião.**

  Não queremos saber.

  Não, queremos saber.

- **Ela pode ser a solução.**

  Vamos perder, nada foi resolvido.

  Vamos perder nada, foi resolvido.

- **Ela pode ser uma pausa... ou não.**

  Não, espere.

  Não espere.

Produção de texto

Reúna-se com um colega e, juntos, façam, no caderno, uma narração em que apareça um diálogo entre duas pessoas sobre a importância de separarmos o lixo e o material reciclável, como: latas, alumínio, papel, papelão, vidro, embalagens plásticas, etc. Considerem que o material reciclável é importante como fonte de recursos para o sustento dos catadores e para a preservação da natureza.

Observem a linguagem, o formato e os sinais de pontuação do texto. Deem um título a ele. Se preferirem, podem utilizar a fala de um narrador no texto.

Apresentem o texto elaborado para os colegas de sala. O professor selecionará um deles e fará a reestruturação em conjunto com os alunos.

Lembre-se: quando aparece este sinal [...] num texto, significa que um trecho foi cortado.

Roda de conversa

Muitos brasileiros sobrevivem como catadores do material reciclável retirado dos aterros sanitários. Podemos facilitar esse trabalho se selecionarmos o lixo, acondicionando-o em sacos separados. Esta é uma atividade simples que também pode auxiliar na preservação do ambiente. Você tem o hábito de separar o lixo do material reciclável em sua casa? Já observou o trabalho dos catadores de material reciclável nas ruas? Leia o texto abaixo sobre o assunto.

Leitura

O lixo nosso de cada dia

Uma pesquisa feita pela Pastoral dos Aterros Sanitários e Lixões da arquidiocese de Niterói concluiu que nos 92 municípios do estado do Rio existe um total de 67 lixões, onde 2.762 famílias defendem, em meio a ratos, porcos e urubus, o pão de cada dia para sobreviver. Em condições subumanas, adultos e crianças, muitas utilizadas como mão de obra, convivem com analfabetismo, fome, doenças crônicas, desnutrição e falta de saneamento básico. [...]

Ismar Ingber/Pulsar Imagens

Catadores coletando lixo reciclável com auxílio de trator de esteira. Aterro Sanitário de Jardim Gramacho também conhecido como Lixão do Gramacho. Duque de Caxias – RJ, 2012.

[...] não é difícil encontrar crianças como Carlos Alexandre, 10 anos, trabalhando no lixão, em pleno horário escolar. O menino começa a catar o lixo às 9h, com os pais e oito irmãos, para ajudar no sustento da casa. Em meio ao mau cheiro e sob sol forte. A mãe, Maria José Matias, 41 anos, que saiu de Campina Grande, na Paraíba, aos 12, para tentar a vida no Rio de Janeiro, explica:

"Só o Gilbertinho, de quatro anos, é que não trabalha. Precisamos de todo mundo. Tenho o sonho de comprar minha casa e de um dia voltar para a minha Paraíba", afirmou ela que acorda às 7h e só deixa o serviço às 18h para ganhar de R$ 10 a R$ 30 por semana.[...]

Disponível em: <www.recicláveis.com.br/noticias/00307/0030722Familias.htm>.

As 45 mil crianças e adolescentes brasileiros que trabalham no lixo são filhos de famílias muito pobres. Eles ajudam seus pais a catar embalagens plásticas, papéis, latinhas de alumínio. Separam vidros e restos de comida. Carregam pesados fardos, empurram carroças. São meninos e meninas de todas as idades. Ganham de R$ 1 a R$ 6 por dia, mas o trabalho que fazem é fundamental para aumentar a renda de suas famílias.

Na maioria dos casos, essas crianças não estudam. [...] Mesmo aquelas que são matriculadas abandonam os estudos porque precisam ajudar a família ou pelo preconceito que sofrem por serem "crianças do lixo".

[...]

Não são raros os casos de doenças causadas pela proximidade com o lixo.

Seus pais normalmente são trabalhadores com pouca instrução. Alguns deles trabalharam como pintores, pedreiros, domésticas, diaristas, garis, mas não encontraram mais lugar no mercado.

Então começaram a viver do lixo.

[...]

Embora os meninos e as meninas que trabalham no lixo não tenham vida de criança, eles não conseguem deixar de lado a brincadeira. Entre garrafas e latinhas de alumínio, os meninos e as meninas buscam e encontram nos lixões os brinquedos que seus pais não podem comprar. [...]

Disponível em: <http://pt.scribd.com/doc/6693501/reciclagem>.

Compreensão do texto

1. Como você definiria "lixo"? Esse termo representa a mesma coisa para todos?

____

____

____

2. Nos dicionários, encontramos o vocábulo como sinônimo de sujeira, imundície, coisas sem valor. Pode-se dizer, portanto, que lixo é tudo o que não presta e se joga fora?

____

____

3. Em que condições sobrevivem as crianças e os adolescentes brasileiros que trabalham no lixo?

____

____

4. O trabalho nos lixões é um problema social grave. Com o que são obrigados a conviver os adultos e as crianças que sobrevivem dos lixões?

___

___

___

5. Em sua cidade, onde é depositado o lixo coletado: em lixões ou em aterros sanitários? Procure saber a diferença entre lixões e aterros sanitários e se o lixo é separado do material reciclável.

Vocês podem pesquisar na internet, no *site*:

http://super.abril.com.br/blogs/ideias-verdes/qual-a-diferenca-entre-lixao-e-aterro-sanitario/

___

___

___

Nessa unidade, lemos dois textos sobre o lixo: "O lixo", uma crônica de Luís Fernando Veríssimo e "O lixo nosso de cada dia", uma notícia jornalística veiculada na internet. O mesmo tema escrito de formas diferentes, com estruturas textuais diferentes:

- uma crônica literária com marcas da oralidade, com personagens comuns, motivos simples do cotidiano, vida social, política, costumes... Nesse caso, um encontro entre vizinhos, uma conversa amena descontraída que conduz a narrativa, com a função de entreter o leitor por meio de uma interlocução direta. As crônicas, geralmente, são publicadas em jornais, revistas, folhetins, entre outros.
- uma notícia jornalística narrando fatos e informações do cotidiano ocorridos na cidade e importantes para o público leitor, ouvinte ou espectador. As notícias são veiculadas em jornais, revistas, rádio, televisão, internet, etc.

A redação das notícias, a fim de tornar a compreensão mais fácil, deve informar quem fez o que, a quem, quando, onde, como, por que e para que.

Complete o quadro seguinte:

O lixo – crônica de Luís Fernando Veríssimo
Gênero:
Intenção do texto:
Onde são veiculadas:

O lixo nosso de cada dia, uma notícia jornalística
Gênero:
Intenção do texto:
Onde são veiculadas:

Quadrinhos

Os quadrinhos são uma forma de contar histórias que geralmente associa imagens e escrita. Os recursos visuais utilizados nos permitem conhecer os personagens, observar suas expressões faciais e corporais. As cores e os ambientes em que os personagens atuam mostram as situações vividas em cada momento da história, que podem ser alegres, tensas, dramáticas, despreocupadas, etc.

A criação desse conjunto de desenhos e balões a nós, leitores, pode parecer simples, mas dar unidade entre o desenho e a mensagem, muitas vezes, é um processo bastante complexo para o criador.

Roda de conversa

Você gosta de ler tirinhas? Tem preferência por algum tipo de tira? Você conhece o personagem Papa-capim? Sabe das suas histórias em defesa da natureza?

Papa-capim é um menino índio integrado à natureza que cultiva as lendas e a cultura de sua tribo. É um personagem criado por Mauricio de Sousa que vive suas aventuras na Floresta Amazônica.

Leitura

Leia a tira em que o indiozinho é o personagem.

A tira ou tirinha é um texto que alia o verbal e o visual (texto e imagem) com o objetivo de narrar histórias, geralmente, com três ou quatro quadros, publicadas em jornais, revistas e livros, numa só faixa horizontal.

Os balões, nas histórias em quadrinhos, servem para conter a fala dos personagens e representam situações diversas. Na tira do Papa-capim, temos apenas balões que contêm fala. Esses balões são geralmente assim:

Mas quando queremos representar o pensamento dos personagens, por exemplo, sem expressão oral, usamos um balão como este:

A tirinha surgiu da ideia de fazer histórias curtas, possibilitando uma leitura rápida, eficiente e bem-humorada do texto, apresentando linguagem verbo-visual com desenhos, símbolos e cores. Tem a função de comunicar, trazer ao leitor a fantasia e a ficção como forma de entretenimento e informação. O conteúdo das mensagens leva à reflexão de aspectos morais, sociais, históricos e éticos, entre outros. A fala e os pensamentos dos personagens são apresentados dentro de balões.

Em Grupo

Discutam sobre:

- O que caracteriza o gênero textual tira/tirinha.
- Os recursos que auxiliam na leitura das tiras.
- A intenção dos textos desse gênero.
- Os veículos em que é divulgado.
- Qual é o público-leitor.

Compreensão do texto

1. Identifique

a) o gênero do texto.

____

b) o autor da tira.

____

c) os personagens.

____

d) onde são geralmente publicadas as tiras.

____

2. Sobre o que os dois meninos conversam no primeiro quadrinho? O que compõe este cenário?

____

____

____

3. No segundo quadrinho, que leitura é possível fazer da expressão corporal dos indiozinhos? O que eles expressam no olhar?

4. O que se vê no terceiro quadro? Qual a reação dos meninos?

5. Em sua opinião, Papa-Capim está convencido de que aquilo é progresso? Por quê?

6. Qual é a intenção do texto?

7. Nas histórias em quadrinhos, como nas tiras, geralmente usamos palavras criadas para reproduzir sons naturais, como: **zum-zum** (zumbido de um inseto), **vruuum-vruuum** (o barulho do motor de uma serra de madeira), **atchim** (o som de um espirro), **tique-taque** (o som de um relógio de ponteiros), entre outros.

   Pesquise e escreva abaixo outras palavras que representem sons naturais:

8. Escreva abaixo o diálogo dos personagens da tira. Observe os sinais de pontuação e lembre-se de colocar os travessões diante de cada fala!

Produção de texto

1. Crie uma tira. Desenhe o cenário e escreva as falas dos personagens nos balões e os sons naturais indicados nas imagens.

2. Procure saber a opinião de alguém da sua comunidade sobre as consequências do desmatamento. O que acontece com as plantas e os animais que habitam esses espaços? Traga as informações obtidas para discussão em sala de aula.

O dia mundial da água

Roda de conversa

A água é um bem natural e condição essencial de vida de todo ser vegetal, animal ou humano. Ela não deve ser desperdiçada, nem poluída. O ser humano deve usá-la com consciência para que não se esgote nem se deteriore.

Você acredita que o ser humano tem usado a água com o devido cuidado? As reservas naturais de água estão distribuídas em todas as regiões do mundo da mesma forma? Como fica o equilíbrio do Planeta se não houver preservação da água? Como os brasileiros estão consumindo a água? Leia o texto do IBGE sobre o assunto.

Leitura

Notícia é um relato de fatos, informações ou acontecimentos do cotidiano, ocorridos num determinado espaço, que têm importância para o público-leitor, ouvinte ou espectador. As notícias são veiculadas em jornais, revistas, rádio, televisão, internet, entre outros.

Consumo de água por habitante no Brasil é estável

O consumo médio de água no Brasil, envolvendo os setores comercial, residencial, público e industrial, está estabilizado na faixa de 150 litros por habitante/dia. Em 2007, o consumo *per capita* foi 149,6 litros diários, subiu em 2008 para 151,2 litros e baixou em 2009 para 148,5 litros, de acordo com pesquisa divulgada pelo Sistema Nacional de Informações sobre o Saneamento (SNIS), do Ministério das Cidades.

"Para a média nacional, é um consumo bom. Não indica mau uso da água", disse à Agência Brasil o coordenador do SNIS, Ernani Ciríaco de Miranda. O resultado não demonstra, entretanto, que o brasileiro, de modo geral, está mais conscientizado em relação à necessidade de preservar esse recurso natural.

Miranda explicou que vários fatores contribuem para o consumo *per capita* mais elevado em alguns estados, como o Rio de Janeiro (189,1 litros/dia), Mato Grosso (168,2 litros) e São Paulo (177,8 litros). Ele citou, entre esses fatores, o excesso de temperatura, o clima mais desfavorável. "Ou pode ser, também, uma indicação de consumo perdulário", acrescentou. [...]

Disponível em: <http://amambainoticias.com.br/meio-ambiente-e-tecnologia/consumo-de-agua-por-habitante-no-brasil-e-estavel>.

Compreensão do texto

1. De que veículo de comunicação foi extraída a notícia "Consumo de água por habitante no Brasil é estável"?

___

2. Qual é o assunto da notícia?

___

3. Quais setores envolvem o consumo médio de água no Brasil?

___

___

4. Qual é a intenção do texto?

____

____

5. Qual é o consumo médio de água *per capita* no Brasil?

____

____

6. Qual é a opinião do coordenador do Sistema Nacional de Informações sobre o Saneamento (SNIS), em relação ao consumo médio diário no Brasil?

____

____

7. Quais são os fatores que contribuem para um maior consumo de água em alguns estados brasileiros, segundo o coordenador do SNIS?

____

____

8. Pesquise sobre o consumo médio de água por habitante no ano de 2022/2023. Faça uma comparação desses dados descobertos com os dados lidos no texto.

Saber mais

Dia 22 de março é o Dia Mundial da Água, criado, em 1992, pela ONU (Organização das Nações Unidas), com o objetivo de promover discussões sobre o assunto.

Tais discussões são importantes, considerando que, embora dois terços do Planeta Terra sejam formados por água, apenas cerca de 0,008% do total da água é potável, e que parte dessa água vem sendo contaminada, poluída e degradada pela ação do homem.

Na mesma data da criação do Dia Mundial da Água, a ONU divulgou a Declaração Universal dos Direitos da Água. De acordo com a Declaração Universal dos Direitos da Água, ela é seiva do nosso Planeta e condição essencial da vida na Terra. Confira os artigos:

Art. 1º – A água faz parte do patrimônio do planeta. Cada continente, cada povo, cada nação, cada região, cada cidade, cada cidadão é plenamente responsável aos olhos de todos.

Art. 2º – A água é a seiva do nosso planeta. Ela é a condição essencial de vida de todo ser vegetal, animal ou humano. Sem ela não poderíamos conceber como são a atmosfera, o clima, a vegetação, a cultura ou a agricultura. O direito à água é um dos direitos fundamentais do ser humano: o direito à vida, tal qual é estipulado do Art. 3º da Declaração dos Direitos do Homem.

Art. 3º – Os recursos naturais de transformação da água em água potável são lentos, frágeis e muito limitados. Assim sendo, a água deve ser manipulada com racionalidade, precaução e parcimônia.

Art. 4º – O equilíbrio e o futuro do nosso planeta dependem da preservação da água e de seus ciclos. Estes devem permanecer intactos e funcionando normalmente para garantir a continuidade da vida sobre a Terra. Este equilíbrio depende, em particular, da preservação dos mares e oceanos, por onde os ciclos começam.

Art. 5º – A água não é somente uma herança dos nossos predecessores; ela é, sobretudo, um empréstimo aos nossos sucessores. Sua proteção constitui uma necessidade vital, assim como uma obrigação moral do homem para com as gerações presentes e futuras.

Art. 6º – A água não é uma doação gratuita da natureza; ela tem um valor econômico: precisa-se saber que ela é, algumas vezes, rara e dispendiosa e que pode muito bem escassear em qualquer região do mundo.

Art. 7º – A água não deve ser desperdiçada, nem poluída, nem envenenada. De maneira geral, sua utilização deve ser feita com consciência e discernimento para que não se chegue a uma situação de esgotamento ou de deterioração da qualidade das reservas atualmente disponíveis.

Art. 8º – A utilização da água implica no respeito à lei. Sua proteção constitui uma obrigação jurídica para todo homem ou grupo social que a utiliza. Esta questão não deve ser ignorada nem pelo homem nem pelo Estado.

Art. 9º – A gestão da água impõe um equilíbrio entre os imperativos de sua proteção e as necessidades de ordem econômica, sanitária e social.

Art. 10º – O planejamento da gestão da água deve levar em conta a solidariedade e o consenso em razão de sua distribuição desigual sobre a Terra.

Disponível em: <www.ibge.gov.br/ibgeteen/datas/agua/declaracao.html>.

Fazendo conexão com... Ciências e Matemática

Reúna as informações obtidas sobre a importância da água na manutenção da vida e do uso racional desta pela população do Planeta. Em grupo, discutam o assunto a fim de elaborar um folheto contendo orientações de consumo responsável, para ser divulgado na escola.

TOULOUSE-LAUTREC, H. de. **No Moulin Rouge**. 1892. The Art Institute of Chicago (EUA). Detalhe.

Unidade 1 Quem somos

Nesta unidade, você vai conhecer: diferentes artistas, as técnicas e os materiais utilizados por eles para se expressar artisticamente, e vai entender sobre cor, luz e composição.

A arte de ver e sentir o mundo

Roda de conversa

Como seres singulares, compomos o heterogêneo, a diversidade do mundo. A leitura da palavra, o uso e suas combinações revelam uma maneira singular, própria de expressão.

Você já observou de que forma as pessoas representam o lugar onde vivem? Você já representou o local onde mora? De que forma?

Em Arte, temos quatro áreas do conhecimento: Artes Visuais, Dança, Música e Teatro. Desta forma, cada artista expressa sua visão de mundo na área em que mais se identifica.

A essa maneira diferente de perceber e representar chamamos estilo.

Representação pelos olhos do artista

Observe a forma com que cada artista escolheu para se expressar.

Vamos iniciar observando pintores que, ao disporem as linhas e cores para expressar suas visões e interpretações do mundo, organizaram suas composições.

Composição é a organização dos elementos de uma obra em determinado espaço.

Os elementos a serem observados são: linha, plano, cor, luz e formas.

Que elementos compõem as imagens representadas abaixo?

VAN GOGH, Vincent. **A planície em La Crau**. 1888. Óleo sobre tela, 73 cm x 92 cm. Museu Vincent Van Gogh, Amsterdã (Países Baixos).

PICASSO, Pablo. **A Tragédia**. 1903. Óleo sobre madeira. 105, 3 cm x 69 cm. National Gallery of Art em Londres (Inglaterra).

GLOSSÁRIO

Estilo: maneira de falar, escrever, pintar, etc., expressa por alguém, um grupo, em determinada época. Na arte, estilo refere-se ao aspecto formal de uma obra artística, quando se leva em conta o modo como o artista se expressa, como ele vê as cenas, as paisagens, as pessoas, como usa as cores e como ilumina ou escurece suas obras.

Entendendo cor e luz

Observe nas obras de Van Gogh e de Pablo Picasso de que forma eles usam as cores e a luz.

1. O que as duas obras mostram?

____

____

____

2. Quais cores sobressaem em cada uma?

____

____

____

____

3. Observe e escreva os elementos que compõem as obras. Compare e comente o estilo de cada um.

____

____

____

4. Junto com o professor, identifiquem os planos e a técnica utilizada nas obras.

____

____

____

Saber mais

As tintas são produzidas com pigmentos retirados da natureza. Os pigmentos, às vezes, são utilizados em estado natural, e outras vezes com misturas químicas.

5. Você sabe o que é pigmento?

Com o auxílio do professor, pesquise a definição de pigmento e registre aqui.

____

____

____

____

Você sabe o que são cores complementares?

São aquelas que estão opostas no círculo cromático. Observe o exemplo ao lado; o amarelo é a cor complementar do roxo (ou violeta), pois está oposto ao roxo no círculo cromático.

Você sabe o que é "círculo cromático"?

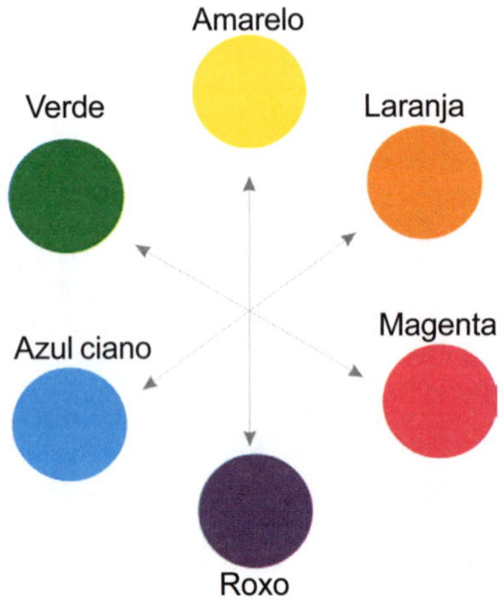

RILEY, Bridget. **Pleno verão**. 1989. Screenprint, 93 cm x 91 cm. Helium Foundation, Londres (Grã-Bretanha).

Fixe o olhar na imagem à esquerda por 60 segundos. Neste quadro há o uso de cores complementares para criar efeitos ópticos especiais. As cores foram misturadas cuidadosamente para cumprir o objetivo da artista. Em seguida, olhe para uma superfície branca... o que você viu?

As cores da obra ao lado não foram misturadas na paleta – elas podem ser combinadas pelo olhar e pelo cérebro. Nesta obra (detalhe), o artista, interessado por cor, pintou pontinhos de tinta não misturada, um ao lado do outro.

Observe a sombrinha laranja. Na verdade, ela é formada de minúsculos pontos vermelhos e amarelos que, à distância, fazem a sombrinha parecer laranja.

Com o auxílio do professor, façam uma revisão de cores primárias, secundárias e terciárias, e observe como acontece a formação delas.

SEURAT, Georges. **Tarde de domingo na ilha da Grande Jatte**. [entre 1884 e 1886]. Óleo sobre tela, 207,5 cm x 308 cm. Art Institute of Chicago, Ilinois (EUA).

Espaço e composição

Observe que na obra de Da Vinci é explorado o espaço horizontal (largura), enquanto Lautrec explora o espaço no sentido vertical (altura).

Altura

Largura

DA VINCI, Leonardo. **A última ceia**. [entre 1445-1447]. Afresco, 460 cm x 880 cm. Capela Santa Maria delle Grazi, Milão, (Itália).

TOULOUSE-LAUTREC, Henri de. **Jane Avril dançando a mélinite.** 1892. Óleo sobre tela, 18 cm x 33 cm. Museu Jeux de Paume, Paris, (França).

A obra do artista representa o recorte do espaço, a definição dos limites do que deseja retratar. Essa escolha está vinculada ao tema e ao lugar onde o artista se coloca como observador. A escolha do tema, do recorte que quer fazer, depende da forma como interpreta o mundo e de sua capacidade de organizar os elementos em uma composição.

Chamamos de composição (em arte) a maneira como o artista dispõe ou organiza os elementos em seu trabalho, as quais expressam a visão que o artista tem do mundo.

A obra do artista recorta o espaço – lugar delimitado – e define a altura, a largura e a profundidade de sua obra. Nas obras anteriores você identificou diferentes planos, observe na obra de D. Rivera a forma como ele delimitou o espaço e deu o efeito de profundidade em seu trabalho.

Produção

Tragam para a sala de aula objetos variados. Em grupo, organizem uma composição com esses objetos e fotografem. Lembrem de pensar no fundo, ou seja, o que ficará atrás dos objetos e depois organizem uma exposição (destas fotos) para toda a escola.

Observem que vocês realizaram uma composição "tridimensional" (com 3 dimensões: altura, largura e profundidade). Esta mesma composição tornou-se bidimensional ao ser fotografada.

RIVERA ,Diego. **Desfile de aniversário da Revolução Russa**. 1956. Óleo sobre linho, 135 cm x 102 cm. Coleção particular.

M. Flynn/Alamy/Glow Imagens

FLYNN, M. Zoom efeito de luz branca sobre obra de Jackson Pollock. Museum of Modern Art de Nova York (EUA).

Unidade 2 Que mundo é esse?

Nesta unidade, você vai conhecer, entender e experimentar diferentes técnicas da área das Artes Visuais.

Brasil no olhar do artista

Artes Visuais: algumas técnicas

Como você representaria o local onde vive? Qual área do conhecimento em Arte você escolheria? Artes Visuais, Dança, Música ou Teatro?

Essas quatro áreas representam diferentes formas de arte com diferentes técnicas em diferentes suportes, variando também de época para época.

Cada artista, para expressar sua arte, trabalha com determinada técnica. Falaremos sobre algumas usadas em Artes Visuais a seguir:

Gravura

– Gravura... gravar... gravar uma imagem em um suporte.

A gravura envolve um processo totalmente artesanal, pois, desde a confecção da matriz até o resultado final da imagem impressa no papel, é a mão do artista que está em contato com a obra.

THEVET, Frei André. **Árvore Choine**. 1575. Xilogravura. 17,5 cm x 14 cm. In: La Cosmographie Universelle. Paris.

XILOGRAFIA ou XILOGRAVURA – (xilo: madeira) é a arte de gravar em madeira. A técnica consiste em gravar uma imagem em um suporte de madeira. A seguir, é espalhada tinta sobre esta matriz, para que a imagem seja impressa em papel. As cópias são assinadas pelo autor e a quantidade é predefinida.

Na época em que foi realizada esta xilogravura, os artistas viajavam junto com as expedições com a finalidade de retratar os locais visitados, os costumes e a cultura local.

Lembre-se de que ainda não existia a fotografia.

Litografia ou Litogravura

– técnica de gravura que envolve a criação de desenhos sobre uma matriz de pedra calcária com um lápis gorduroso. O princípio usado é o da repulsão entre água e óleo. O desenho é feito de forma planificada, através do acúmulo de gordura sobre a superfície da matriz.

Saber mais

Para cavar os espaços que ficam em branco, você pode utilizar um instrumento chamado goiva, que é uma espécie de formão curvo que corta em forma de meia-cana.

© loving-bcn/ Fotolia.com

RUGENDAS, Johann Moritz. Negros no porão. [1802-1858]. In: _____. **Viagem Pitoresca através do Brasil.** (1835).

Aquarela

Na pintura, vamos começar pela aquarela, que é o nome da mistura de pigmentos coloridos com aglutinante, e é também o nome da técnica em que se emprega essa tinta diluída em água. Ela exige que o aquarelista trabalhe rapidamente sem se ater a minúcias e sem poder sobrepor a tinta para retoques.

Ao secar, a aquarela perde a metade de seu colorido, torna-se pálida, apresentando um bonito efeito de transparência, porque nela se utiliza pequena quantidade de cor diluída em muita água. Com a evaporação da água, o papel adquire luminosidade.

JULIÃO, Carlos. **Negras vendedoras**. Aquarela. Biblioteca Nacional [1740-1811]. Rio de Janeiro.

TAUNAY, Aimé Adrien. **Canto Noturno dos Índios Bororo**. 1827. Aquarela, 22,5 cm x 28,5 cm. Academia de Ciências da Rússia, São Petersburgo.

DI CAVALCANTI. **Figura feminina**. Aquarela e nanquim. 26 cm x 23 cm. Coleção particular.

Fotografia

Roda de conversa

Você já teve vontade de congelar um acontecimento?

Foi assim que alguns pesquisadores chegaram ao resultado que chamamos hoje de fotografia.

akg-images/Newscom/ImagePlus/Glow Images

Primeira fotografia, vista da janela em Le Gras, por volta de 1826. Tirada por Joseph Nicéphore Niépce, a partir de uma janela de sua casa em Saint-Loup-de-Varennes, França. Feita pela exposição a uma placa de estanho e betume revestido com uma câmara escura para oito horas.

Esta foi "oficialmente" a primeira fotografia de que se tem notícia, realizada pelo francês Joseph Nicéphore Niépce em 1826, com um processo bem diferente do que conhecemos hoje.

O tempo foi passando e a fotografia foi se popularizando, por ter ficado bem mais acessível financeiramente.

Para entendermos melhor, podemos dividir a fotografia em gêneros:

- **Fotojornalismo** (fotografias sociais, de esportes, culturais, policiais).
- **Fotografia científica**: o fotógrafo realize uma sucessão de fotos com o objetivo de registrar uma experiência ou pesquisa científica.
- **Fotografia publicitária**: tem como objetivo divulgar um produto.
- **Fotografia de moda**: fotografia geralmente veiculada em publicidade pelos meios de comunicação; TV, revistas, outdoors e campanhas específicas.
- **Fotografia de autoria ou artística**: considerada fotografia artística quando o fotógrafo realiza uma composição pensada de forma não convencional.
- **Fotografia amadora**: é realizada por pessoas não profissionais, que não se preocupam com a composição, com a luz, com o enquadramento. É o que geralmente fazemos quando fotografamos nossa família, amigos ou uma paisagem.
- **Fotografia de estúdio**: é realizada em ambiente próprio com luz, fundo e enquadramento adequados.

Observe as reproduções das fotos abaixo e identifique o que elas retratam, a época e a técnica utilizada. Escreva esses dados nas linhas abaixo.

© Vinicius Tupinamba/Fotolia.com

Praia do Forte (BA), 2009.

Acervo Iconographia

Rua do Ouvidor. [c. 1888]. Rio de Janeiro (RJ).

© Ignatius Wooster/Fotolia.com

Ouro Preto (MG), 2008.

Leia as referências e as legendas das fotos. Descreva os elementos que a compõem identificando os gêneros fotográficos. Escreva esses dados nas linhas abaixo.

Quais dos gêneros fotográficos apresentados estão presentes no seu dia a dia?

Quando você fotografa, preocupa-se com: a luz, com o enquadramento e com a composição?

Para responder a questão acima consulte o glossário.

GLOSSÁRIO

Composição: é a organização dos elementos num mesmo espaço.
Enquadramento: é a posição do objeto que se quer fotografar.

ROCCO, Antônio. **Os imigrantes**. 1910. Óleo sobre tela, 202 cm x 231 cm. Pinacoteca do Estado de São Paulo, São Paulo (SP).

Óleo sobre tela

As técnicas óleo sobre linho ou óleo sobre madeira são pinturas feitas com tinta a óleo sobre diferentes tipos de telas, ou seja, de acordo com o material de que são confeccionadas.

Óleo sobre madeira

Tinta a óleo aplicada em prancha de madeira.

POST, Frans. **Vista de um engenho de cana-de-açúcar**. Óleo sobre madeira; 25,7 cm x 41,4 cm. Museu Nacional de Belas Artes, Rio de Janeiro (RJ).

Produção

Você observou como alguns artistas em diferentes épocas representaram o Brasil.

Como você representaria o local onde vive? (bairro, cidade)

Que técnica escolheria para realizar a representação?

Planeje as ações para a execução de seu trabalho.

____

____

____

____

____

____

Após a realização de seu trabalho, apresente-o aos seus colegas e juntos com o professor organizem uma exposição artística.

Rogério Reis/Pulsar Imagens

Unidade 3 Diferentes formas de ser e viver

Nesta unidade, você vai conhecer as diferentes manifestações artísticas dos povos que compõem a cultura brasileira.

Manifestações artísticas da cultura brasileira

Roda de conversa

Você conhece músicas que falem sobre a cultura indígena brasileira ou sobre os povos escravizados? Os ritmos musicais por eles utilizados?

Em seu estado, há etnias indígenas? Você sabe onde se localizam as comunidades indígenas e as quilombolas?

Será que hoje os indígenas moram somente em aldeias afastadas dos centros urbanos?

Você conhece algum indígena que tenha concluído os estudos formais? Ou que esteja exercendo algum trabalho formal dentro da cidade?

O que você sabe sobre a cultura indígena brasileira?

Os indígenas valorizavam a expressão corporal, cuidavam da aparência, faziam do corpo e do que punham sobre ele mostruário de situações e intenções. Usavam pinturas, tatuagens, pingentes, cintos, colares e pulseiras.

Em ocasiões importantes, no dia a dia e em muitas cerimônias, os indígenas cuidavam de sua aparência, adornavam-se com diadema de penas e coloriam os ombros e as costas com couro de animais.

Na cestaria, a mulher unia a habilidade, a criatividade, o belo e o útil.

Os indígenas, rodeados de uma infinidade de aves, desenvolveram a arte plumária. As plumas trabalhadas em mantos, máscaras e cocares passavam aos seus portadores elegância e majestade.

Utilizavam, também, cascas de árvores como peças de vestuário e máscaras.

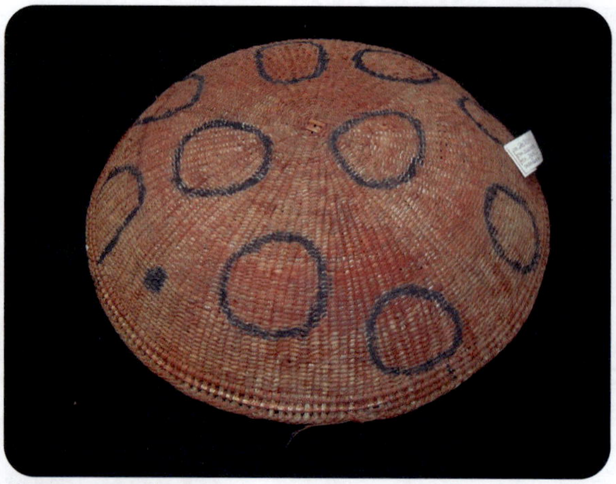

Iandé - Casa das culturas indígenasras indígenas

Cesto yanomâmi.

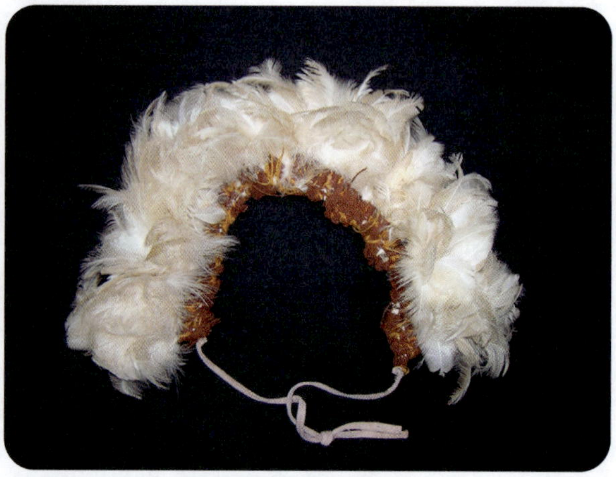

Iandé - Casa das Culturas Indígenas

Cocar de penas de galinha e retalhos de pano feito por índios Guarani-Kaiowá. Mato Grosso do Sul.

A pintura do corpo, uma linguagem

Os rituais e as festas representavam os momentos de expressão da religiosidade indígena. Todas as festas, os cantos, as danças e simulações de guerra constituíam representações sagradas e rituais, por meio de símbolos, ornamentos, pinturas corporais e fantasias. Visavam, ao mesmo tempo, homenagear os espíritos da natureza, aproximar e envolver os membros da comunidade com outros grupos. Um exemplo é a festa do Quarup, no Xingu, que se transforma em um grande encontro bem preparado e esperado ansiosamente por todos os povos da região. Nessa festa, troncos de grandes árvores são cultuados por parentes e amigos como espíritos dos mortos.

O autor Hernâni Donato destaca em sua obra os usos e costumes do povo brasileiro. Fixando-se nas produções que caracterizam cada povo indígena, refere-se à pintura do corpo como importante instrumento revelador da expressão artística e da comunicação.

Rosa Gauditano/StudioR

Pintura corporal em índio. Canto e dança do Wanaridobe. Aldeia Xavante de Pimentel Barbosa (MT), 2011.

A pintura do corpo era utilizada com várias finalidades: como enfeite, como proteção contra insetos, raios solares, espíritos maus e também para expressar sentimentos, emoções e pretensões.

As cores e os desenhos passavam ideias. As pinturas eram diariamente renovadas pela manhã após o banho. Era função da mulher refazer as pinturas de seu corpo, do corpo dos filhos e do marido. O refazer das pinturas refletia as atividades projetadas para aquele dia.

Alguns indígenas brasileiros usavam padrões geométricos no rosto e no corpo. Utilizavam urucum, planta da qual obtinham a cor vermelha. A cor preta era retirada do genipapo ou dos caroços de algodão. O carvão vegetal e sumo de frutas aumentavam as possibilidades de obtenção de outras cores e tintas.

A pintura corporal estava ligada a ocasiões: guerra, caça, pesca, viagens, amor, etc. Expressava também os papéis sociais e religiosos de cada membro da tribo, sempre associada ao modo de ser de cada um.

Produção

Com a turma dividida em grupos, realizem uma pesquisa sobre as diferentes danças indígenas do Brasil, descrevendo seus movimentos, os sons que acompanham, quem participa e de que região são:

Quarup, Acyigua, Atiaru, Buzoa, Da onça, entre outras.

As expressões indígenas

Como o morador antigo encontrado nestas terras se relacionou com o branco invasor e com o africano?

ECKHOUT, Albert. **Dança dos Tapuias**. [1610-1666]. Óleo sobre madeira, 168 cm x 294 cm. Museu Nacional da Dinamarca, Copenhague.

Do encontro de várias culturas formou-se a brasileira. Do norte ao sul do Brasil, o povo canta, dança, toca instrumentos...

O pintor desta obra é o holandês Albert Eckhout. Ele chegou ao Brasil em 1637, com Maurício de Nassau, e sua função era registrar a paisagem do Brasil.

A dança e o canto estão associados à alegria, festa, rituais e comemorações. São formas de expressão das emoções do ser humano. Essas manifestações contagiam de tal forma que são reproduzidas pelas artes plásticas e retratam a forma de ser, pensar e viver de diferentes povos.

Estes são utensílios fabricados pelas mulheres indígenas, e fazem parte de nossa cultura até hoje.

Debret retratou a arte do trançado indígena.

DEBRET, Jean Baptiste. **Cestos**. 1835. Litografia, 21,6 cm x 31,5 cm. In: ______. Voyage Pittoresque. Engelmann & Cia.

Abaixo temos exemplos de arte em madeira e cerâmica:

DEBRET, Jean Baptiste. **Vasilhames de madeira e barro**. 1835. Litografia. In: Voyage Pittoresque.

Observe no quadro de Debret que a família usa cestos e esteiras. São objetos de palha trançados pelos indígenas.

O quadro apresenta uma diversidade cultural. O modo de sentar, de vestir, entre outros.

DEBRET, Jean Baptiste. Aquarela sobre papel, 16,2 cm x 23 cm. **Uma senhora de algumas posses em sua casa**. 1823. Museus Castro Maya. Rio de Janeiro.

Que outro componente da cultura brasileira aí está representado?

____

____

A cultura brasileira mais recente

Roda de conversa

Marcas culturais são temas de artistas. O que precisamos saber para interpretar obras de arte?

Como podemos identificar se a temática de uma obra se refere a cultura brasileira?

A casa do caboclo, a forma como planta, o que come, as palavras indígenas que usa, as músicas e as danças que aprecia marcam a presença do índio. E como nos diz Donato (2005, p. 55): "Cinco séculos depois de surpreendido em sua simplicidade pelo conquistador europeu, o índio permanece na cultura popular brasileira. E, enquanto isso, aqui e ali, por todo país [...] em sua maioria, enfrentando os mesmos problemas de seus antepassados...".

Pessoa fazendo artesanato.

DONATO, Hernani. **Histórias dos usos e costumes do Brasil**. São Paulo: Melhoramentos, 2005.

Um Brasil de todas as cores é sempre retecido pelas mãos do seu povo. Mãos que tecem, que modelam, que bordam, que entrelaçam os fios e as fitas, tramam e criam a arte popular.

Um século e meio depois, artistas modernos resgatam nossas origens e trabalham em suas obras a temática brasileira.

DI CAVALCANTI, Emiliano. **Festa Brasileira**. 1931. Óleo sobre tela. 4,5 m x 5,5 m. Mural do Teatro João Caetano, Rio de Janeiro (RJ).

Vários artistas retrataram o Brasil antigo evidenciando as influências, a incorporação, a mistura de diferentes formas de ver e interpretar o mundo. A cultura popular incumbiu-se de transmitir, de uma geração a outra, usos, costumes, crenças e tradições.

A arte aplicada ou decorativa – cerâmica, mobiliário, têxtil, escultura, talha, pintura, música e cantoria – retratava o povo da mesma forma como representava anjos e santos, isto é, com características misturadas que ilustravam a fusão das etnias formadoras do povo brasileiro.

PORTINARI, Candido. **Bumba meu boi**. 1959. Óleo sobre madeira, 32,5 cm x 32,5 cm. Coleção Particular. São Paulo (SP).

DJANIRA. **Procissão – Festa do Divino**. 1960. Óleo sobre tela. Coleção Galeria Bonino. Rio de Janeiro, (RJ).

O indígena contribui com danças, sons do maracá, boré, guarapeva. O negro trouxe a dança – o batuque, o baião, o coco, o lundu – e instrumentos como o ganzá, o agogô, o berimbau. Os portugueses contribuíram com a viola, o pandeiro e as danças trazidas de Portugal.

Produção

Com a turma dividida em cinco grupos, cada um pesquisará sobre as manutenções culturais de uma região e fará uma dramatização sobre seu tema. Ela deverá conter: cenário, enredo, figurino e sonoplastia.

Obs.: pode ser uma comédia, um drama ou uma sátira.

A arte brasileira, em seu início, estava ligada à religião e às igrejas. Isso explica por que santos de barro e madeira marcam seu começo e por que anjos e santos começam a ganhar traços do povo brasileiro.

Tatraktys/W. Commons

ATAÍDE, Manoel da Costa. **Assunção da Virgem**. [entre 1804 e 1807]. Óleo sobre madeira. Forro da igreja de São Francisco de Assis, Ouro Preto (MG).

Observe o talento do artista Ataíde, revelado em tetos de igrejas mineiras.

As diversas Nossas Senhoras e os santos da devoção popular foram ganhando o coração e a inspiração dos artistas.

A arte do século XVIII, no Brasil, também serviu para divulgar a religião católica. E a arte barroca teve como mais importantes expressões na escola mineira Aleijadinho – Antonio Francisco Lisboa – e o mestre pintor Manoel da Costa Ataíde. Os críticos destacam que esses artistas iniciaram o esboço dos contornos artísticos de um povo, uma cultura.

Os profetas que Aleijadinho esculpiu são considerados o ponto mais alto da escultura desse século.

Luis Rizo/W. Commons

LISBOA, Antonio Francisco. **Profeta Baruc**. [entre 1796 e 1805]. Esculturas em pedra-sabão. Santuário do Senhor Bom Jesus de Matosinhos, Congonhas (MG) (Detalhe).

As expressões africanas

Roda de conversa

Você conhece os movimentos da capoeira? E as músicas e instrumentos utilizados?

As práticas culturais e religiosas trazidas pelos grupos negros africanos ao Brasil constituíram marcas profundas em nossa sociedade.

Africanos de diferentes grupos étnicos, de aldeias na Baixa Guiné, Congo, Angola, foram compartilhando seus ritos tradicionais durante a demorada travessia marítima e, posteriormente, em seus locais de trabalho.

Entregavam-se a manifestações mágico-religiosas para recriar a identidade social perdida com o exílio.

Nessas manifestações, destacavam-se os **calundus** – reuniões onde se dançava e pulava ao som de instrumento de percussão, havia uso de defumadores, transe, curas e adivinhações.

Os curandeiros utilizavam à vontade elementos ligados ao culto católico, como água benta, orações impressas, hóstias, terços, cruzes e outros objetos de devoção a santos, no sentido de potencializar os efeitos das curas. Ficava aí evidenciado o sincretismo mágico-religioso e cultural.

Nas artes curativas, os africanos e seus descendentes eram exímios manipuladores de ervas.

RUGENDAS, Johann Moritz. **Festa de Nossa Senhora do Rosário, padroeria dos negros**. [1802-1858]. Litografia, 24,6 cm x 33,4 cm. In: Casa Litográfica Thierre Frères.

GLOSSÁRIO

Calundus: ritual mágico--religioso realizado pelos escravizados.

A capoeira, trazida para o Brasil pelos africanos escravizados, também tornou-se popular.

Os africanos trouxeram a prática dessa luta que era, ao mesmo tempo, jogo e arte.

A Constituição de 1934 liberou a capoeira, uma luta que era, a um só tempo, jogo e arte, considerando-a manifestação cultural afro-brasileira.

EARLE, Augustus. **Negros lutando.** 1822. Aquarela. Biblioteca Nacional da Austrália, Camberra (Austrália).

Saber mais

Você sabia que a capoeira nasceu da necessidade de proteção dos escravizados?

Jean-Baptiste Debret registrou cenas do Carnaval do tempo do Brasil no Império. Os escravizados se divertiam nas ruas.

DEBRET, Jean Baptiste. **Carnaval**. 1823. Aquarela sobre papel, 18 cm x 23 cm. Museus Castro Maya, Rio de Janeiro.

Dizem que o Carnaval chegou a Portugal no século XIV, com o nome de Entrudo.

EARLE, Augustus. **Brincadeiras no carnaval do Rio de Janeiro**. 1822. Aquarela, 21,6 cm x 34 cm. Aquarela Biblioteca Nacional da Austrália, Camberra.

O Carnaval, considerado a principal festa popular brasileira, foi trazido pelos portugueses, no século XVII. Essa festa misturava religiosidade, arte, folclore e desfiles.

As músicas e danças europeias foram sendo abrasileiradas. O maxixe foi a primeira dança nacional. E foi o jeito nativo de apreciar a dança considerada elegante (a valsa, a polca) que resultou no chorinho – um som sentimental e melancólico.

Nos morros cariocas começava a surgir o samba, com raízes nas danças e contos das senzalas.

O lundu, o batuque e o samba, produzidos ao som de instrumentos de percussão, além do violão e do cavaquinho, enchiam a alma brasileira. O lundu (uma espécie de primo do samba) também era praticado nas fazendas, assim como o samba era praticado nas senzalas no tempo dos escravizados.

O Brasil de todas as cores

Um Brasil mestiço no corpo e na alma

PORTINARI, Candido. **Café**. 1935. Óleo sobre tela, 130 cm x 195 cm. Museu Nacional de Belas Artes, Rio de Janeiro (RJ).

A dança, o canto, as festas, as comemorações e rituais transmitidos de geração a geração constituem a cultura de um povo.

As festas africanas e europeias chegaram ao Brasil e, ao se misturarem aos costumes indígenas, forjaram a cultura brasileira.

As manifestações do povo brasileiro, de norte a sul, serviram de tema para muitos artistas. Elas foram retratadas por olhares estrangeiros, como: Frans Post e Eckhout (século XVII), Jean-Baptiste Debret (séculos XVIII e XIX) e Johann Moritz Rugendas (século XIX). Ao registrarem os usos e costumes indígenas e africanos, esses pintores construíram a história de um povo por meio de cenas, paisagens, festas e tradições do Brasil antigo.

ECKHOUT, Albert. **Mulher tupi com criança**. [entre 1641 e 1644]. Óleo sobre tela, 265 cm x 157 cm. Museu Nacional de Copenhague (Dinamarca).

ECKHOUT, Albert. **Homem Mestiço**. [entre 1641 e 1644]. Óleo sobre tela, 265 cm x 163 cm. Museu Nacional de Copenhague (Dinamarca).

Os usos e costumes dos brasileiros foram criados e desenvolvidos a partir dos elementos culturais dos indígenas, dos exploradores e colonizadores, dos africanos e dos imigrantes que vieram para o Brasil.

Etnias indígenas habitavam o território brasileiro. Vieram os europeus (portugueses, espanhóis, franceses, holandeses) e misturaram-se aos indígenas. Esse encontro trouxe como consequência o caboclo brasileiro, com costumes herdados do indígena e do europeu, delineando a cultura brasileira. Mais tarde, o africano se incorporou nessa sociedade e deu origem aos mulatos e cafuzos. A vinda dos imigrantes de vários outros países completou a miscigenação, construindo a diversidade e a riqueza de um "Brasil brasileiro".

PORTINARI, Candido. **Colheita de Milho**. 1959. Óleo sobre tela, 65 cm x 81 cm. Coleção Particular, São Paulo (SP).

MOTTA e SILVA, Djanira. **Três Orixás**. 1966. Óleo sobre tela, 129 cm x 193,5 cm. Pinacoteca do Estado de São Paulo.

Fabio Paradise/Pulsar Imagens

Interior da Igreja São Francisco de Assis. Pintura policromada Ouro Preto (MG), 2002.

Observe as imagens que representam a diversidade cultural brasileira. Identifique o autor das obras, que elementos as compõem, verifique na legenda a época em que foram produzidas e as técnicas utilizadas.

Produção

Registre suas observações quanto às expressões humanas retratadas nas obras. Consulte também outras referências.

Mario Roberto Duran Ortiz/W. Commons

Unidade 4 Desafios da vida

Nesta unidade, você vai entender a arte aplicada, conhecer artistas que trabalham o tridimensional e outros que desenvolvem seu trabalho com diferentes ténicas.

As diferentes manifestações da arte

Roda de conversa

1) Você sabe a diferença entre gravura, escultura e modelagem?

2) Você já teve contato com alguma escultura?

3) Na sua cidade tem escultura em praça pública? Cite-a, se conhecer.

4) Você já trabalhou com modelagem? Como foi esse trabalho?

Além do desenho, da pintura e da gravura, temos a escultura e a modelagem.

A escultura e a modelagem consideram a largura, altura e profundidade das formas. Atentar para esses três elementos significa produzir uma imagem em três dimensões. As três imagens a seguir mostram esculturas de artistas e épocas diferentes.

A escultura *Moisés*, em mármore, foi realizada por Michelangelo Buonarroti durante o período que chamamos de Renascimento.

A segunda se chama *O Beijo*, do escultor Constantin Brancusi, e foi construída durante o Movimento Moderno.

© Tony Baggett /Fotolia.com

MICHELANGELO. **Moisés**. [15--]. Escultura. Igreja de San Pietro. Vincoli, Roma (Itália).

Rosine Mazin/Photononstop / Glowimages

BRANCUSI, Constantin. **O Beijo**. 1910. Escultura, 40 cm x 29.7 cm. Cemitério Montparnasse. Paris (França).

A terceira é de autoria de Tomie Ohtake, nascida no Japão e residente no Brasil desde 1936, considerada uma das maiores escultoras brasileiras da atualidade.

Na modelagem, trabalha-se com material flexível, por exemplo: barro, argila, massa, cera, massa plástica.

Na escultura, são utilizados materiais mais duros, como: madeira, pedra, marfim, mármore, metais. A escultura é a arte que trabalha com instrumentos adequados para representar as formas tridimensionais.

Wagner T. Cassimiro/C. Commons

OHTAKE, Tomie. Sem título. 2008. Peça aço-carbono, 13,5 m x 12 m x 5 m. FEA-USP. São Paulo (SP).

Você pode compreender melhor o que é tridimensionalidade produzindo a sua obra. Comece a expressar-se, dê asas a sua imaginação. Use massa de modelar ou argila.

© Zoja/Fotolia.com

Processo de modelagem em argila.

M.C. Miller

BRECHERET, Vitor. **Tocadora de guitarra**. 1923. Escultura em bronze 75 cm x 21 cm. Memorial de Curitiba.

Produção

Analise as imagens das esculturas exemplificadas nesta unidade e anote as diferenças e semelhanças entre elas.

Funções da arte: Arte aplicada

Roda de conversa

Você já ouviu falar de arte aplicada?

Conversem no grande grupo sobre esta forma de arte e comparem as informações.

Diga qual é a função dos objetos apresentados nesta página e na página anterior.

Conversem com os colegas e o professor sobre a diferença entre os objetos artísticos, considerando a utilidade prática e imediata.

Nos estudos feitos anteriormente, você já pôde observar que o esforço para produzir objetos está presente em todas as culturas.

Observe em seu dia a dia: vasos, relógios, anéis, cadeiras, louças, telefones, portas, janelas, esculturas e estátuas nas praças... Em todos esses objetos há um pouco de arte aplicada.

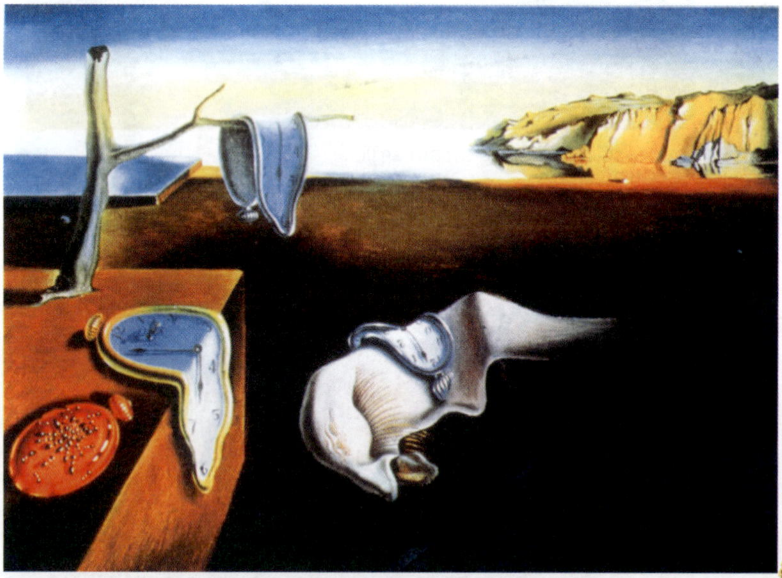

DALÍ, Salvador. **A persistência da memória**. 1931. Óleo sobre tela, 24 cm x 33 cm. Museu de Arte Moderna, Nova York (EUA).

© Zakharov Vitaly/Fotolia.com

© Vadim Ponomarenko/Fotolia.com

Os objetos utilitários e aqueles que têm a função de provocar reflexão e admiração, que estimulam o pensamento e a sensibilidade, causam prazer estético.

Produção

- Dobre uma folha de papel sulfite pelo meio;
- Dobre novamente;
- Com a folha dobrada, faça um desenho (com lápis 3B, se possível) em uma das faces;
- Abra o papel e dobre de maneira que o desenho fique de frente para uma face branca;
- Esfregue o lápis atrás da face desenhada e você verá que decalcou o desenho na face branca;
- Agora você tem 2 faces desenhadas;
- Abra novamente a localize-as de frente para as faces brancas;
- Repita o processo de decalque;
- Agora que você já tem o seu azulejo desenhado, só falta colorir.

As diferentes formas que observamos no dia a dia chamam nossa atenção, não é mesmo? Elas provocam em nós sensações diversas.

Você já parou para observar um mural de pintura ou um painel de azulejos?

Deyvid Setti e Eloy Olindo Setti/W. Commons

LAZZAROTTO, Poty. **Painel Monumento ao tropeiro**. 1965. Lapa (PR).

Zig Koch

Poty Lazzarotto

Nasceu em Curitiba, em 29 de março de 1924, e faleceu em 7 de maio de 1998. Formou-se na Escola Nacional de Belas Artes, em 1945, e posteriormente no Liceu de Artes e Ofícios, ocasião em que recebeu do governo francês bolsa para se aperfeiçoar em Paris (1946/1947). Ganhou diversos prêmios por sua obra e realizou inúmeras exposições de seu trabalho.

Muitas de suas obras podem ser vistas nas ruas de Curitiba e em outras localidades do Paraná, cuja história Poty retratou em painéis e murais espalhados nas praças e fachadas de prédios públicos.

E para observar um mosaico ou um vitral colorido?

Catedral com vitral. Catedral Metropolitana de Brasília.

Luminárias em vitral. Turquia.

Vitrais vistos do interior da Catedral de Chartes, França.

Calçada em mosaico. Praia de Copacabana, Rio de Janeiro.

As diferentes sensações despertadas em diversas pessoas, em variados momentos históricos (épocas), são decorrentes da composição da cor, textura, forma e harmonia produzida pela imaginação do artista e das nossas experiências de vida e estética.

Saber mais

Os estudiosos da arte definem "experiência estética" como o conjunto de sensações que uma obra provoca no observador.

Roda de conversa

Você já esteve diante de uma obra artística? Qual?

Que sensação ela provocou em você?

© great_photos/Fotolia.com

Mosaicos dos bancos do Parque Guell, Barcelona - Espanha.

Giorces/W. Commons

O herói da Odisseia, Ulisses, no mosaico romano – Museu Bardo, Tunísia.

Apreciar a arte

As manifestações artísticas trazem a marca do tempo, do lugar e da visão de mundo dos artistas. Da mesma forma, a apreciação da arte pelos observadores também é marcada pelo tempo, pelo espaço e pelas experiências vividas, e reflete as variações das crenças e dos valores que predominam em diferentes contextos socioculturais.

Por meio das manifestações artísticas em diferentes épocas e sociedades, a arte revela a identidade de um povo, ou seja, as características próprias de cada cultura e, consequentemente, de um período estético.

Arte medieval e arte renascentista

Na Idade Média, a vida e o pensamento giravam em torno da religião. A Igreja Católica exercia um papel importante, filtrando todas as produções científicas e culturais, fazendo com que muitas obras tivessem a temática religiosa. Assim, as artes plásticas exaltavam Deus e os santos católicos.

O Renascimento começou na Itália. Esse nome, que significa "um novo nascimento", deve-se ao fato da renovação do interesse pela arte, arquitetura e civilização clássicas. Pintores como Rafael, Michelângelo, Leonardo da Vinci, Rembrandt, entre outros, aproximaram homens e divindades. Suas pinturas encantavam pela sensação de volume, proporção e harmonia das formas.

No período do Renascimento, que teve grande repercussão na Europa, o homem, sua beleza e seus feitos foram os grandes protagonistas das produções artísticas e literárias.

Saber mais

A partir do Renascimento, os artistas começaram a assinar suas obras; antes disso, eram como artesãos.

Nossa Senhora de Vladimir. Um dos mais belos exemplos da arte Medieval. [C. 1125]. 75 cm x 53 cm. Galeria Tretyakov, Moscou (Rússia).

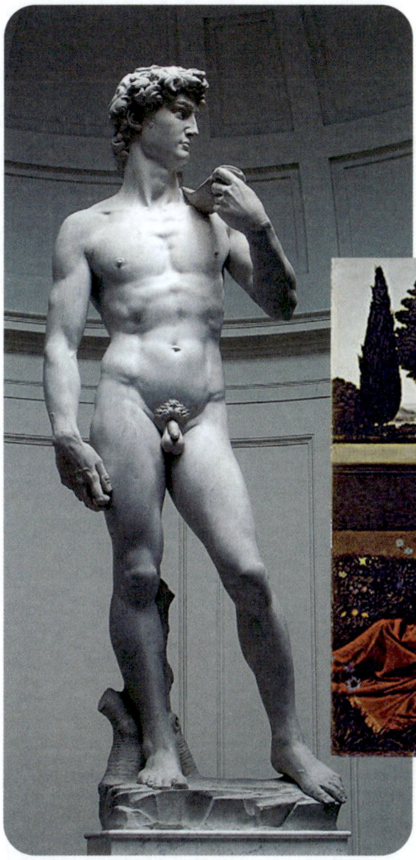

MICHELÂNGELO. **David**. [entre 1501 e 1504]. Mármore, 5,17 m de altura. Galleria dell'Academia, Florença (Itália).

DA VINCI, Leonardo. **A Anunciação**. [entre 1472 e 1475]. Pintura a óleo, 98,4 cm x 217 cm. Galleria Degli Uffizi, Florença (Itália).

Sistematizando

Nesta unidade, você conheceu a arte aplicada e também artistas que desenvolveram seu trabalho de diferentes formas com diversos materiais. Estes artistas escolheram técnicas e materiais com objetivos específicos ao produzirem suas obras.

Observe, em sua cidade, manifestações artísticas presentes no espaço urbano, fotografe e registre no espaço abaixo.

© cristinaduart/Fotolia.com

Unidade 1 Quem somos

Nessa unidade, você aprenderá a conceituar identidade individual e identidade cultural; caracterizar a formação histórica do povo brasileiro; analisar o processo de expansão portuguesa pelos mares; interpretar documentos históricos.

Nossa identidade

Identidade individual

Terminado o almoço de domingo na casa de Luzia, todos ainda estavam reunidos em torno da mesa falando de futebol, pois o jogo da Seleção Brasileira iria ser transmitido pela TV naquela tarde, quando a vovó Lilica fez um comentário interessante:

— No meu tempo de criança, – disse ela –, recordo que a gente ouvia o jogo pelo rádio. Não havia televisão. Meu pai tinha comprado um rádio de um parente dele que tinha vindo da Alemanha.

Os mais jovens riram. Eduardo, de 12 anos, ficou muito surpreso.

— Poxa vó, não devia ter muita emoção! – exclamou ele.

— Era interessante sim! Meu pai e nossos vizinhos faziam a maior festa. Ainda guardo isso, com saudades, na minha memória.

Vamos conversar sobre isso? Como as pessoas lembram o seu passado?

Roda de conversa

Em grupo, analisem a imagem e concluam:

1) O que podemos fazer quando estamos sentados dessa maneira?
2) Como estamos iniciando o estudo da disciplina História, discuta com seus colegas de grupo: o que é História?
3) Como nós sabemos sobre o que aconteceu em um passado muito distante de nós?
4) Como registramos a nossa história familiar e a pessoal?

EDHAR/Shutterstock

A história está registrada de várias formas por seres humanos desde os tempos primitivos da humanidade e nos mais variados espaços do Planeta. Tem também a história vivida pelos nossos antepassados familiares e registrada em documentos pessoais, que identificam nossa data de nascimento, o local em que nascemos e quem são nossos pais.

Na medida em que fomos crescendo e novas experiências foram sendo acumuladas por nós, nossa história pessoal foi sendo também registrada de forma física – fotos, documentos – ou espiritual, isto é, em nossa memória.

Assim, cada um tem uma história pessoal. Nossa história individual está intimamente ligada à história da nossa família, da comunidade em que vivemos, da cultura a qual pertencemos e da própria história da humanidade.

É isso que nos dá uma identidade pessoal, étnica e nacional.

Vamos estudar isso melhor!

Para começar, analisemos a formação étnica de uma família. Uma família, normalmente, é formada por diversas etnias.

Leia a história da Luzia para compreender melhor!

GLOSSÁRIO

Etnia: comunidade humana definida por afinidades linguísticas e culturais.

Eu me chamo Luzia.

Nasci no litoral do estado de Santa Catarina. O pai de minha mãe veio de Portugal e minha avó era neta de negros angolanos escravizados. Quando minha avó nasceu, já havia acontecido a abolição da escravatura. Seu avô era francês, e sua avó, uma escrava negra. Minha mãe casou-se com meu pai, descendente de espanhóis.

Eu me casei com um jovem brasileiro, chamado Edgar, descendente de alemães. Tive dois filhos. Minha filha Ana se casou com Paulo, cujos pais nasceram no Brasil, mas eram descendentes de alemães. Meu filho Eduardo se casou com Ivone, cuja mãe é descendente de italianos e o pai, nascido no Nordeste, descendia de português e índio.

Hoje, minha família, é claro, se diz brasileira e sente orgulho, como a maioria dos brasileiros, de dizer que temos uma identidade nacional de mistura de etnias, que se percebe nos nossos costumes e no nosso jeito de ser.

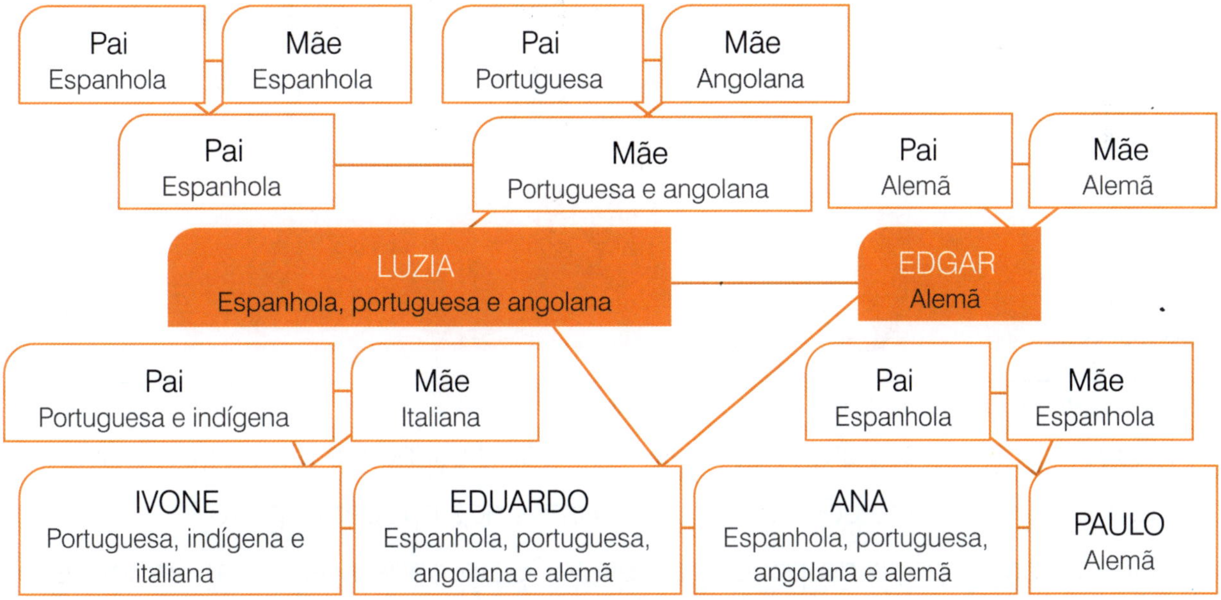

Quem você é? Na sua família há quantas etnias?

Agora é sua vez. No caderno, construa um esquema semelhante ao da família da Luzia, identificando as etnias de seus pais, avós e demais membros.

Apresente seu esquema para os colegas e, juntos, façam um levantamento das etnias envolvidas em suas famílias.

Depois, complete o quadro com as etnias e suas quantidades (veja o exemplo abaixo):

Etnia	Quantidade
Indígena	--------------------
Portuguesa	--------------------

Etnia	Quantidade

Qual a etnia predominante no seu grupo? ______________________

Fazendo conexão com... Geografia

Observe o mapa abaixo. Qual a leitura que você faz dele? Qual o título que pode ser dado a ele?

Pinte o Brasil de verde. Em seguida, localize os países cujas etnias e nacionalidades aparecem na história de Luzia e pinte-os de uma cor. Depois, localize também as de sua família e pinte-as de outra cor.

ATLAS Geográfico Escolar. Rio de Janeiro: IBGE, 2009. (Adaptado).

Reconhecer nossas origens nos ajuda a identificar nossa identidade individual.

E nossa identidade coletiva? Quem somos nós enquanto povo?

Nós fazemos parte do povo brasileiro? Como podemos, então, reconhecer nossa identidade de brasileiros?

A identidade do povo brasileiro

Um turista japonês visitando o Brasil, depois de viajar do Sul ao Nordeste do país, comentou com um passageiro que viajava ao seu lado no avião.

— Uma das coisas que mais me surpreende no Brasil é a variedade de tipos de pessoas que habitam esse país! Fiquei surpreso, porque não encontrei uma pessoa que eu pudesse dizer que era o tipo brasileiro.

Seu companheiro de viagem começou a lhe explicar que realmente não temos um tipo brasileiro. Que somos diferentes em cor, físico, formato de olhos, tipo de cabelo, etc., mas que temos a mesma língua e, sobretudo, ficamos todos emocionados quando ouvimos o Hino Nacional.

Porque somos formados por tipos tão diferentes e temos a mesma identidade nacional?

Vamos conversar sobre isso?

Roda de conversa

Observe o quadro abaixo.

O que a artista quer expressar?

Discutam sobre isso.

A que conclusão chegaram?

AMARAL, Tarsila do. **Operários**. 1933. Óleo sobre tela. Museu Nacional de Belas Artes, Rio de Janeiro (RJ).

O povo brasileiro não forma um grupo étnico homogêneo, não existindo – na Antropologia tradicional – uma etnia brasileira.

Segundo a Constituição, todas as pessoas que possuem cidadania brasileira são iguais, independentemente de raça, etnia, gênero ou religião.

Portanto, um cidadão brasileiro é:

- Qualquer pessoa nascida no Brasil, ainda que de pais estrangeiros. No entanto, se os pais estrangeiros estavam a serviço de um estado estrangeiro (como diplomatas), a criança não é brasileira.
- Qualquer pessoa nascida no estrangeiro de pai brasileiro, com o registro de nascimento em uma Embaixada ou Consulado brasileiro. Além disso, uma pessoa nascida no exterior e de pai brasileiro, que não foi registrada, mas que, depois de completar 18 anos, passou a viver no Brasil.
- Um estrangeiro vivendo no Brasil, que solicitou e foi aceito como cidadão brasileiro (naturalizado brasileiro).

A população brasileira é formada, principalmente, por descendentes de povos indígenas, colonos portugueses, africanos escravizados e diversos grupos de imigrantes que se estabeleceram no Brasil, sobretudo entre 1820 e 1970. A maior parte dos imigrantes era de italianos e portugueses, mas houve significante presença de alemães, espanhóis, japoneses e sírio-libaneses.

O Instituto Brasileiro de Geografia e Estatística (IBGE) classifica o povo brasileiro entre cinco grupos: branco, preto, pardo, amarelo e indígena, baseado na cor da pele ou raça. Quem declara sua cor ou raça é o próprio entrevistado. O último censo nacional realizado em 2010 do IBGE encontrou o Brasil sendo compostos por 91 milhões de brancos, 82,8 milhões de pardos, 14,3 milhões de negros, 2,1 milhões de amarelos e 821 mil indígenas.

Saber mais

O texto a seguir é um fragmento de lei. É um parágrafo da Constituição Brasileira, nossa lei maior:

"... a prática do racismo constitui crime inafiançável e imprescritível, sujeito à pena de reclusão, nos termos da lei;" (Constituição Brasileira de 1988, artigo 5º, parágrafo XLII).

1. No seu caderno, responda:
   a) O que é racismo? Dê exemplo.
   b) Você tem encontrado pessoas que demonstram preconceitos? Descreva qual tipo de preconceito.
   c) Pesquise e depois explique com suas palavras o sentido dos seguintes termos: inafiançável e imprescritível.
2. Discuta suas respostas com seus colegas de turma.

A chegada dos primeiros europeus

Falamos português porque o Brasil foi colonizado por Portugal. Se tivéssemos sido colonizados pela Espanha, falaríamos espanhol, como os nossos vizinhos argentinos, paraguaios, bolivianos, dentre outros.

Essa colonização começou a acontecer há mais de 500 anos, quando os portugueses aqui chegaram.

Como isso aconteceu?

Vamos conversar sobre essa questão?

Roda de conversa

Com seus colegas, analise a figura e discuta as questões propostas:

1. O que representa a linha marcada no globo?
2. Você lembra a data em que os portugueses chegaram ao Brasil pela primeira vez, oficialmente?
3. Em que século isso ocorreu? E, portanto, faz quanto tempo?
4. Qual seria a distância, em linha reta, entre os dois pontos marcados no globo?
5. Que tipo de embarcações eram utilizadas na época?
6. Quanto tempo vocês imaginam que durava uma viagem para percorrer essa distância?

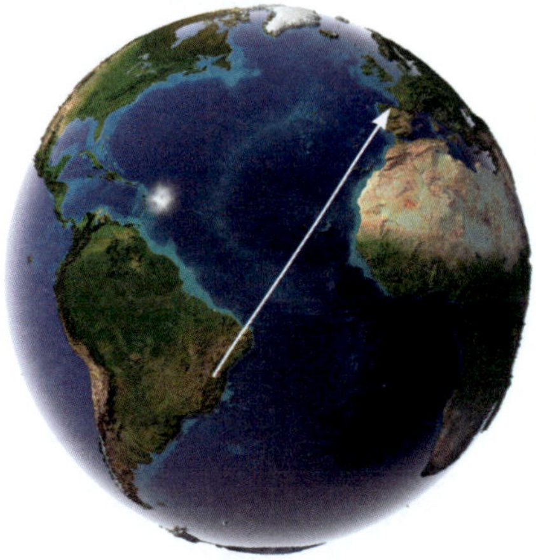

Anton Balazh/Shutterstock

Durante os séculos XV e XVI, os europeus, principalmente portugueses e espanhóis, lançaram-se aos oceanos com dois objetivos principais: descobrir uma nova rota marítima para as Índias e encontrar novas terras. Esse período ficou conhecido como a Era das Grandes Navegações e Descobrimentos Marítimos.

Constantinopla – hoje Istambul, na Turquia – teve um papel de importância política no mundo do comércio. Foi o maior porto e entreposto da Idade Média, entre o Ocidente e o Oriente. Recebia seda e especiarias vindas do Oriente, pessoas escravizadas e peles que vinham do Norte, o âmbar do mar Báltico, a pedra-ume e os vinhos de Creta e da Grécia.

Com a tomada dessa cidade pelos turcos, em 1453, portugueses e espanhóis tiveram de procurar outro caminho marítimo para as Índias em busca do comércio de especiarias.

Portugal foi o pioneiro nas navegações devido a uma série de condições encontradas nesse país ibérico.

Em termos de navegação, os portugueses adquiriram grande experiência. Realizaram várias e ousadas viagens por um mundo até então desconhecido pelos europeus:

- em 1415, conquistaram Ceuta, ponto de partida da expansão ultramarítima portuguesa;
- durante o século XV, o litoral da África; as ilhas da Madeira, Açores, Cabo Verde (1448); e Cabo Bojador (1434);

- em 1488, chegaram ao sul da África, contornando o Cabo da Boa Esperança;
- em 1498, atingiram a Índia com Vasco da Gama;
- em 1500, aportaram no litoral de uma terra, que mais tarde chamaram de Brasil.

Observe algumas dessas rotas no mapa a seguir.

Rotas das viagens marítimas portuguesas e espanholas dos séculos XV e XVI

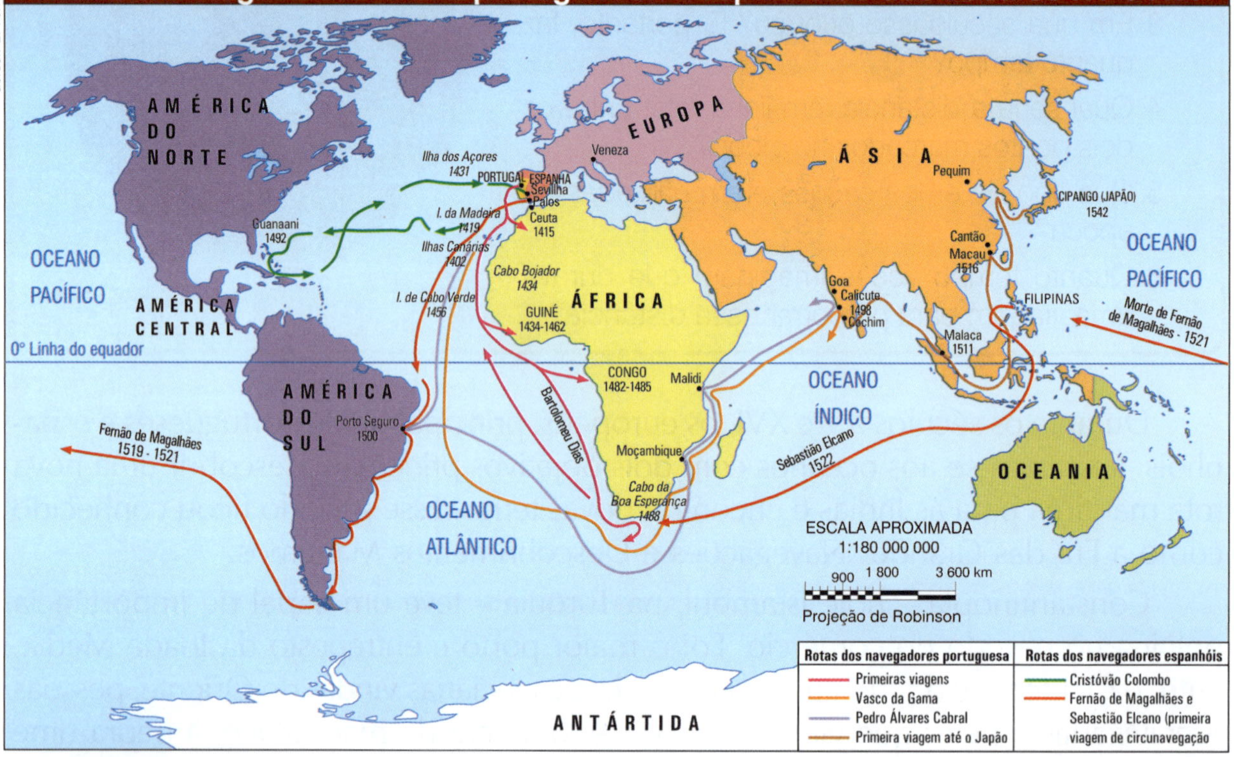

ATLAS histórico escolar. 7. ed. Rio de Janeiro: Fename, 1977. (Adaptado).

Para realizar essas viagens, Portugal precisava de investimentos, muito capital e condições técnicas para dar segurança e precisão nas viagens.

Uma classe social em ascensão – a burguesia – que não tinha títulos de nobreza, mas possuía capital, era a maior interessada em novos empreendimentos. A nobreza, embora decadente, também tinha interesses nos lucros que essas navegações poderiam gerar, ao buscarem fora produtos de alto valor para serem revendidos na Europa.

Porém, para se lançarem ao mar, longe da costa, superando o medo do desconhecido e as ideias errôneas sobre o planeta Terra, era preciso desenvolver instrumentos que pudessem dar segurança e controle sobre as rotas. A visão corriqueira da época era de que o formato da Terra não era esférico e que os mares estavam povoados por gigantescos e terríveis monstros marinhos. Assim, navegar para além-mar era uma aventura.

Fazendo conexão com... Língua Portuguesa

Em grupos, leiam o poema do autor português Fernando Pessoa.

Mar português

Ó mar salgado, quanto do teu sal
São lágrimas de Portugal!
Por te cruzarmos, quantas mães choraram,
Quantos filhos em vão rezaram!

Quantas noivas ficaram por casar
Para que fosses nosso, ó mar!
Valeu a pena? Tudo vale a pena
Se a alma não é pequena.

Quem quer passar além do Bojador
Tem que passar além da dor.
Deus ao mar o perigo e o abismo deu,
Mas nele é que espelhou o céu.

PESSOA, Fernando. Mar Português. In:______. **Mensagem**. Rio de Janeiro: Bestbolso, 2008.

© João Freitas/Fotolia.com

GLOSSÁRIO

Bojador: região do extremo sul da África, cujo mar é de difícil navegação.

Discutam o que vocês entenderam do poema. Depois, oralmente, conversem com os outros grupos sobre o significado dele.

Anote, no caderno, as principais observações.

Os portugueses, interessados em aprofundar seus conhecimentos náuticos, chegaram a criar até mesmo um centro de estudos: a Escola de Sagres.

O Infante D. Henrique, após a conquista de Ceuta, em 1415, se estabeleceu no Algarve, ali reunindo numeroso grupo de navegadores, cartógrafos e astrônomos, constituindo a chamada Escola de Sagres.

A tecnologia de navegação foi melhorando com o aperfeiçoamento de invenções chinesas, como a pólvora (que dava mais

Carlo Ciccarelli/W.Commons

Monumento aos descobrimentos – Portugal. Monumento erguido em homenagem ao infante Dom Henrique, fundador da Escola de Sagres, marco histórico para as grandes descobertas marítimas.

segurança para enfrentar o mundo desconhecido), a bússola, o astrolábio, o sextante e o quadrante.

Luis García/W. Commons

Bússola azimutal espanhola. Museu Arqueológico de Madrid (Espanha). A bússola é uma agulha magnética móvel em torno de um eixo que passa pelo seu centro de gravidade, montada em caixa com limbo, graduada e que serve de orientação.

Marie-Lan Nguyen/W. Commons

Astrolábio planisférico de bronze. Museu de Belas Artes de Lyon (França). O astrolábio é um instrumento astronômico para medir as alturas de um astro acima do horizonte.

Fanny Schertzer/W. Commons

Sextante no Sjøfart Museum. Oslo (Noruega). O sextante é um instrumento elaborado para medir a abertura angular da vertical de um astro e o horizonte.

1. Reúnam-se em grupos.
   a) Apresentem suas dúvidas quanto ao entendimento do conteúdo estudado até agora.
   b) É possível entender a necessidade de alguns grupos nos dias de hoje se deslocarem de seus lugares de origem em busca de novas oportunidades em outras terras? Deem exemplos.
   c) Produzam um texto coletivo narrativo sobre as conclusões a que chegaram sobre o item anterior e o apresentem à turma.
2. No seu caderno:
   a) Aponte os motivos que levaram alguns povos europeus a se lançarem à procura de novas rotas marítimas na época das Grandes Navegações.
   b) Responda: o que possibilitou as viagens marítimas mais longas naquela ocasião?
   c) Registre o fato que marcou o início oficial da história do povo brasileiro.

Saber mais

A invenção dos tipos móveis da imprensa, por Gutenberg, popularizou os conhecimentos, restritos aos conventos, e facilitou o domínio do uso de mapas.

Começa nossa história escrita

A manchete do jornal *Uai*, de Minas Gerais, noticiava:

"Milhares de brasileiros sofrem com a falta de certidão de nascimento"

E o texto do jornal informava:

> *"O Instituto Brasileiro de Geografia e Estatística (IBGE), que faz a contagem da população do país, não tem o número exato dos chamados "cidadãos inexistentes". Mas um indicador, batizado de sub-registro e estimado com base na quantidade de homens e mulheres que conseguiram a primeira certidão de nascimento depois de meses ou anos de vida, mostra a dimensão do problema."*

Disponível em: <wwo.uai.com.br/UAI/html/sessao_2/2008/10/25/em_noticia_interna,id_sessao=2&id_noticia=85013/em_noticia_interna.shtml>..

O que significa ter documentos de identidade? Quais documentos registram quem nós somos?

Vamos conversar sobre isso.

Roda de conversa

A imagem a seguir é parte de um texto histórico. É o primeiro documento oficial do Brasil.

Com seus colegas, discuta as questões propostas:

1. Que documento é esse?
2. Qual o documento que prova o nascimento de uma pessoa?
3. O que consta nele? Como ele é denominado?
4. O Brasil também tem uma "certidão de nascimento"?

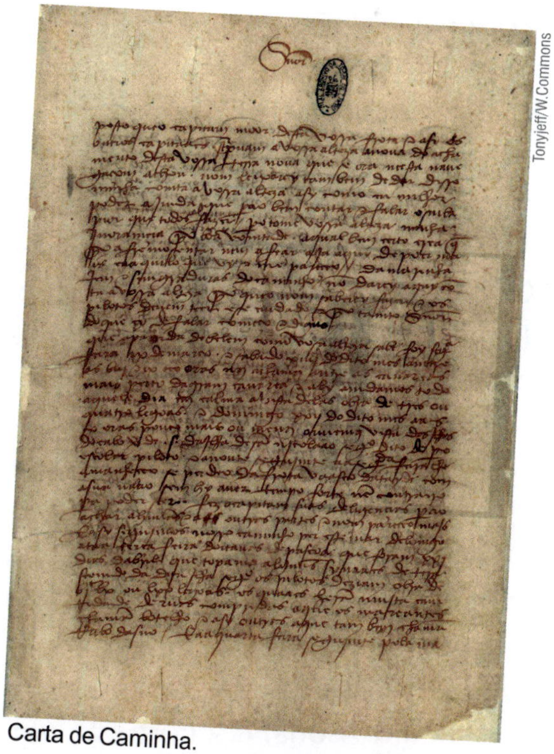

Tonyjeff/W.Commons

Carta de Caminha.

Quando nascemos, somos registrados em um cartório. Ele emite um documento próprio, atestando nossa identidade.

Esse registro é denominado Certidão de Nascimento, e nele consta nosso nome, o dia e a hora em que nascemos, a cidade e o estado, nomes de nossos pais e avós. Todos nós devemos ter uma.

O mesmo pode-se dizer a respeito do "nascimento" do Brasil. Na chegada dos portugueses ao Brasil, em 1500, o escrivão da expedição, Pero Vaz de Caminha, registrou o "achamento" da nova terra numa carta ao Rei de Portugal, Dom Manoel. Esse documento ficou conhecido como *Carta de Pero Vaz de Caminha* ou "Carta do Achamento".

República Federativa do Brasil
Registro Civil das Pessoas Naturais
CERTIDÃO DE NASCIMENTO
NOME
Ana Paula Antunes da Silva
MATRÍCULA
99999999999 9999 9 9999 999 9999999 99
Data de nascimento (por extenso): Vinte e seis de janeiro de 2006 | Dia: 26 | Mês: 01 | Ano: 2006
Hora de nascimento: 23:45 | Município de nascimento e unidade da federação: Campinas - SP
Município de registro e unidade da federação: Campinas - SP | Local de nascimento: Maternidade Sta. Lúcia | Sexo: Feminino
Filiação
Pai: João Antônio da Silva | Mãe: Maria de Lurdes Antunes da Silva
Avós
Avô paterno: Alfredo da Silva | Avô materno: Júlio Cezar Antunes
Avó paterna: Matilde Souza da Silva | Avó materna: Dolores Cavalcante Antunes
Gêmeos: xxxxxxx | Nome e matrícula do(s) gêmeo(s): xxxxxxxxxxxxxxxxxxxxxxxxxxxxxxxxxxxxxxxxxxxxxx
Declarante: João Antônio da Silva
Data do registro (por extenso): Vinte e oito de janeiro de 2006 | Número da DNV (declaração de nascido vivo): 24.893.254-15
Observações / Averbações
Nome do ofício: 3º Ofício de Registro Civil
Oficial registrador: Paulo Augusto de Lima
Município/UF: Campinas - SP
Endereço: Av: 15 de novembro, 555 - Centro
O conteúdo da certidão é verdadeiro. Dou fé.
Data e Local: Campinas, 28 de janeiro de 2006
Paulo Augusto de Lima
Assinatura do Oficial

Acervo Editorial

Certidão de nascimento.

Para entender isso melhor, é preciso entender a disputa que ocorria entre as duas principais nações navegadoras da época: Portugal e Espanha.

Quando Portugal organizou a expedição que seria comandada por Pedro Álvares Cabral, Colombo já havia chegado à América em 1492, e o mundo já estava dividido em duas partes.

Portugal e Espanha tornaram-se concorrentes nas navegações, até que, em 1494, assinaram um acordo de paz com as determinações do Papa Alexandre VI, que repartiu o mundo entre as duas coroas.

O governo português não se agradou da divisão feita pelo papa. Isso gerou uma grave crise entre os dois países. Para resolvê-la pacificamente, foi feito um tratado, assinado em 1498, na cidade de Tordesilhas.

O Tratado de Tordesilhas fixava-se uma linha demarcatória que passaria 370 léguas a oeste das Ilhas de Cabo Verde, cabendo à Espanha as terras situadas a oeste da linha divisória, e a Portugal, aquelas que estivessem localizadas a leste.

> "E assim seguimos nosso caminho por este mar, de longo, até terça feira d'oitavas de Páscoa, que foram 21 d'Abril, que topamos alguns sinais de terra. (...) E à quarta-feira seguinte, pela manhã, topamos aves, a que chamam fura-buxos. E neste dia, a horas de véspera, houvemos vista de terra, isto é, primeiramente d'um grande monte, mui alto e redondo, e d'outras serras mais baixas a sul dele e de terra chã com grandes arvoredos, ao qual monte alto o capitão pôs o nome o Monte Pascoal e à terra a Terra de Vera-Cruz."

Fragmento da *Carta* de Pero Vaz de Caminha.

Mapa-múndi – Tordesilhas e *Inter coetera*

ATLAS geográfico escolar. Rio de Janeiro: IBGE, 2009. (Adaptado).

Discuta com seus colegas a frase do rei francês Francisco I, inconformado com as resoluções do Tratado de Tordesilhas: "O sol brilha para todos e desconheço a cláusula do testamento de Adão que dividiu o mundo entre portugueses e espanhóis". Registre o resultado da discussão.

Fazendo conexão com... Matemática e Geografia

1. Solicite ao professor que apresente um mapa do seu estado. No mapa posto no chão ou em cima de uma mesa, coloque uma bússola sobre a cidade em que você vive. Localize as direções cardeais e registre, no seu caderno, as cidades vizinhas que ficam na direção de cada um desses pontos cardeais.

2. Peça ao professor que explique o que significa a medida "légua marítima" e como transformar 370 léguas (previstas pelo Tratado de Tordesilhas) em quilômetros.

A chegada de Cabral

Você já ouviu falar sobre a chegada de Pedro Álvares Cabral, com sua frota, no Brasil, em 1500. Na época, não havia como registar a imagem de um episódio, como fazemos hoje com fotografia e gravação em vídeo.

No entanto, séculos depois, alguns pintores tentaram representar a chegada dos portugueses e seu contato com os indígenas que aqui habitavam.

Vamos conversar sobre isso.

Roda de conversa

A imagem ao lado é uma obra de arte e representa um fato histórico. O artista é Francisco Aurélio de Melo e Figueiredo. A obra é de 1887.

Interprete a obra do pintor, discutindo-a com seus colegas:

1. O que o artista quer representar?
2. Qual o personagem principal da tela?
3. O que ele está expressando?

Acervo Editorial

FIGUEIREDO E MELO, Francisco Aurélio de. **Descobrimento do Brasil**. 1887. Óleo sobre tela. Museu Histórico Nacional do Rio de Janeiro (RJ).

O pintor representou nessa tela, intitulada *Descobrimento do Brasil*, a chegada dos portugueses.

A expedição comandada por Cabral saiu da praia do Restelo, em Lisboa, dia 9 de março de 1500, uma segunda-feira. Eram dez naus e três caravelas, trazendo um total de 1500 pessoas. A viagem levou 44 dias.

Cabral desembarcou no local onde hoje é a cidade de Porto Seguro, na Bahia, em 22 de abril de 1500.

Para a maioria dos historiadores, os portugueses chegaram intencionalmente nessa data apenas para tomada de posse e rápido reconhecimento dela. Isso quer dizer que provavelmente o governo português já tinha conhecimento da existência de terras no outro lado do "mar tenebroso" – um dos nomes dados pelos navegadores da época ao oceano Atlântico.

Ao chegarem aqui, os portugueses encontraram povos diferentes em seu tipo físico e cultura, conforme relata Caminha em sua carta, o primeiro documento histórico da História do Brasil.

Com o auxílio de seu professor, vamos ler fragmentos dessa carta.

[...] à quinta-feira, pela manhã, fizemos vela e seguimos em direitos à terra, indo os navios pequenos diante, [...]. E chegaríamos a esta ancoragem às dez horas pouco mais ou menos. Dali, avistamos homens que andavam pela praia, [...]

Eram pardos, todos nus, sem coisa alguma que lhes cobrisse suas vergonhas. Nas mãos traziam arcos com suas setas. Vinham todos rijos sobre o batel; e Nicolau Coelho lhes fez sinal que pousassem os arcos. E eles os pousaram. Ali não pôde deles haver fala, nem entendimento de proveito, por o mar quebrar na costa. Somente deu-lhes um barrete vermelho e uma carapuça de linho que levava na cabeça e um sombreiro preto. Um deles deu-lhe um sombreiro de penas de ave, compridas, com uma copazinha de penas vermelhas e pardas como de papagaio; e outro deu-lhe um ramal grande de continhas brancas, miúdas, [...] as quais peças creio que o Capitão manda a Vossa Alteza, e com isto se volveu às naus por ser tarde e não poder haver deles mais fala, por causa do mar.

[...] E estando Afonso Lopes, nosso piloto, em um daqueles navios pequenos, por mandado do Capitão, [...] tomou dois daqueles homens da terra, mancebos e de bons corpos, que estavam numa almadia. Um deles trazia um arco e seis ou sete setas; e na praia andavam muitos com seus arcos e setas; mas de nada lhes serviram. [...]

A feição deles é serem pardos, maneira de avermelhados, de bons rostos e bons narizes, bem-feitos. Andam nus, sem nenhuma cobertura. Nem estimam de cobrir ou de mostrar suas vergonhas; e nisso têm tanta inocência como em mostrar o rosto. Ambos traziam os beiços de baixo furados e metidos neles seus ossos brancos e verdadeiros, de comprimento duma mão travessa, da grossura dum fuso de algodão, agudos na ponta como um furador. Metem-nos pela parte de dentro do beiço; e a parte que lhes fica entre o beiço e os dentes é feita como roque de xadrez, ali encaixado de tal sorte que não os molesta, nem os estorva no falar, no comer ou no beber. Os cabelos seus são corredios. E andavam tosquiados, de tosquia alta, [...] de boa grandura e rapados até por cima das orelhas. [...] Deram-lhes ali de comer: pão e peixe cozido, confeitos, fartéis, mel e figos passados. Não quiseram comer quase nada daquilo; e, se alguma coisa provaram, logo a lançaram fora. [...] um deles pôs olho no colar do Capitão, e começou de acenar com a mão para a terra e depois para o colar, como que nos dizendo que ali havia ouro. Tam-

GLOSSÁRIO

Batel: caiaque, canoa.

Barrete: gorro, normalmente de pontas.

Almadia: embarcação comprida e estreita, em uso na Ásia e na África.

Roque: torre, no jogo de xadrez.

Fartéis: bolo com creme.

Alcatifa: tapete, forração.

SILVA, Oscar Pereira da. **Desembarque de Cabral em Porto Seguro**. 1900. Óleo sobre tela, 330 cm x 190 cm. Museu Paulista, São Paulo (SP).

bém olhou para um castiçal de prata e assim mesmo acenava para a terra e novamente para o castiçal como se lá também houvesse prata. Mostraram-lhes um papagaio pardo que o Capitão traz consigo; tomaram-no logo na mão e acenaram para a terra, como quem diz que os havia ali. Mostraram-lhes um carneiro: não fizeram caso. Mostraram-lhes uma galinha, quase tiveram medo dela: não lhe queriam pôr a mão; e depois a tomaram como que espantados. [...] Então estiraram-se de costas na alcatifa, a dormir [...].

1. Discuta com seus colegas sobre fatos que indicam que os portugueses já sabiam da existência de terras no além-mar. Anote suas conclusões no caderno.

2. Responda no caderno e depois apresente suas respostas aos colegas:
   a) Qual a importância da Carta de Caminha ao registrar a chegada dos portugueses?
   b) Quantos anos faz da chegada de Cabral ao Brasil?
   c) Como foi o encontro entre portugueses e os habitantes da terra "descoberta", segundo a descrição de Caminha?
   d) Se aqui já habitavam povos, que sentido tem a palavra "descoberta"?
   e) O primeiro nome dado pelos portugueses à terra, que hoje chama-se Brasil, foi "Ilha de Vera Cruz". O que isso significa?
   f) Analise a relação entre a obra de Oscar Pereira da Silva e a narrativa de Pero Vaz de Caminha.

Fazendo conexão com... Ciências

Quando os europeus chegaram às Américas, encontraram animais e plantas que não conheciam na Europa. Com o tempo, trouxeram produtos e animais que aqui não existiam.

Discuta com seus colegas o que vocês sabem sobre o assunto e complete o quadro a seguir, citando exemplos.

PLANTAS	
Do resto do mundo introduzidas nas Américas.	Das Américas difundidas para o mundo.

ANIMAIS	
Do resto do mundo introduzidos nas Américas.	Das Américas difundidos para o mundo.

CASANOVA, Ernesto. **Vasco da Gama**. 1845. Ilustração. Library of Congress, Washington (EUA). In: CAMÕES, Luís de. Os Lusíadas. 1880.

Unidade 2 Que Mundo é esse?

Nesta unidade, você aprenderá a analisar as diferenças culturais entre europeus e indígenas; compreender como ocorreu o choque entre essas culturas; contextualizar problemas dos povos indígenas atuais; interpretar documentos históricos da ocupação portuguesa no brasil.

Encontro de diferentes culturas

O encontro

Quando a expedição de Pedro Álvares Cabral chegou ao Brasil, em 22 de abril de 1500, encontrou pessoas que aqui viviam de modo muito diferente do estilo de vida europeu.

Imagine como deve ter sido esse encontro para ambos: indígenas e portugueses. O que acharam uns dos outros? Que tipo de contato eles tiveram? Como eles se comunicaram?

Vamos conversar sobre isso!

Roda de conversa

Em grupo, analisem a imagem. Esse quadro é um documento histórico.

1. O que o artista quis representar?
2. Que título se poderia dar à obra?
3. Que diferença pode ser percebida entre as pessoas que estão em terra e as que estão no barco?
4. Quem eram essas pessoas que já habitam as terras representadas na tela?
5. O quadro dá uma boa ideia do que se passou naquele momento?

SILVA, Oscar Pereira da. **Desembarque de Pedro Álvares Cabral em Porto Seguro em 1500**. 1900. Óleo sobre tela, 330 cm x 190 cm. Museu Paulista, São Paulo (SP).

A tela acima pintada por Oscar Pereira da Silva, em 1900 (Museu Paulista), realmente foi intitulada de *Desembarque de Cabral em Porto Seguro*. O autor quis retratar um dos momentos iniciais da nossa história: a chegada e a tomada de posse das terras atuais do Brasil pelos portugueses.

Mas, como tudo isso começou?

A sociedade portuguesa

Torre de Belém, Lisboa (Portugal).

Vamos voltar no tempo e visitar um espaço distante daqui: Europa, final do século XV. Mais precisamente, Portugal, entre 1450 e 1500.

Portugal é um pequeno país que ocupa a porção ocidental da Península Ibérica. É, aproximadamente, do tamanho do estado de Pernambuco. Sua capital é Lisboa, situada na embocadura do rio Tejo. Dali, partiram as expedições ou em busca de especiarias ou para colonizar terras recém-descobertas. Saíram, precisamente, da Torre de Belém, que, até hoje, é um marco histórico em Portugal.

Lisboa tornara-se sede do Império Ultramarino Português. Era considerada uma das grandes capitais da Europa.

A sociedade portuguesa de mais de quinhentos anos atrás, assim como as sociedades atuais, era composta por grupos sociais diferentes entre si quanto à riqueza que possuíam, às condições concretas de vida e ao acúmulo de poder e prestígio.

Nessa ocasião, a população portuguesa vivia uma cultura muito semelhante à de outros povos da Europa. Profundamente religiosos, os portugueses praticavam a religião cristã, que passava por enorme crise, gerando novas religiões cristãs, chamadas de protestantes. No entanto, em Portugal prevaleceu o cristianismo católico.

As camadas ricas – nobreza e burguesia – procuravam acumular riqueza através do comércio e do acúmulo de metais preciosos (ouro e prata). A agricultura estava em decadência.

Diante de tudo isso, a mentalidade dos portugueses era: "Navegar é preciso!"

Esse desejo de riqueza impulsionou-os a navegar e a explorar novas terras de povos conquistados.

Sociedades ameríndias

Historiadores afirmam que antes da chegada dos europeus à América havia aproximadamente 100 milhões de povos indígenas no continente. Só em território brasileiro, esse número chegava a 5 milhões de nativos, aproximadamente. Esses indígenas brasileiros estavam divididos em tribos, de acordo com o tronco linguístico ao qual pertenciam: Tupi-Guarani (região do litoral), Macro-Jê ou Tapuias (região do Planalto central), Aruaques e Caraíbas (Amazônia).

Atualmente, calcula-se que apenas 400 mil povos indígenas ocupam o território brasileiro, principalmente em reservas indígenas demarcadas e protegidas pelo governo. São cerca de 200 etnias indígenas e 170 línguas. Porém, muitas delas não vivem mais como antes da chegada dos portugueses em solo brasileiro. O contato com o homem branco fez com que muitas tribos perdessem sua identidade cultural. Alguns grupos de indígenas, que ocuparam o espaço hoje denominado de Brasil, eram caçadores, pescadores e coletores nômades. Uns praticavam a agricultura, faziam as roças e se mudavam após a colheita, buscando solos férteis.

Gelson L. Ferreira

Fonte: <http://mapas.funai.gov.br>. Base cartográfica adaptada do **Atlas Geográfico Escolar**. IBGE.

Esses povos indígenas apresentavam culturas diferentes entre si. É um erro achar que todos eles viviam o mesmo modo de vida. Alguns desenvolveram boa cerâmica, como a cerâmica marajoara da região litorânea amazônica; outros possuíam bom conhecimento de agricultura. No entanto, nenhum deles conhecia o uso de metais ou possuía escrita. Todos viviam intensa vida comunitária e não possuíam propriedade de terra. Também não desenvolveram o comércio e nem tinham mentalidade de acumular bens.

Muitos indígenas, hoje, ainda vivem como seus antepassados: são as tribos escondidas que não mantêm contato com o resto da população brasileira.

FRISCH, Albert. **Família de indígenas Ticuna no interior de maloca**. 1865. Albúmen. 23,8 x 18,3 cm. Coleção Institut Für Länderkunde, Leipzig (Alemanha).

O primeiro encontro entre duas culturas

Caminha relata a troca de sinais, presentes e informações. Quando os portugueses iniciaram a exploração do pau-brasil das matas brasileiras, praticavam o escambo. Davam espelhos, apitos, colares e chocalhos para os indígenas em troca do seu trabalho. O mapa ao lado é um documento histórico. Ele registra não apenas a configuração do litoral brasileiro, mas também o relacionamento entre os povos que habitavam o litoral do Brasil e os exploradores portugueses.

HOMEM, Lopo. REINE, Jorge. RENE, Pedro. **Terra Brasilis**. 1515-1519. Biblioteca Nacional da França, Paris (França).

Converse com seus colegas sobre esse relacionamento.

Vocês devem ter chegado à conclusão de que era um relacionamento pacífico, baseado na troca de mercadorias e serviço.

No entanto, com o passar das primeiras décadas, e interessados na exploração e ocupação das terras, os portugueses passaram a usar da violência contra os povos indígenas. Esse comportamento violento seguiu-se por séculos, resultando no pequeno número de povos indígenas que hoje existem.

GLOSSÁRIO

Escambo: troca de mercadorias

Esta citação é parte que um texto científico do antropólogo Darcy Ribeiro, no seu livro *O povo brasileiro.*

"Há duas contribuições fundamentais nesse encontro: uma mestiçagem de corpo e uma mestiçagem de cultura. Em nós vivem milhões de indígenas, indígenas que foram esmagados porque a brutalidade do homem branco com o indígena foi terrível. Esmagados porque o europeu tinha muita doença. Os indígenas não tinham cárie dentária, nem gripe, nem tuberculose... Cada enfermidade dessas era uma espécie de guerra biológica, matou o indígena em quantidade..."

Converse com seus colegas sobre esse texto. Anote suas conclusões no caderno.

Os europeus tinham "visão eurocêntrica" a respeito dos povos indígenas. Achavam-se superiores aos indígenas e, portanto, deveriam dominá-los e colocá-los a seu serviço. A cultura indígena era considerada, pelo europeu, como sendo inferior e grosseira. Dentro dessa visão, acreditavam que sua função era convertê-los ao cristianismo e fazê-los adaptar-se à cultura europeia. Foi assim que, aos poucos, alguns povos indígenas foram perdendo sua cultura e também sua identidade.

GLOSSÁRIO

Visão eurocêntrica: ideia que coloca a cultura europeia como a mais importante do mundo.

Em grupo, discutam sobre o que se propõe:

1. O que significa ter visão de alguma coisa?
2. Será que a visão que você tem sobre algum assunto é a mesma que seus colegas têm?
3. Quando outras pessoas têm costumes diferentes dos seus, isso significa que elas estão erradas?
4. Deem exemplos de costumes de outros povos que são bastante diferentes dos nossos.

Responda no seu caderno:

1. Como era a sociedade portuguesa em 1500?
2. Como viviam os povos indígenas que habitavam o Brasil na época da chegada dos portugueses?
3. Desde a chegada dos portugueses, em 1500, até os tempos atuais, o que aconteceu com a maioria da população indígena que habitava as terras brasileiras?
4. A que "mestiçagem" o antropólogo Darcy Ribeiro se refere?
5. O que significa "visão eurocêntrica"?

Produção de texto

Leia o texto, com auxílio do seu professor.

No seu caderno, produza um bilhete para um colega de turma sobre o que você entendeu. Se possível, dê exemplo de como a ideia apresentada pelo autor também ocorre na sua região. Depois, apresente aos colegas.

No Mato Grosso, no Pará, em Goiás, no Tocantins, mestiços cristianizados ao longo dos séculos referem-se aos indígenas seus vizinhos e, muito provavelmente, seus parentes, como "caboclos". Longe dos significados que os verbetes de dicionário dão a essa palavra, qualquer criança da região explica com facilidade que a humanidade está dividida em "cristãos" e "caboclos", "batizados" e "não batizados", humanos e não humanos. Os habitantes desses sertões ainda usam as mesmas referências, para diferençar brancos e indígenas, que podem ser encontradas nas cartas jesuíticas dos séculos XVI e XVII.

MARTINS, José de Souza. A vida privada nas áreas de expansão da sociedade brasileira. In:SCHWARCZ, Lilia Moritz (Org.). **História da vida privada no Brasil**: contrastes da intimidade contemporânea. São Paulo: Companhia das Letras, 1998, v.4, p.660-1.

Fazendo conexão com... Arte

Pesquise sobre a importância do pau-brasil como corante daquela época, o processo de obtenção da tinta e sua utilização.

O Brasil antes da colonização

Com os primeiros contatos com os indígenas do Brasil, os portugueses ficaram muito surpresos com o modo de vida deles. Eram culturas muito diferentes.

Logo perceberam também que os indígenas não possuíam os conhecimentos técnicos que os europeus tinham, como o uso de arma de fogo.

Infelizmente, porém, passaram a ter uma visão de superioridade com relação ao povo indígena, julgando-o um "selvagem", um ser não homem.

Vamos conversar sobre isso?

Roda de conversa

Leia a afirmativa a seguir.

Todos os povos da terra são por sua natureza verdadeiros seres humanos; como tais, gozam de sua liberdade e de sua propriedade e não podem licitamente serem despojados dela e nem escravizados. (Papa Paulo III. **Bula Sublimes Deus**. [s.l.], [s.n.], 1537.)

Discuta com seus colegas sobre o que se pede:

1. Por que o papa teria feito essa declaração?
2. Qual o interesse dos europeus em escravizar os indígenas aqui nas Américas?
3. Os caçadores de indígenas levavam em conta tal declaração?

Após a "descoberta" da nova terra, Portugal desinteressou-se dela, pois as possibilidades imediatas em relação ao comércio eram diminutas. Portugal não pensou no Brasil como fonte de grandes lucros, mas seu desinteresse não significou abandono. Com largos intervalos de tempo, enviou expedições exploradoras pelo litoral. Algumas dessas expedições eram armadas destinadas a garantir a soberania sobre os territórios cobiçados pelos países competidores. Enquanto a Coroa portuguesa procurava interessar capitais particulares na exploração do pau-brasil, atraídos também pela madeira de "tinturaria", apareceram os franceses, realizando ativo contrabando. A necessidade dos comerciantes e contrabandistas obrigou-os a buscar a cooperação do indígena, dando origem ao escambo.

Por volta de 1530, a Metrópole concluiu sobre a impossibilidade de conservar a terra do Brasil sem colonizá-la. A colonização abre uma nova fase de nossa história.

Os primeiros povoadores do Brasil foram náufragos ou degredados que, em circunstâncias nem sempre bem conhecidas, aportaram em nosso litoral e conseguiram sobreviver em virtude do regime do escambo, adaptando-se à convivência indígena. Os mais famosos foram Diogo Álvares – o Caramuru – na Bahia de Todos os Santos, e João Ramalho, em São Vicente.

GLOSSÁRIO

Diminutas: muito pequenas ou escassas.

Soberania: poder ou autoridade suprema.

Degredados: deportados.

Mas, voltemos à frase do papa Paulo III, citada no início dessa lição.

O que ocorria no Brasil e em toda a América conquistada pelos europeus nessa ocasião?

A boa relação inicial entre os europeus e as populações indígenas logo começou a mudar. A ganância de riqueza, o desejo de exploração e a ocupação violenta das terras mudaram totalmente tal relação. Na visão eurocêntrica dos conquistadores, os povos indígenas não passavam de "selvagens", seres brutos, quase animais e, segundo alguns, seres "sem alma". Isso servia de justificativa para a dominação e escravização.

Num corajoso sermão, em 1511, o padre Antônio de Montesinos perguntava aos conquistadores espanhóis:

Com que direito haveis desencadeado uma guerra atroz contra essas gentes que viviam pacificamente em seu próprio país? Por que os deixais em semelhante estado de extenuação? Os matais a exigir que vos tragam diariamente seu ouro. Acaso não são eles homens? Acaso não possuem razão, e alma? Não é vossa obrigação amá-los como a vós próprios?

PRIEN, Hans-Jürgen. **La historia del cristianismo en America Latina**. Salamanca: Sígueme, 1985.

Mesmo sob o pretexto de catequização, muitos missionários demonstravam as contradições sobre a visão e o trato com os indígenas. O Padre José de Anchieta é um exemplo disso, pois mesmo admitindo a não escravização dos povos indígenas, achava legítimo sujeitá-los ao jugo de Cristo quando estes não aceitavam a conversão, que assim "serão obrigados a fazer por força, aquilo que não é possível levá-los por amor". Vinte anos mais tarde, se lamentava, admitindo que a "maior parte dos povos indígenas naturais do Brasil está consumida, e alguns poucos, que se hão conservado com a diligência e trabalhos da Companhia, são tão oprimidos que em pouco tempo se gastarão".

Dessa forma, a cultura europeia se impôs pela forma extrema: o genocídio, a escravização e o extermínio dos povos indígenas. Os povos submetidos foram agregados em "aldeamentos", ou forçados a um processo de integração, que aviltou suas culturas originais. Reagiam, então, de variadas formas, como a fuga para outras regiões e a luta armada.

Mas, como ocorreu, no Brasil, essa forma de conquista, ocupação, dominação e exploração?

Leia a afirmativa a seguir:

Não se pode povoar uma terra sem explorá-la, e não se pode explorar uma terra sem povoá-la.

Discuta com seus colegas sobre o que se pede:

1. Quem foram os primeiros colonizadores do lugar onde você vive?

2. Ocorreu conflito de ocupação na região onde você mora?

Já nas primeiras décadas após a chegada dos portugueses, o comércio do pau-brasil deixou de ser interessante, e em 1530 pouco havia para ser cortado no litoral.

A exploração do comércio das especiarias orientais concentrava, praticamente, todas as atenções da Coroa, constituindo, então, a principal fonte de lucros, que eram divididos entre ela, nobreza, clero e burguesia. Portugal era, visto em seu conjunto, como um país pobre.

Não podendo afastar-se das atividades relativas às Índias pela fonte de lucro que gerava, a Coroa resolveu apelar para um artifício administrativo, já empregado anteriormente nas ilhas africanas: o sistema de capitanias hereditárias.

A agricultura deveria ser, portanto, usada como base da colonização do território, mas quem viria tomar posse dessas capitanias? Ao grupo mercantil, ainda

GLOSSÁRIO

Especiarias: qualquer produto vegetal, aromatizado (cravo, canela, pimenta) para condimentar iguarias.

Artifício: recurso engenhoso.

Capitães-mores: autoridades que, numa cidade ou vila, comandavam a milícia. Título dos donatários das capitanias hereditárias.

Forais: documento real utilizado em Portugal no seu antigo império colonial, que visava regular sua administração.

existente em Portugal, não interessava a participação na colonização das terras brasileiras. A solução encontrada pela Coroa foi a de utilizar os elementos pertencentes à pequena nobreza. Era nobreza de título, sem muitas posses e riquezas.

O papel do donatário pode ser definido como o de representante real numa empresa em que a Coroa não estava presente, mas colocava-se como controladora a distância.

Como representante da autoridade máxima, portanto, o donatário recebia uma série de direitos, como o de nomear certo número de funcionários públicos, fazer justiça, participar de determinados lucros, distribuir privilégios, montar engenhos, vender na metrópole certo número de indígenas escravizados, etc. Essa soma de vantagens colocava o donatário em nível acima dos que para cá viviam como colonos.

O rei de Portugal, D. João III, enviou para o Brasil uma expedição comandada por Martim Afonso de Souza, em 1530, com a intenção de iniciar a colonização. Este tomou providências importantes: explorou o litoral, combateu os invasores franceses que retiravam o pau-brasil das matas brasileiras e fundou, em 1532, a primeira vila – o primeiro núcleo de organização social e administrativa no Brasil, a vila de São Vicente.

1. Responda no seu caderno.

   a) Qual era o papel do donatário na "nova" Colônia?

   b) Quem foi o enviado do rei D. João III para iniciar a colonização do Brasil e, em que ano ele veio?

   c) Quais foram as providências mais importantes que ele tomou?

   d) O que significa a expressão "capitanias hereditárias"?

Leia suas respostas para os colegas e o professor e corrija os equívocos que, por acaso, surgirem.

CAPITANIAS HEREDITÁRIAS – 1534

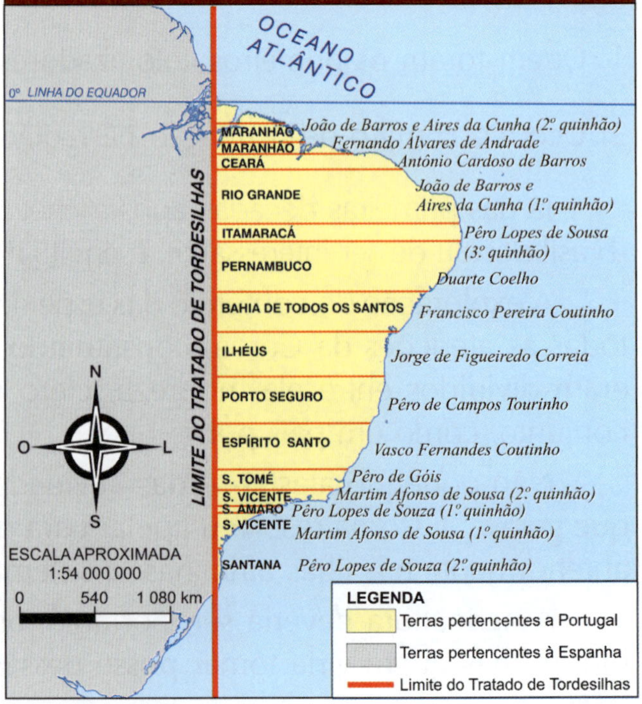

DEBRET, Jean-Baptiste. **Engenho manual que faz caldo de cana .**1822. Aquarela sobre papel, 17,6 cm x 24,5 cm. Museus Castro Maya, Rio de Janeiro (RJ)

Unidade 3 Diferentes formas de ser e viver

Nesta unidade, você irá aprender a explicar o que se entende por cidadania; descrever o processo de escravidão indígena e negra no Brasil; demonstrar a importância das culturas indígena e africana na identidade brasileira; sintetizar a reivindicações dos descendentes afros no Brasil.

Em nome do lucro: a escravidão

Por que escravidão?

Os primeiros contatos entre portugueses e indígenas no Brasil foram amigáveis. Os portugueses queriam pau-brasil para comercializar na Europa. Os indígenas representavam, então, mão de obra para o corte da madeira. Em troca, recebiam colares, roupas, machados e outros objetos como forma de pagamento pelo trabalho realizado. No entanto, essa relação logo mudou. Os exploradores portugueses passaram a ver nos povos indígenas uma lucrativa mão de obra se os adotassem como escravizados.

Vamos conversar sobre isso!

Roda de conversa

Em grupo, analisem a imagem. Esse quadro é um documento histórico.

1. O que o artista quis representar?
2. Qual a relação possível de se fazer entre o indivíduo vestido de branco e os indígenas?
3. Qual vantagem o branco possuía sobre a população indígena?

Atribuído a DEBRET, Jean Baptiste. **Indígenas atravessando um riacho**. Óleo sobre tela, 80 cm x 112 cm. Museu de Arte de São Paulo. São Paulo (SP).

Para os conquistadores portugueses, os povos indígenas não eram considerados seres humanos: eram primitivos, selvagens, viviam no meio do mato como animais, sem qualquer roupa e, o pior dos males, não conheciam a fé cristã. Os "brancos" acreditavam que não cometeriam pecado se escravizassem ou matassem esses seres considerados inferiores.

Observe como o artista Antônio Parreiras representou o tratamento que seres humanos atribuíam a outros.

PARREIRAS, Antônio. **Os invasores**. 1936. Óleo sobre tela; 194,5 x 281 cm. Museu Antônio Parreiras, Niterói (RJ).

Como você já estudou anteriormente, quando os exploradores portugueses vinham extrair pau-brasil, mantinham contato amigável com os povos indígenas, mas, a partir do momento da ocupação, com a adoção do sistema de capitanias hereditárias, essa relação tornou-se violenta.

Portugal passou então a adotar o trabalho escravo.

Os povos indígenas reagiram de variadas formas: fugas para o interior das matas e enfrentamento armado. Evidentemente, levavam desvantagem bélica, pois não possuíam arma de fogo.

A tela do pintor Rugendas, denominada *Guerrilhas*, é um documento dessa história. Analise-a, juntamente com seus colegas e o professor.

RUGENDAS, Johann Moritz. **Guerrilhas**. In: Viagem Pitoresca Através do Brasil. 1835 em Paris.

Embora as determinações de Portugal quanto à escravização do indígena fossem somente para os indígenas "hostis e inimigos", isto é, só deviam ser escravizados indígenas aprisionados em "guerra justa", a necessidade de braços para a lavoura fez com que o colono português se utilizasse de estratégias para adquirir um número maior de indígenas escravizados.

Na cultura indígena, a guerra era sinônimo de força e coragem. Esse elemento cultural foi utilizado pelo colonizador para incentivar a guerra entre tribos inimigas com o objetivo de arrebanhar os prisioneiros da tribo vencida, que eram transformados em escravizados.

Quando o colono passou a exigir do indígena o trabalho próprio da lavoura e atividades afins, este reagiu, pois a alteração em seu modo de viver tornara-se violenta demais para ser aceita.

Pacificamente ou pela força, os indígenas foram pouco a pouco sendo submetidos ao modo de vida do português.

Responda no seu caderno

1. O que você entende por "guerra justa"? Existe, na sua maneira de ver, uma guerra "justa"?
2. De que forma os povos indígenas reagiram à escravidão?

Os indígenas têm sua visão própria dos fatos.

Leia o depoimento do cacique Miguel, remanescente dos guaranis.

"Antigamente a terra era do indígena guarani [...]. Guarani passava com fruta do mato. A mistura era palmito. Hoje nós estamos que nem branco. Os brancos terminaram com a natureza. Nosso trabalho a maioria é de lavoura; comemos numa panela só. A gente sente o guarani como puro brasileiro, porque muitos brancos dizem: 'Esses bugres aí, indígena não vale nada', não é isso não. O puro guarani é o brasileiro puro [...]"

Fábio Colombini

Mulher preparando beiju. Tribo indígena Kalapalo, Aldeia Aiha. Parque indígena do Xingu (MT).

O sistema social em que se encontrava o indígena admitia o uso comum da terra pela tribo, havendo, no interior desta, divisão de trabalho entre o homem e a mulher. À mulher o trabalho da lavoura e os afazeres domésticos, dentre outros. O homem ocupava-se de caça, pesca, preparação da terra para a lavoura (a coivara ainda é utilizada hoje em dia) e atividades de guerra.

Os ataques dos indígenas, mencionados nos relatos de muitos autores como provenientes da selvageria, devem ser entendidos como respostas às tentativas de escravidão.

A procura de indígenas escravizados pelos brancos vai determinar, por parte de algumas tribos, a venda de seus prisioneiros de guerra.

A venda de prisioneiros de guerra feita pelos indígenas era semelhante ao que sucedeu em terras africanas, onde os sobas dirigiam grupos especializados na captura de escravizados para comercializá-los.

É errôneo aceitar a tese de que o indígena não se adaptou ao trabalho próprio da agricultura açucareira. No momento inicial, quando as barreiras impostas pelas diferenças sociais tornavam difícil a adaptação imediata, o indígena pôde reagir com relativo êxito. Mas, com o desenvolvimento da sociedade colonial, determinadas áreas foram aperfeiçoadas num sistema que facilitasse o aprisionamento dos indígenas, isto é, por mais que eles se esforçassem, não conseguiam mais lutar. Suas formas primitivas de associação foram sendo destruídas e eles passaram a integrar o contingente de escravizados e reforçaram, também, as camadas inferiores da sociedade colonial.

GLOSSÁRIO

Coivara: pilha de ramagens não atingidas por queimada de roça, que se incineram, para limpar o terreno e adubá-lo com as cinzas.

Selvageria: procedimento de ato selvagem.

Sobas: chefes de tribos africanas.

Fazendo conexão com... Filosofia

O filósofo grego Aristóteles escreveu na Antiguidade em seu livro *Política*:

"... aquele que, por natureza, sendo humano, não pertence a si próprio, mas a outrem, é escravo por natureza (...) e uma propriedade."

Discuta esse pensamento com seus colegas. Depois produza uma frase dizendo o que você pensa do pensamento do filósofo.

Responda no seu caderno:

1. De que maneira você vê, hoje, como era nosso ancestral indígena?

2. Hoje, no século XXI, temos claro o que herdamos da cultura indígena? O que é?

3. Como era a divisão de trabalho entre o homem e a mulher indígena? E a divisão do trabalho hoje?

Leia suas respostas para os colegas e professor e observe se houve consenso entre suas informações e as de seus colegas.

Luta pela cidadania

Os europeus criaram uma visão negativa a respeito dos povos indígenas. Eles eram vistos como "selvagens", "desalmados", "seres inferiores".

Mesmo com o passar dos séculos, nos dias atuais ainda persiste, por alguns grupos sociais, uma visão negativista sobre esses povos, como se eles não fizessem parte do povo brasileiro.

Vamos conversar sobre isso.

Roda de conversa

Edson Sato/Pulsar imagens

Orgãos em defesa dos direitos indífenas apoiam os movimentos que lutam por uma cidadania concreta desses povos.

Em grupo, analisem a imagem e discutam.

1) O que é cidadania?
2) Os indígenas são cidadãos brasileiros?
3) O que significa a faixa verde e amarela que os personagens têm no peito?
4) Que problemas sofrem hoje as comunidades indígenas?

O *site* <www.plenarinho.gov.br> é um veículo de comunicação da Câmara dos Deputados que tem por objetivo discutir com estudantes um jeito de se formar cidadão.

Na sessão "Bate-papo" do dia 19 de abril de 2007, o jornal virtual conversou com a deputada Perpétua de Almeida, que é bisneta de indígenas. Ela respondeu perguntas sobre os hábitos, costumes e sobre a atual situação dos povos indígenas brasileiros, que ainda enfrentam problemas como a falta da demarcação (separação) das suas terras, desnutrição e falta de escolas.

Leia o texto desse bate-papo.

Bate-papo discutiu situação dos indígenas brasileiros

Perpétua de Almeida explicou que o governo está buscando melhorar a educação indígena no Brasil. Porém, ainda falta muito para que todos tenham acesso a uma educação de qualidade, saúde e lazer. A deputada revelou aos internautas que luta, aqui na Câmara, para que todas as terras que os povos indígenas ocupam sejam imediatamente demarcadas. "A demarcação é necessária para que eles possam, assim, preservar sua cultura, sua tradição e seus costumes. É uma briga grande, mas com a ajuda de todos, podemos ser vitoriosos", destacou.

Estatuto indígena

Outra briga parlamentar é pela aprovação do Estatuto dos Povos Indígenas (PL 2057/91), que tramita na Câmara há mais de 16 anos. "Se aprovarmos o estatuto, estará garantida a saúde, a educação, a preservação da cultura indígena", afirmou. A deputada também está em negociação com o Ministério do Esporte para garantir os primeiros jogos indígenas da Amazônia. Já pensou! Uma olimpíada entre as aldeias? Legal!

Hábitos e Costumes

Além das questões políticas, Perpétua de Almeida revelou aos participantes do chat hábitos e costumes dos povos indígenas. Ela contou, por exemplo, que os bebês indígenas fazem parte da comunidade. Eles nunca saem do lado das mães, mesmo quando elas estão em tarefas domésticas (plantando, cozinhando ou fazendo artesanato). Já as meninas, quando ficam menstruadas pela primeira vez, são isoladas da comunidade.

Números

A deputada também forneceu informações sobre os povos indígenas. Segundo ela, ainda há, estimadamente, 300 milhões de indígenas no mundo, distribuídos em vários países. Os indígenas são 4% da população mundial. No Brasil, já existiram 4 milhões de povos indígenas. Hoje são 700 mil, embora a Funai registre que só existem 400 mil. Sabia que a metade deles não tem documento? É como se eles não existissem. Triste realidade!

Alerta

Ao final do bate-papo, Perpétua de Almeida pediu aos participantes que conversassem com os amigos, pais e professores sobre o tema. "É importante que as crianças se preocupem com a questão indígena e participem da busca de soluções para o problema. Vocês não imaginam, mas podem ajudar muito nas suas escolas, desenvolvendo atividades e campanhas pela preservação dos direitos dos povos indígenas", alertou a deputada.

Disponível em: <www.plenarinho.gov.br/noticias/noticias-antigas/2007/04/bate-papo-discute-situacao-dos-indiosbrasileiros/?searchterm=situação dos indígenas>.

1. Responda no seu caderno
   a) O que é ser cidadão?
   b) Como exercemos nossa cidadania?
   c) O que são direitos e deveres de um cidadão?
   d) Você se considera um cidadão? Por quê? Justifique.
   e) Deve existir diferença entre a nossa cidadania e a dos povos indígenas?

   Reúnam-se em grupos, discutam suas respostas, analisem-nas e apresentem soluções para os problemas que vocês perceberam.

2. Pesquise como estão, nos dias atuais, os problemas das populações indígenas levantados pela deputada Perpétua de Almeida e registre suas informações para serem discutidas em aula com seus colegas.

Africanos no Brasil

O texto a seguir é um anúncio de jornal sobre escravizados fugitivos, publicado no livro *O escravo nos anúncios de jornais brasileiros do século XIX*, de Gilberto Freyre. O texto mantém a grafia da época.

Leia-o, com auxílio do seu professor.

50$000 DE GRATIFICAÇÃO

Fugio de Francisco Antonio Ribeiro, de sua chacara do rio Cumprido na villa de Serra huma sua escrava de nome Benedita altura baixa, cor de formiga com dois dentes tirados na frente, com nica cicatriz debaixo do queixo, muito civilisada, e com um dedo da mão direita aleijado por ter soffrido de um panarisço, desconfia-se andar pelos certões da mesma villa ou por esta cidade procurando essas pessoas que costumão dar asilo a escravos fogidos para os comprar por força e a troca do barato: quem della der noticia pegalla, metella na cadeia, ou entregala nesta cidade ao Sr. Antonio Francisco Ribeiro, ou na villa da Serra a seu Sr. sera gratificado com a quantia acima, e protesta-se com todo rigor das leis contra quem a tiver acoitado.

FREIRE, Gilberto. **O escravo nos anúncios de jornais brasileiros do século XIX**. São Paulo: Global, 1963.

Vamos conversar sobre isso!

Roda de conversa

Analise a obra de arte. Discuta com seus colegas o que o autor expressa com ela. Seu grupo deve criar uma frase sobre o assunto e apresentá-la à turma.

RUGENDAS, Johann Moritz. **Mercado de negros**. 1802 - 1858. In: Viagem Pitoresca através do Brasil (1835).

O artista expressa um estabelecimento comercial onde os negros africanos escravizados eram vendidos em lotes, ou individualmente, sem que se levassem em conta os laços de família. Essa foi a realidade ocorrida no império português e no Brasil por mais de 350 anos.

E como isso começou?

O escravo africano

A conquista de parte do continente africano, prolongamento da luta contra o mouro, que dominou a Península Ibérica por séculos, introduziu em Portugal a escravização do negro. Em meados do século XV, o escravo proveniente da África tornou-se elemento a mais na produção, empregado como cativo na Europa e nas ilhas africanas dedicadas à produção açucareira. Seu uso como escravo desenvolve uma das mais nefandas atividades comerciais do mundo moderno: o tráfico negreiro. Em Portugal, a própria Coroa e a Ordem de Cristo tinham participação nos lucros do comércio da escravidão africana.

GLOSSÁRIO

Nefandas: abomináveis, detestáveis, maléficas.

Para tanto, contribuíram, também, inúmeros preconceitos contra o negro, de caráter religioso, racial e cultural. Escravizar negros e submetê-los às mais vergonhosas condições de vida foi, durante séculos, atividade que enriqueceu a muitos e constituiu fonte de lucros para várias nações, como Portugal, Espanha, Holanda, França e Inglaterra.

Discutam em grupos as questões a seguir e, depois, apresentem conclusões para os demais colegas.

1. Por que a escravização do negro africano pode ser considerada uma atividade mercantil?

2. Deem exemplos que ocorrem no seu dia a dia de preconceitos de caráter

   a) religioso.

   b) racial.

   c) cultural.

A economia açucareira e a escravidão

Martim Afonso de Souza trouxe para a capitania de São Vicente a cana-de-açúcar e, ali, ergueu o primeiro engenho (1532), no século XVI. Mais tarde, a cana chegou ao Nordeste e, devido ao clima quente e úmido e do solo de massapé (solo argiloso, negro e rico em nutrientes), ela se desenvolveu bem.

DEBRET, Jean-Baptiste. **Engenho manual que faz caldo de cana.** 1822. Aquarela sobre papel, 17,6 cm x 24,5 cm. Museu Castro Maya, Rio de Janeiro (RJ),

Engenho manual faz caldo de cana com a utilização da mão de obra escrava.

Outros fatores que favoreceram o cultivo da cana-de-açúcar no Nordeste foram: a existência de um mercado consumidor na Europa e a abundante mão de obra escrava.

A cana-de-açúcar era produzida no sistema de *plantation*, isto é, em grandes propriedades voltadas apenas para essa cultura (monocultura). Essas propriedades eram chamadas de latifúndios.

POST, Frans. **Paisagem com plantação: o engenho**. 1668. Óleo sobre madeira; 71,5 x 91,5 cm. Museum Boijmans Van Beuningen, Rotterdam (Reino dos Países Baixos).

Logo o açúcar tornou-se um importante produto para o comércio de Portugal, por ser lucrativo. Mas o lucro só era obtido com uma produção em larga escala e a baixo custo.

Em 1560, a produção do açúcar tornou-se a mais rentável do mundo e fez do Brasil seu maior exportador mundial. Em 1573, Pernambuco tinha 23 engenhos e a Bahia 18, sendo 60 o número total de engenhos no Brasil, chegando a 124 no ano de 1600.

Isso gerou grandes riquezas para os senhores de engenho e Portugal, pois a Colônia deveria vender toda a sua produção exclusivamente para a Holanda, onde passavam pelo processo de refinação, ficando pronto para a comercialização e o consumo.

RUGENDAS, Johann Moritz. Lavagem do minério de ouro, aproximadamente da montanha de Itacolomi. [18--]. Litografia, 30,5 cm x 26,2 cm. In:. Viagem Pitoresca através do Brasil (1835) Prancha 22. Casa Litográfica Thierry Frères de Engelmann, Paris (França)

Como o comércio do açúcar estava em alta, foi necessária a vinda de mais escravizados para trabalhar no cultivo, no corte da cana-de-açúcar e nos engenhos.

A introdução de negros escravizado no Brasil representou, também, a ampliação do mercado consumidor.

O negro escravizado foi forçado a se adaptar às exigências do trabalho da lavoura e, no decorrer do tempo, aprendeu o segredo da técnica dos engenhos, poupando ao senhor os gastos com o pagamento de técnicos europeus.

Na lavoura, nos serviços domésticos, nos engenhos, na mineração e, com o desenvolvimento social, nas cidades, o escravo negro tornou-se a base da sociedade colonial brasileira, representando "os pés e as mãos do senhor".

Jean-Baptiste Debret (1768-1848) foi um pintor, desenhista e professor francês, que veio ao Brasil durante o governo de Dom João VI, em 1816. De volta à França em 1831, publicou a obra *Viagem Pitoresca e Histórica ao Brasil*, documentando aspectos da natureza, do homem e da sociedade brasileira no início do século XIX. Ele retratou em muitas de suas obras o trabalho do negro escravizado no Brasil.

Observe algumas delas. Analise-as, com o auxílio do seu professor.

DEBRET, Jean-Baptiste. **Engenho manual que faz caldo de cana** 1822. Aquarela sobre papel, 17,6 cm x 24,5 cm. Museu Castro Maya, Rio de Janeiro (RJ). (Detalhe).

DEBRET, Jean-Baptiste. **Uma senhora brasileira em seu lar**. 1823. Litografia aquarelada. 16 cm x 22 cm. Acervo Banco Itaú S.A. São Paulo (SP).

DEBRET, Jean-Baptiste. **Negros serradores de tábua**. 1822. Aquarela sobre papel. 173 cm x 24 cm. Museus Castro Maya, Rio de Janeiro (RJ).

DEBRET, Jean-Baptiste. **Loja de barbeiro**. 1821. Aquarela sobre papel. 18 cm x 24,5 cm. Museus Castro Maya, Rio de Janeiro (RJ).

No seu caderno, produza um texto de relato sobre o entendimento que você teve ao observar as imagens. Identifique, pelo conteúdo que está sendo trabalhado, a época a que elas se referem. Cite também o período em que Debret esteve no Brasil.

Depois, leia-o para os colegas e professor. Houve semelhanças e diferenças entre as leituras das imagens? Em grupo, elaborem um texto sintetizando os pontos de consenso.

Mesmo com todas as imposições, restrições e adaptações, a cultura africana não desapareceu. Escondidos, os escravizados realizavam seus rituais, praticavam suas festas e, assim, mantiveram suas representações artísticas. Desenvolveram uma forma de lutar: a capoeira.

O pintor Rugendas deixou um fantástico legado histórico, retratando muitas cenas do cotidiano do Brasil Império.

Esta tela foi uma delas.

Observe o quadro e faça um paralelo com a capoeira que conhecemos hoje. Quais as diferenças e semelhanças? Discuta isso com seus colegas.

RUGENDAS, Johann Moritz. **Jogo de capoeira**. 1802 - 1858. In: Viagem Pitoresca através do Brasil 1835.

A própria diversidade cultural da África refletiu-se na diversidade dos escravizados pertencentes a diversas etnias que falavam idiomas diferentes e trouxeram tradições distintas. Os africanos trazidos ao Brasil incluíram bantos, nagôs e jejes, cujas crenças religiosas deram origem às religiões afro-brasileiras, e os hauças e malês, de religião islâmica e alfabetizados em árabe.

Assim como o indígena, a cultura africana foi, geralmente, suprimida pelos colonizadores. Na colônia, os escravizados aprendiam o português, eram batizados com nomes portugueses e obrigados a se converter ao catolicismo.

O texto a seguir é um artigo publicado na internet sobre a influência da cultura africana no Brasil

Leia, com auxílio do professor.

Os africanos na construção da cultura brasileira

Os africanos contribuíram para a cultura brasileira em muitos aspectos: dança, música, religião, culinária e idioma, Essa influência se faz notar em grande parte do país (...). Os bantos, nagôs e jejes no Brasil colonial criaram o candomblé, religião afro-brasileira baseada no culto dos orixás praticada, atualmente, em todo o território. Largamente distribuída também é a umbanda, uma religião sincrética que mistura elementos africanos com o catolicismo e o espiritismo, incluindo a associação de santos católicos com os orixás. A influência da cultura africana é também evidente na culinária regional, especialmente na Bahia, onde foi introduzido o dendezeiro, uma palmeira africana da qual se extrai o azeite de dendê. Este azeite é utilizado em vários pratos de influência africana como o vatapá, o caruru e o acarajé. Na música, a cultura africana contribuiu com os ritmos que são a base de boa parte da música popular brasileira. Gêneros musicais coloniais de influência africana como o lundu terminaram dando origem à base rítmica do samba, choro, bossa-nova e de outros gêneros musicais atuais. Também há alguns instrumentos musicais brasileiros, como o berimbau, o afoxé e o agogô, que são de origem africana. O berimbau é o instrumento utilizado para criar o ritmo que acompanha os passos da capoeira, mistura de dança e arte marcial criada pelos escravizados no Brasil colonial.

Disponível em: <www.pt.wikipedia.org/wiki/Cultura_do Brasil>.

BARCELOS, João. **Roda de Samba**. [ca. 2000]. Óleo sobre tela, 40 cm x 50 cm. Acervo Particular.

RUGENDAS, Johann Moritz. **Jogo de capoeira ou dança de guerra**. [1802-1858]. Litografia, 17 cm x 24,8 cm. In: Viagem Pitoresca através do Brasil (1835) Prancha 18. Casa Litográfica de Thierry Frères de Engelmann, Paris (França)

No seu caderno, destaque as influências e a contribuição da cultura africana na identidade do brasileiro:

1. Na região onde você vive, quais são as influências mais relevantes da cultura africana?

2. Qual influência da cultura africana faz parte do seu cotidiano?

3. Existe, em sua região, preconceito e/ou discriminação em relação à cultura afro-brasileira? Justifique.

Apresente suas respostas aos colegas e ao professor e observe se há divergência de ideias. Discutam-nas.

Leia o texto informativo sobre algumas ações atuais para a valorização da cultura negra no Brasil.

Vale a pena você conhecer a atuação do grupo de trabalho para a valorização da população negra, ligado à Secretaria Nacional dos Direitos Humanos do Ministério da Justiça. Esse grupo é resultado de um longo período de amadurecimento de setores dos movimentos sociais negros que consideram importante e urgente lutar pela construção de uma verdadeira cidadania do negro brasileiro. Composto por representantes de ministérios e secretarias e representantes da sociedade civil, o grupo é organizado em áreas temáticas, tais como: informação, trabalho e emprego; comunicação; educação; relações internacionais; terra; políticas de ação afirmativa; mulher negra; racismo e violência; saúde; religião; cultura negra; esportes; legislação; estudos e pesquisas e assuntos estratégicos.

Disponível em: <www.ibge.gov.br/ibgeteen/datas/discriminacao/valorizacao.html>.

Em grupo, leiam e analisem o texto. Depois, discutam em qual ou quais itens vocês gostaria de se filiar para trabalhar em prol da valorização da população negra. Justifiquem oralmente sua resposta.

Fazendo conexão com... Língua Portuguesa

Antônio Frederico de Castro Alves (Muritiba-BA, 1847-1871) foi um dos mais importantes poetas brasileiros. Em um longo poema, descreveu a condição do negro escravo trazido para o Brasil.

Leia parte dele e interprete-o, com o auxílio de seu professor.

NAVIO NEGREIRO

Era um sonho dantesco... o tombadilho
Que das luzernas avermelha o brilho.
Em sangue a se banhar.
Tinir de ferros... estalar de açoite...
Legiões de homens negros como a noite,
Horrendos a dançar...
Negras mulheres, suspendendo às tetas
Magras crianças, cujas bocas pretas
Rega o sangue das mães:
Outras moças, mas nuas e espantadas,
No turbilhão de espectros arrastadas,
Em ânsia e mágoa vãs!
E ri-se a orquestra irônica, estridente...
E da ronda fantástica a serpente
Faz doudas espirais ...
Se o velho arqueja, se no chão resvala,
Ouvem-se gritos... o chicote estala.
E voam mais e mais...
Presa nos elos de uma só cadeia,
A multidão faminta cambaleia,
E chora e dança ali!
Um de raiva delira, outro enlouquece,
Outro, que martírios embrutece,
Cantando, geme e ri!

[...]

No final do seu poema, ele demonstra a mancha que isso representa na nossa história:

[...]

Existe um povo que a bandeira empresta
Pr'a cobrir tanta infâmia e cobardia!...
E deixa-a transformar-se nessa festa
Em manto impuro de bacante fria!...
Meu Deus! meu Deus! mas que bandeira é esta,
Que impudente na gávea tripudia?!...
Silêncio!... Musa! chora, chora tanto
Que o pavilhão se lave no teu pranto...
Auriverde pendão de minha terra,
Que a brisa do Brasil beija e balança,
Estandarte que a luz do sol encerra,
E as promessas divinas da esperança...
Tu, que da liberdade após a guerra,
Foste hasteado dos heróis na lança,
Antes te houvessem roto na batalha,
Que servires a um povo de mortalha!...
Fatalidade atroz que a mente esmaga!
Extingue nesta hora o brigue imundo
O trilho que Colombo abriu na vaga,
Como um íris no pélago profundo!...
...Mas é infâmia de mais... Da etérea plaga
Levantai-vos, heróis do Novo Mundo...
Andrada! arranca este pendão dos ares!
Colombo! fecha a porta de teus mares!

ALVES, Castro. **Navio negreiro**. Disponível em: <www.culturabrasil.pro.br/navionegreiro.htm>.

Unidade 4 Desafios da vida

Nesta unidade, você aprenderá a identificar os principais grupos de imigrantes vindos para o Brasil; reconhecer a importância dos imigrantes na construção da identidade brasileira; interpretar documentos históricos sobre a imigração; analisar as contribuições culturais dos imigrantes.

Imigrantes na identidade brasileira

Por que imigrantes?

Provavelmente você já ouviu falar de festas típicas, realizadas principalmente no sul do Brasil, com alguns nomes não muito brasileiros, como Oktoberfest, em Blumenau, Musikfest, em São Bento do Sul, Marejada, em Itajaí, Tanabata Matsuri, em São Paulo e outros.

Por que temos essa variedade de festas tão diversas na nossa cultura?

Vamos conversar sobre isso!

Roda de conversa

Hoje, o povo brasileiro é formado por muitas etnias que migraram para cá no passado.

1. Troque ideias com seus colegas sobre por quais motivos vieram esses imigrantes para cá.
2. Dê exemplos de sobrenomes conhecidos em sua região que são de origem não portuguesa.

O período da cana-de-açúcar no Nordeste, baseado na mão de obra escrava, entrava em franca decadência, enquanto o café prosperava, no Rio de Janeiro, em Minas Gerais e em São Paulo, em fazendas nas quais os assalariados iam suplantando os escravizados.

Na década de 1880, às vésperas da Lei Áurea, o preço dos escravizados era elevadíssimo. Tornou-se mais barato importar mão de obra da Europa, onde o desenvolvimento do capitalismo industrial criara enorme excedente de trabalhadores.

José Reynaldo da Fonseca/W. Commons

Fazenda típica de café, vista do terreiro de secagem do café ao fundo instalações. Avaré, São Paulo.

Um dos fatores mais importantes para a primeira onda de imigração foi a crise da economia açucareira e a implantação da agricultura do café no Brasil.

O café, que chegou ao Brasil por volta de 1 730, originário do Oriente, tornou--se conhecido como bebida na Europa durante o século XVII.

GLOSSÁRIO

Decadência: queda, declínio.
Suplantando: superando, levando vantagem.
Excedente: excesso, sobra.

O texto a seguir é um fragmento de reportagem postado na internet que narra um pouco da história do plantio do café no Brasil.

> A história do café no Brasil começa em 1727, com o sargento-mor Francisco de Mello Palheta. Designado para resolver uma questão de fronteira junto com o governo da Guiana Francesa, Palheta conseguiu, graças à sua habilidade diplomática, algumas mudas e sementes de café presenteadas por Mme. d' Orvilliers, esposa do governador da Guiana. De volta ao Brasil, Palheta as plantaria no Pará, dando início à história de um dos mais importantes produtos de exportação e um dos principais hábitos dos brasileiros: beber e servir um cafezinho.
>
> Disponível em: <http://www.palhetacafeteria.com.br/hist_cafe_br.htm>.

Do Pará, o café foi introduzido na região do Vale do Paraíba, entre Rio de Janeiro e São Paulo. Seu plantio exigia mais mão de obra. Isso significou o aumento da escravidão negra. Cresceu, assim, o tráfico de africanos escravizados.

O café gerou então uma nova sociedade no Brasil. Enquanto na região açucareira do Nordeste continuava a predominar o poder dos "senhores de engenho", na região cafeeira do Sudeste eram os "barões do café" que mandavam.

Brasil – Regiões cafeeiras

Gelson L. Ferreira

Fonte: Adaptado de: <http://www.cetcaf.com.br/informacoes%20gerais/mapacafesbrasil.jpg>.

No entanto, a partir da segunda metade do século XIX, o perfil do Brasil mudou e vários fatores de ordem econômica, social e política foram responsáveis por essa mudança: a queda da produtividade das terras produtoras de café do Vale do Paraíba; o deslocamento do eixo econômico para São Paulo; os primeiros passos rumo à industrialização; o desenvolvimento de centros urbanos; a campanha abolicionista; as sucessivas leis libertárias; a imigração europeia e seus efeitos étnicos e culturais; e, ainda, o consumo maior, em nível mundial, do café brasileiro, com forte reflexo no comércio exportador e na sociedade do país como um todo.

Novas terras para o interior de São Paulo foram desbravadas para as plantações de café. Era um solo fértil, mais tarde chamado pelos italianos de terras "rosas" (vermelhas). As novas lavouras exigiram mais mão de obra e nessa época o tráfico de negros já tinha sido proibido por lei.

A mão de obra tornou-se cada vez mais cara e antieconômica. Comprar escravizados oriundos de outras regiões significava investir muito dinheiro. Além disso, manter escravo era mais caro do que pagar salário a trabalhadores livres. As leis abolicionistas existentes provocaram, também, mudanças na estrutura do país.

A expansão do cultivo do café nos estados de São Paulo e Minas Gerais, no último quarto do século XIX, provocou uma corrente migratória de europeus, principalmente de italianos, para trabalharem nas plantações.

A pujança do setor provocou o crescimento da oligarquia cafeeira, a qual dominou o cenário político e econômico brasileiro até 1930, terminando com a ascensão de Getúlio Vargas ao poder.

Ao mesmo tempo, o governo brasileiro no Império tinha interesse em estimular o desenvolvimento de outras regiões no Brasil. Assim, uma nova onda de imigrantes provocou mudanças significativas na sociedade brasileira, com a vinda de suíços, alemães, espanhóis e, no início da República, de ucranianos, poloneses e japoneses.

Desta forma, a sociedade brasileira foi construindo sua identidade atual: um povo miscigenado.

GLOSSÁRIO

Leis libertárias: partidárias da liberdade absoluta.

Desbravadas: preparadas para cultura; roçadas.

Pujança: de grande força, vigor.

Oligarquia: governo de poucas pessoas.

Responda no seu caderno:

1. Qual a preocupação das elites brasileiras com o fim do tráfico de escravizados e a campanha abolicionista?
2. Como os fazendeiros procuraram resolver o problema de mão de obra nas fazendas e na indústria?
3. O que aconteceu com a produção agrícola nesse período?
4. Qual a relação de custo, ou seja, o que era mais caro: o preço do escravo ou a importação de mão de obra na Europa?

Discuta com seus colegas

1. Por que o trabalho assalariado era mais vantajoso para os fazendeiros do que o trabalho escravo?
2. Como ficou a situação dos negros ex-escravizados no Brasil com as leis da abolição da escravatura?

Produção de texto: em grupo, produzam um texto jornalístico, de aproximadamente 13 linhas, sobre a situação dos ex-escravizados e seus descendentes no Brasil. Publique-o no jornal da escola ou em algum *site* de relacionamento que você tenha.

____

____

____

____

____

____

____

____

____

____

____

____

____

____

Eles vieram de longe

A saída dos imigrantes de seus lugares de origem não foi nada fácil. Tiveram que deixar a terra em que nasceram, seus familiares, amigos e seu modo de vida, para se aventurar em novas terras.

Você já imaginou as dificuldades que muitos imigrantes tiveram ao chegar ao Brasil?

Vamos conversar sobre isso.

Roda de conversa

Leia o texto de depoimento e observe a imagem a seguir:

Como estávamos amontoados naquele navio, meu Deus, quando embarcaram outros passageiros. Naquele bendito vapor éramos mais de duas mil e quinhentas pessoas ocupando a terceira classe, apertados como sardinha em lata. Não compreendia patavina [...] não conseguia compreender como havia tido coragem de lançar-me no meio de tantos desconhecidos [...].

SOUZA, Laura de Mello e; NOVAIS, Fernando A. (Org). **História da vida privada no Brasil**. São Paulo: Companhia das letras, 1998. p. 240, v.3.

Guilherme Gaensly/W.Commons

GAENSLY, Guilherme. **Imigrantes europeus posando para fotografia no pátio central da Hospedaria dos Imigrantes de São Paulo**. [ca. 1890]. Fundação Patrimônio da Energia de São Paulo - Memorial do Imigrante, São Paulo (SP).

Discuta sobre eles com os colegas e o professor:

1. Em que condições eles vinham para o Brasil?
2. A vida deles nos primeiros anos de sua chegada era confortável?

Com a chegada da Família Real portuguesa, em 1808, a abertura dos portos às nações amigas e a concessão de terras a estrangeiros, tem início a formação de colônias nos espaços brasileiros.

A primeira tentativa oficial de organizar as colônias ocorreu com a fundação da colônia de Nova Friburgo, em 1818. O governo adquiriu a Fazenda de Queimada, no município de Cantagalo, e ali foram instalados colonos suíços. Porém, a falta de estrutura para poderem trabalhar dificultou a produção da colônia.

Para que o colono pudesse vir ao Brasil, impuseram-lhe a condição de ser católico. O governo lhe concedia sementes, árvores e um lote de terra, além do auxílio financeiro de cento e sessenta réis por dia no primeiro ano, e a metade dessa importância no segundo ano. Nessa época, vieram para Nova Friburgo cerca de dois mil suíços e, posteriormente, mil alemães.

A adaptação dos colonos à nova terra não foi fácil, pois a cultura, os usos e os costumes eram diferentes, além de desconhecerem o idioma falado no Brasil. Essa permanência foi pontuada por várias dificuldades, como o clima, a convivência e a luta pela própria subsistência.

O segundo movimento organizado foi de imigrantes alemães que também se estabeleceram na mesma região, em 3 de maio de 1824. A colônia de suíços e alemães originou a atual cidade de Nova Friburgo, no Rio de Janeiro.

Um dos pioneiros em trazer imigrantes europeus para o Brasil foi o senador Campos Vergueiro. Entre 1847 e 1857, chegaram ao Brasil cerca de 177 famílias europeias para trabalhar em sua fazenda de Ibicaba, no interior paulista, atual município de Limeira.

As chamadas colônias de parceria seriam, em seu projeto, os "viveiros ou escolas normais agrícolas", onde os colonos se adaptariam ao clima e aos costumes locais, aprenderiam as técnicas usadas e se mesclariam com a população, por meio do casamento. Só então estariam aptos a comprar terras com recursos de seu trabalho.

Em meados de 1850, já existiam na província de São Paulo mais de 60 colônias de parceria. A experiência, no entanto, acabou fracassando. Os contratos, com o tempo, se mostraram desvantajosos para os colonos. Muita coisa era descontada do imigrante, a divisão do lucro não era cumprida, havia problemas de convivência, eram proibidos de muitas coisas, como se fossem escravizados, e não parceiros, não tinham acesso às contas e faziam dívidas com a compra de mercadorias nas vendas dentro das fazendas.

Diante de tais circunstâncias, organizaram uma revolta, chamada Revolta de Ibicaba.

Essas colônias de parceria, apesar do fracasso, foram importantes para que, num novo sistema, se buscasse adequar os interesses de trabalhadores imigrantes e proprietários.

Na década de 1880, o surto do café nas novas regiões do oeste paulista intensificaria a imigração europeia. Entre 1881 e 1890 entrariam 530.000 imigrantes europeus, a maior parte dos quais destinados aos cafezais de São Paulo [...].

ENCICLOPÉDIA nosso século: Brasil-1900/1910. São Paulo: Abril, 1985, p. 105. v.5.

O fragmento que segue é parte de um texto informativo, publicado na internet, e dá uma boa visão sobre esse processo de imigração para o Brasil.

A imigração no Brasil deixou fortes marcas na demografia, cultura e economia do país. Em linhas gerais, considera-se que as pessoas que entraram no Brasil até 1822, ano da independência, foram colonizadores. A partir de então, as que entraram na nação independente foram imigrantes.

Antes de 1870, dificilmente o número de imigrantes excedia a duas ou três mil pessoas por ano. A imigração cresceu primeiro pressionada pelo fim do tráfico internacional de escravizados para o Brasil, depois pela expansão da economia, principalmente no período das grandes plantações de café no estado de São Paulo. Contando de 1872 (ano do primeiro censo) até o ano 2000, chegaram cerca de 6 milhões de imigrantes ao Brasil.

Desse modo, os movimentos imigratórios no Brasil podem ser divididos em seis etapas.

1. Ocupação inicial feita por povos nômades de origem asiática que povoaram o continente americano entre 10 e 12 mil anos, conhecidos como indígena;
2. Colonizações, entre 1500 e 1822, feitas praticamente só por portugueses e escravizados provenientes da África subsaariana;
3. Imigração de povoamento no Sul do Brasil, iniciada em 1824, por imigrantes alemães e que continuou, depois de 1875, com imigrantes italianos;
4. Imigração como fonte de mão de obra para os fazendeiros de café na região de São Paulo, entre o final do século XIX e início do século XX, com largo predomínio de italianos, portugueses, espanhóis e japoneses;

5. Imigração para centros urbanos em crescimento com italianos, portugueses, espanhóis, japoneses e sírio-libaneses, além de várias outras nacionalidades;
6. Imigração mais recente, reduzida e de pouco impacto demográfico, iniciada na década de 1970.

Disponível em: <http://pt.wikipedia.org/wiki/Imigracão_no_Brasil>.

Responda no seu caderno:

1. O que eram as colônias de parceria? E por que não deram certo?
2. Quais imigrantes fundaram a colônia de Nova Friburgo?
3. Quais as condições impostas aos imigrantes que quisessem vir para o Brasil?
4. Quais as maiores dificuldades que os imigrantes encontraram ao chegar ao Brasil?

Dividam-se em grupo e anotem suas conclusões no caderno.

1. No lugar onde você vive existem descendentes desses grupos migratórios?
2. Como eles vivem hoje?

Entreviste um descendente de imigrante que conheça um pouco da história de seus antepassados.

Pergunte-lhe:

1. De onde vieram seus antepassados?
2. Como eles chegaram aqui?
3. Que dificuldades eles tiveram para se integrarem na sociedade brasileira?
4. Que costumes guardaram da cultura de onde eles vieram?

Leia o resultado de sua pesquisa para os colegas de sala.

Em conjunto, produzam um texto jornalístico para publicar no jornal de sua escola ou postá-lo na internet.

Os diversos grupos imigratórios

Quando observamos bem a fisionomia dos brasileiros, nos deparamos com uma enorme variedade de tipos físicos: negros, loiros, asiáticos, mestiços e outros.

Ao considerarmos nossos usos e costumes, percebemos um grande número de manifestações culturais, principalmente com festas típicas, provenientes de outros povos.

Por que essa variedade tão grande e tão própria da nossa cultura?

Vamos conversar um pouco sobre isso.

Roda de conversa

Observe a imagem a seguir e leia o texto. Ele é um fragmento de um texto científico sobre a luta dos imigrantes ao chegarem no Brasil. Depois, discuta com seus colegas e professor.

Eugenio Hansen/W.Commons

Detalhe do monumento ao imigrante italiano. Caxias do Sul (RS).

A luta pela sobrevivência no novo local de moradia era árdua, qualquer que fosse a cidade escolhida: Santos, Rio de Janeiro ou São Paulo.

Os recém-chegados disputavam desde as ofertas de emprego menos qualificado, até os espaços de moradia disponíveis junto aos segmentos mais pobres da população local, sobretudo mestiços e negros que também tomaram o rumo das cidades, após a Abolição da Escravatura.

Ao lado dos portugueses, especialmente no Rio de Janeiro, encontravam trabalho em atividades não qualificadas, tais como, de estivadores, ensacamento de café, em bares, tavernas, botequins, pensões ou no comércio ambulante. Na maioria das vezes, mal remunerados, submetidos a jornadas de trabalho de até 16 horas, eram vistos como uma "gente trabalhadeira e ambiciosa".

GUIMARÃES, Lucia Maria Paschoal; VAINFAS, Ronaldo. Sonhos galigos: os espanhóis no Brasil. In: BRASIL – 500 ano de povoamento. Rio de Janeiro: IBGE, 2000.

1. O que você acha que o autor do monumento quis expressar com a postura do casal de imigrantes?
2. Além de portugueses, que outros povos imigrantes vieram para o Brasil?
3. Em quais regiões brasileiras eles mais se fixaram?

KikoCorreia/W.Commons

Memorial Árabe, na Praça Gibran Khalil Gibran, em Curitiba, (PR).

Monumento Nacional ao Imigrante, Caxias do Sul (RS).

Eugenio Hansen/W.Commons

Reynaldo César de Moraes/W.Commons

Vista do oratório do bosque Alemão, em homenagem a cultura Germânica em Curitiba (PR).

Arte Fora do Museu/W.Commons

Monumento 80 anos da Imigração Japonesa, Tomie Ohtake. São Paulo.

As imagens acima demonstram a importância que as várias etnias de imigrantes têm para a formação da identidade brasileira. Um memorial visa manter viva a memória daqueles que ajudaram a construir a nação brasileira como somos hoje. Em muitas cidades brasileiras, principalmente no Sul e Sudeste, foram erguidos memoriais aos imigrantes que as fundaram ou marcaram a identidade dessas cidades.

Você conhece algum monumento na sua região que demonstre isso?

Como ocorreu e onde foi mais forte esse processo de imigração no Brasil?

Vamos ver isso melhor!

Os italianos chegaram ao Brasil e foram trabalhar na lavoura cafeeira de São Paulo e no Sul (Paraná, Santa Catarina e Rio Grande do Sul), dando início a uma estrutura agrária de pequena e média propriedade. Os italianos que chegaram ao Brasil são originários das mais diversas regiões da Itália: Piemonte, Veneza, Lombardia, Gênova, etc., e contribuíram na formação da sociedade brasileira com a agricultura; no cultivo do fumo e legumes; na produção do café,

Guilherme Gaensly/W.Commons

GAENSLY, Guilherme. **Imigrantes europeus posando para fotografia no pátio central da Hospedaria dos Imigrantes de São Paulo**. [ca. 1890]. Fundação Patrimônio da Energia de São Paulo - Memorial do Imigrante, São Paulo (SP).

com a agricultura familiar, na conservação da religião católica, na difusão de elementos característicos de sua arquitetura, principalmente o uso do porão, na introdução de certos produtos alimentares como a *pizza*, o macarrão, a polenta. Eles mantêm muitas de suas festas religiosas, o uso da sanfona, jogos, a bocha, festas domingueiras.

W. Commons

Colonos expõem seus produtos na 3ª Légua de Caxias do Sul (RS), cerca de 1918.

Muitos alemães se localizaram na região Sul do país, tendo se fixado inicialmente em São Leopoldo, no Rio Grande do Sul, se dedicando, em sua maioria, ao artesanato, como na fabricação de selas, carroças, arreios, etc. Posteriormente, se deslocaram para o estado de Santa Catarina.

Os espanhóis espalharam-se em diversos núcleos urbanos do país, dedicando--se, principalmente, ao comércio.

Os portugueses vieram, principalmente, das regiões de Trás-os-Montes, Minho, Beira Alta e Beira Baixa, e se estabeleceram nas mais diversas regiões brasileiras, principalmente no Rio de Janeiro.

Os judeus estão no Brasil desde a chegada dos portugueses. Já com Cabral, em 1500, há relato de alguns judeus em sua esquadra e, desde então, não cessaram de vir para cá. A atividade mais exercida por eles foi sempre o comércio, mas também estão presentes em atividades ligadas à administração, profissões liberais e magistério. Os primeiros judeus a virem ao Brasil pertenciam ao grupo que estava fixado na Península Ibérica (Portugal e Espanha). Posteriormente, vieram grandes contingentes de judeus originários da Alemanha, Polônia e Rússia. Eles mantêm sua unidade cultural, principalmente por meio da religião e festas como a Páscoa. Existem várias Sinagogas (seu templo religioso) espalhadas por todo o Brasil.

GLOSSÁRIO

Lótus: planta cultivada no Oriente.

Saquê: bebida fermentada de arroz, originária do Japão.

Sushi: comida típica japonesa: arroz cozido envolto em algas, peixe cru, etc.

Budista: adepto da religião budista.

Xintoísmo: religião japonesa que venera várias divindades representantes das forças da natureza.

Um dos mais recentes grupos vindos para o Brasil é o dos japoneses. Vieram para trabalhar na agricultura, desenvolvendo o plantio de verduras e legumes. Fixaram-se, principalmente, em São Paulo, norte do Paraná, Mato Grosso, Pará e Amazonas. Os japoneses trouxeram ao Brasil a cultura do lótus, o saquê, o feijão-soja, o broto de bambu, o cultivo do chá, a cultura da fruta e o sushi. Em relação à religião, os japoneses são, em sua maioria, budistas ou xintoístas.

Os árabes são grupos formados pelos sírios, libaneses, árabes, palestinos e turcos. Os sírios, libaneses e turcos já são citados na história da época colonial brasileira, porque Portugal mantinha relações com a Síria. A grande imigração desses povos para o Brasil verificou-se na segunda metade do século XIX, mais especificamente entre 1860 e 1870. Esses grupos de imigrantes fizeram chegar até nós traços culturais de arabização, presentes até hoje na vida brasileira. Hábitos alimentares, como: o quibe, o tabule, o espetinho de carne moída (cafta), o arroz com lentilhas, a bala de goma, entre outros, fazem parte do dia a dia da população brasileira.

Saber mais

Quando Maurício de Nassau veio para o Brasil ocupar Pernambuco, muitos judeus fugidos da Inquisição de Portugal e Espanha vieram com ele. Eles ajudaram os holandeses na tradução, pois muitos falavam também português. Em Portugal, muitos desses judeus que lá viviam trocaram seus sobrenomes por causa da Inquisição. Passaram a ter sobrenome com o nome de árvores: Pereira, Macieira, Oliveira, entre outros. Os árabes ocuparam a Península Ibérica por, aproximadamente, sete séculos. Os portugueses trouxeram em sua linguagem muitas palavras de origem árabe que, hoje, fazem parte do nosso idioma: alface, alfazema, alforje, entre outras. É só consultar o dicionário.

Leia o depoimento de Mathilde Hoster, uma imigrante alemã.

> Nasci em Duisburg, na Alemanha. Eu tinha doze anos, cinco meses e três dias quando vim para o Brasil.
>
> No começo não era necessário aprender a língua portuguesa, porque era uma colônia alemã. Todo mundo falava a mesma língua, a nossa língua... Mas na cidade já havia muitos brasileiros. Para falar, conversar e fazer compras era realmente preciso aprender o outro idioma. Começamos também a gostar muito do português. Com ele a gente podia se expressar com mais facilidade, falar também dos sentimentos com mais liberdade.

A adaptação aos hábitos alimentares brasileiros era muito difícil para nós. O jantar que um vizinho nosso preparou era delicioso na opinião dele. Para nós era terrível, para o nosso paladar. Era palmito cozido, mandioca cozida e, como sobremesa, mamão.

Sessenta anos eu passei aqui nesse país que me acolheu tão bem, foi tão amigo. Quero continuar até o último suspiro.

Depoimento de Mathilde Hostes. Disponível em: <http://historiadesaopaulo.wordpress.com/imigracao>.

Em grupo

1. Discutam: outros imigrantes teriam passado por dificuldades semelhantes? Dê exemplos.

2. Façam um levantamento no lugar onde vocês vivem, sobre:
   - comidas típicas e suas origens.
   - costumes trazidos por imigrantes.

3. Organizem um quadro com essas informações e exponham ao restante da turma.

4. Analise o quadro do pintor Lasar Segall: o que o autor quis representar?

SEGALL, Lazar. **Navio de imigrantes**, [entre 1939 e 1941]. Óleo com areia sobre tela. 230 cm x 275 cm. Museu Lasar Segall, IPHAN. São Paulo (SP).

Fazendo conexão com... Geografia e Arte

1. Com o auxílio do seu professor, desenhe um mapa do Brasil, anotando nele as áreas em que predominam as várias colonizações de imigrantes.

2. Pesquise sobre os imigrantes atuais que têm vindo para o Brasil:
   - de que países eles têm vindo?
   - que motivos os faz migrarem para cá?

3. Com o auxílio do seu professor, pesquise sobre as contribuições artísticas que os vários grupos de imigrantes deram à identidade brasileira. Dê exemplos na arquitetura, pintura, música e no folclore.

Unidade 1 Quem somos

Nesta unidade, vamos refletir e analisar as seguintes questões: o lugar que você, como ser humano, ocupa no espaço próximo vivenciado e como a sua relação com o lugar é importante para a sua identificação; o espaço próximo vivenciado como referência para compreensão do espaço concebido e a importância da ferramenta "cartografia" para leitura e compreensão de mapas; seus elementos e tipos; como o sistema de coordenadas geográficas auxilia na localização de um lugar; os tipos de transformações (construção e desconstrução) que os lugares sofrem ao longo do tempo.

A construção da vida no espaço

Localização espacial - onde estou?

Roda de conversa

Converse com seu professor e colegas e discuta estas questões:

Você já parou para pensar o que é um lugar? Relembre os lugares que conhece desde que nasceu: a sua cidade, o seu bairro, a sua casa, a sua escola, por exemplo, são alguns desses lugares.

Já pensou que os lugares, assim como as pessoas, têm, cada um, características e histórias diferentes? Você sabe que eles fazem parte de um espaço muito maior que é o planeta Terra?

Você já visitou um lugar desconhecido, uma cidade, uma praia, onde nunca tinha estado? Como se localizou? Pediu informações para outras pessoas? Utilizou mapas? Perdeu-se? Como conseguiu se orientar? Conte para seus colegas e professor esse fato.

Agora forme dupla com um colega e descreva, oralmente, um lugar próximo da sua escola, sem nomeá-lo. Pode ser um ponto de comércio, uma praça, uma igreja, um posto de saúde, um rio, um estacionamento, o seu lugar de trabalho, entre outros.

Dê informações ao seu colega sobre esse lugar, mas sem citar o nome. Por exemplo, se for um mercado, você poderá dizer a quantas quadras ele se distancia da sua escola; se está localizado na mesma rua; como seu colega poderá chegar até esse lugar; qual é a cor da edificação; o horário de funcionamento; o tipo de atividade; se existe alguma vegetação no entorno, entre outras coisas.

Após essas "dicas", o seu colega irá adivinhar qual é o local.

Se acertar, peça a ele que faça um desenho, em uma folha de papel, de como ele chegaria até esse lugar.

Após, você e ele irão analisar esse "mapa" elaborado e complementar com outros dados que podem ser anexados, como nome de ruas por onde passariam e demais informações.

Agora, respondam se o mapa elaborado ajudaria a tornar mais fácil a localização.

____

____

____

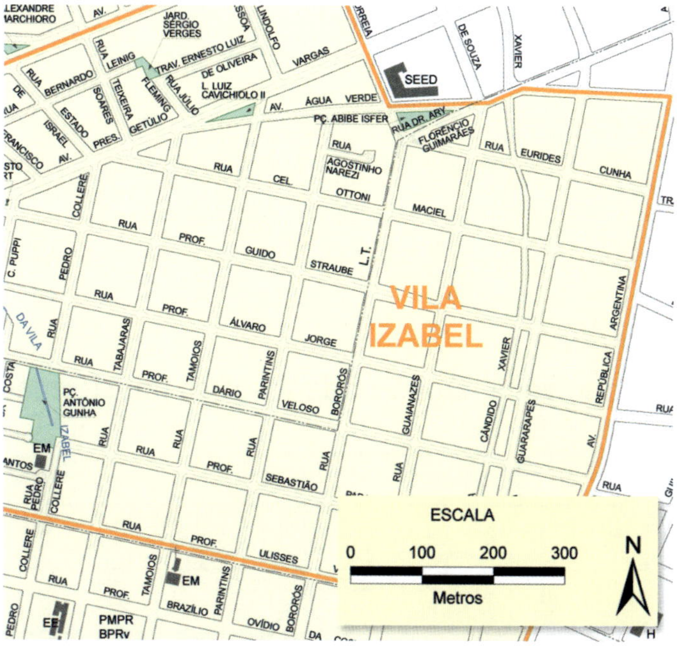

Fonte: Prefeitura Municipal de Curitiba. Instituto de pesquisa e planejamento urbano de Curitiba. Bairro Vila Izabel. Curitiba, 2013. (Edição oficial).

Frequentemente precisamos pedir informações sobre um lugar que desconhecemos.

O lugar é a porção do espaço terrestre onde praticamos ações e eventos humanos, ou seja: trabalhamos, estudamos, visitamos amigos, moramos, etc. Ele sofre transformações pela nossa ação.

Leia este diálogo:

– Por favor, senhor. Pode me dar uma informação? Onde se localiza o museu histórico desta cidade?

– Pois não! Observe o seu mapa. Você está neste ponto. Continue até três quarteirões e, ao final, vire a esquerda. Fica bem próximo da Igreja Matriz.

– Muito obrigado!

– De nada! Quando se tem um mapa, a localização fica mais fácil!

1. Qual é o assunto do diálogo?

____

2. Que material uma das pessoas que está conversando tem em mãos?

____

3. Você já utilizou um mapa? Se a resposta for positiva, escreva abaixo o porquê do uso. Se for negativa, analise a cena e escreva como seria o diálogo sem o uso do mapa.

____

____

4. Qual é o lugar onde você nasceu?

5. Você gosta (gostava) desse lugar? Por quê?

6. Qual é a sua atual ocupação?

7. Considerando o que você faz, o lugar que você habita poderá sofrer transformações efetivadas por você? Por quê?

Mapas para orientação e compreensão do espaço

Roda de conversa

Converse com seus colegas e troquem ideias. Para que serve um mapa? Eles lhes interessam? Vocês já analisaram detalhadamente algum? Qual é a sua finalidade? Que tipos de mapas vocês conhecem? A que necessidade eles atendem?

Um mapa é a representação de uma área geográfica ou de parte da superfície da terra desenhada ou impressa em uma superfície plana.

Um mapa deve conter: título, que nos indica o tema do mapa; orientação, que nos é fornecida por meio da rosa dos ventos ou de um ícone indicando o norte; legenda, que nos informa os símbolos utilizados para a leitura do mapa, como cores, formas, linhas de diferentes espessuras (exemplo: ruas e rodovias); e escala, que nos informa a relação entre o espaço real e a redução feita para representá-lo.

Por meio dos mapas, podemos localizar, identificar e comparar vários lugares; traçar percursos de viagem; identificar tipos de vegetação; verificar a distribuição social e econômica do lugar, entre outros aspectos.

Um mapa também nos auxilia como forma de orientação no espaço que habitamos. Com o auxílio dele, podemos entender como estão organizadas as áreas representadas e saber como cidades, estradas, florestas, populações, rios, lagos, montanhas e outros elementos, que podem ser naturais ou culturais, se apresentam e estão distribuídos no espaço.

Podemos, também, interpretar várias outras questões sociais, como: migrações, aumento e densidade populacional, índices de desemprego, desenvolvimento e subdesenvolvimento dos países, entre outros temas.

Atualmente, podemos utilizar computadores para visualizar mapas. São programas que têm por finalidade apresentar um modelo tridimensional da Terra organizado com base em imagens de satélites obtidas de diferentes fontes.

No caderno

Vamos recordar o que você aprendeu.

1. Qual é a sua opinião sobre mapas? Você já utilizou algum? Se a sua resposta for afirmativa, descreva o fato.
2. Como os mapas se diferem?
3. Quais as principais indicações que um mapa deve conter?
4. Cite exemplos de como os mapas nos informam questões sociais.

Gerson L. Ferreira

Estados brasileiros por analfabetismo – 2010

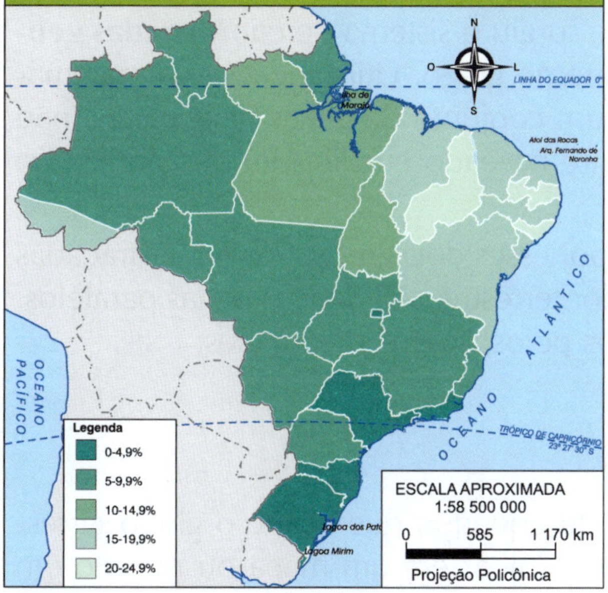

Fonte: Com base no Censo 2010 do IBGE.

Gerson L. Ferreira

Brasil – População em 2010

Fonte: <http://www.censo2010.ibge.gov.br/sinopse/index.php?dados=4&uf=00>. Acesso em: 25 abr. 2013

Leitura de Mapa

Compare os dois mapas e responda:

1. Qual é o mapa mais completo em relação às informações que deve conter?

____

____

2. Qual é o tema do primeiro mapa?

____

3. Qual é o tema do segundo mapa?

____

4. Ambos tratam de um mesmo lugar? Justifique.

____

____

Você sabe como surgiram os primeiros mapas?

Os historiadores ainda têm duvidas sobre esse assunto. Mas, sabe-se que eles nasceram por meio de desenhos feitos nas paredes de cavernas e em vasos de argila. O mapa considerado o mais antigo do mundo foi confeccionado pelos sumérios, tratando-se de uma placa de barro cozido com inscrições em escrita suméria e a representação do lado setentrional da região mesopotâmica.

A confecção de mapas foi evoluindo e surgiu o sistema de **coordenadas geo-gráficas**, que é atribuído a Hiparco, astrônomo grego. Utilizando-se da matemática e da observação dos astros, ele criou um conjunto de linhas imaginárias (não existem na realidade) sobre o globo terrestre baseado em dois grupos principais: paralelos e meridianos.

A rede de coordenadas é composta por esses dois grupos. As linhas traçadas de leste a oeste, paralelas à linha do Equador terrestre, são denominadas paralelos. As linhas traçadas de norte a sul, unindo os polos, são os meridianos.

Paralelos

O paralelo mais conhecido é a linha do equador, que divide o globo terrestre em dois hemisférios: Norte e Sul. Se você olhar em um mapa ou mesmo em um globo terrestre, notará várias linhas que cruzam o planeta no sentido horizontal – os paralelos. Eles indicam a **latitude** de um lugar. Os lugares que estiverem localizados acima da linha do equador estarão ao norte. Os localizados abaixo, ao sul.

Além da linha do equador, os paralelos mais conhecidos são:

– o Trópico de Câncer e o Círculo Polar Ártico (no Hemisfério Norte);

– o Trópico de Capricórnio e o Círculo Polar Antártico (no Hemisfério Sul).

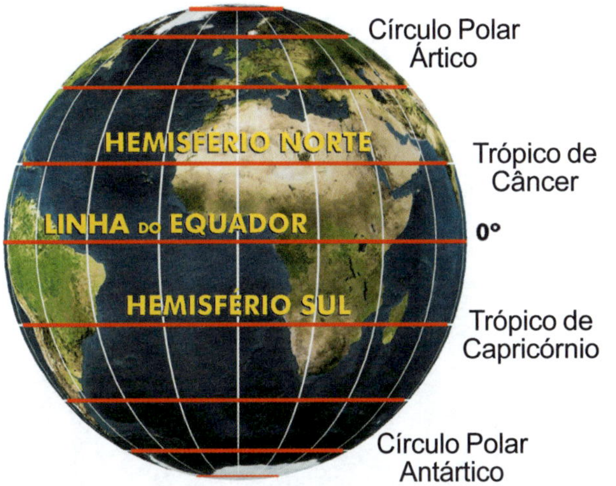

Fonte: ATLAS geográfico geral escolar. Curitiba: Base Editora, 2004.

Latitude, portanto, é a distância que qualquer lugar tem da linha do equador, medida em graus (°). Se algum ponto da superfície terrestre estiver exatamente sobre essa linha, terá a latitude zero (0°).

Meridianos

Para localizar com precisão um ponto na superfície terrestre, você precisará dos meridianos, que são linhas imaginárias no sentido longitudinal de polo a polo. Os dois meridianos mais importantes são: o **Meridiano de Greenwich**, que divide o globo terrestre em leste (ou oriental) e oeste (ou ocidental), e a **Linha Internacional de Mudança de Datas** ou antimeridiano, que se situa exatamente no oposto do meridiano de Greenwich e cujo objetivo é fixar a troca de data, ou seja, a leste desse ponto é um dia (adiantado), e a oeste é outro (atrasado). Os meridianos indicam a longitude de um lugar. Todos os lugares situados a leste de Greenwich têm a sua hora adiantada e todos os lugares situados a oeste de Greenwich têm a sua hora atrasada.

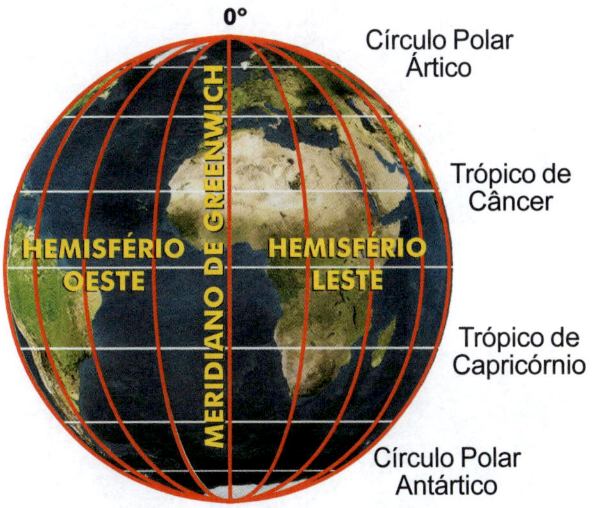

Fonte: ATLAS geográfico geral escolar. Curitiba: Base Editora, 2004.

Portanto, longitude é a distância que qualquer lugar tem do Meridiano de Greenwich, até outro ponto da superfície terrestre, sempre medida em graus (°). Se algum ponto da superfície terrestre estiver exatamente nesse meridiano, ele terá a longitude zero (0°).

O espaço que habito

1

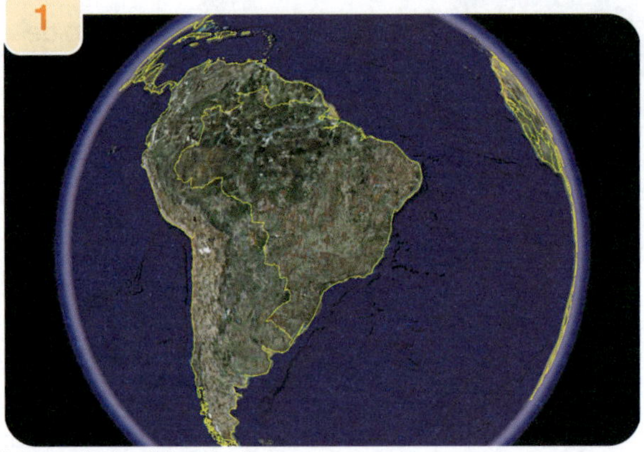

INPE

Visão da América do Sul.

2

INPE

Aspecto do Brasil.

3

INPE

Planalto central brasileiro.

4

INPE

Brasília (Distrito Federal do Brasil).

5

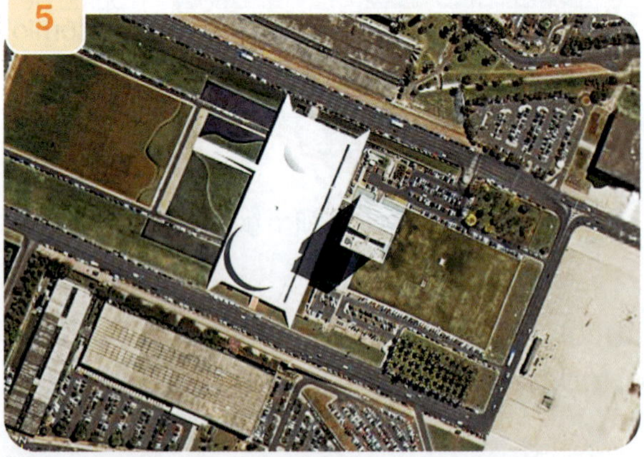

INPE

Visão aérea do Congresso Nacional.

6

© Eli Coory/Fotolia.com

Prédio do Congresso Nacional.

Roda de conversa

Discuta com seus colegas e professor sobre as imagens. O que cada uma retrata? O que elas têm em comum? O que vocês deduzem a partir de cada uma? Peça que cada um exponha a sua opinião a respeito.

Agora confira se as opiniões estão corretas.

Você percebeu que fizemos uma focalização inciada no espaço ocupado por um continente (América do Sul); que depois se aproxima para focalizar uma parte de um país (Brasil); e se aproxima mais ainda de uma região brasileira (Planalto Central); faz um *zoom* na cidade de Brasília, localizada nesta região; focaliza o Congresso Nacional (onde trabalham os deputados e senadores), em Brasília; e, finalmente, chega ao prédio do Congresso Nacional.

Este é, portanto, o endereço do Congresso Nacional. E o seu endereço no Planeta, qual é? Complete.

Eu vivo em um planeta chamado ______________________, que possui um continente chamado ______________________, onde se localiza um país chamado ______________________ e há um estado chamado ______________________, com uma cidade cujo nome é ______________________, no bairro______________________, e eu moro em uma residência, na rua______________________ número ______________.

Sistematizando

Fizemos uma viagem imaginária, mas com lugares reais, semelhante àquela feita pelo astronauta Iuri Gagarin, o primeiro ser humano a ir para o espaço e que, ao voltar, disse: "A Terra é azul". Portanto, o lugar que habitamos é uma decorrência de entrelaçamentos no espaço que vivemos e que nos levam a um pequenino lugar, a nossa casa, que costumamos chamar de lar.

Fazendo conexão com... Matemática

1. Em seu caderno, represente com um desenho o lugar onde você mora.

2. Solicite ao seu professor que traga para a sala de aula um mapa da sua cidade e localize a sua escola.

3. Qual é o seu endereço residencial? Escreva o endereço completo. Ele é composto do nome da rua, do número da sua casa, do bairro, da cidade, do estado e do país.

- Não esqueça de informar o CEP (Código de Endereçamento Postal), um número desenvolvido pelas administrações postais a fim de facilitar o encaminhamento e a entrega das correspondências.

____

____

- Escreva abaixo o roteiro percorrido por você para chegar à escola. Identifique o nome das ruas por onde você passa e não se esqueça de indicar alguns pontos de referência.

____

____

Saber mais

Orientar-se significa determinar a própria posição no espaço. O homem das cavernas já convivia com a necessidade de se orientar em busca de alimento e moradia, bem como com a curiosidade de conhecer o espaço geográfico além do seu *habitat*.

Com o advento do comércio, começaram a aparecer as primeiras rotas de navegação.

Com as guerras, surgiram as localizações mais precisas, por meio do mapea-mento de territórios a serem conquistados. A partir daí, cada vez mais o homem sentiu maior necessidade de se orientar no espaço. Pode-se concluir que, da soma da curiosidade com a necessidade, surgiram os primeiros e atuais meios de orientação, bem como as localizações mais precisas por meio de mapeamentos.

As transformações dos espaços

Roda de conversa

Você já passou por uma rua ou outro espaço qualquer da sua cidade e percebeu algumas mudanças? Quem as provocou? Quais foram as causas e consequências dessa transformação? Elas contribuíram para melhorar ou piorar a sua cidade? Discuta com seus colegas e professor as consequências negativas de uma intensa urbanização do espaço geográfico (desmatamento, ocupação de espaços impróprios para a construção de moradias, entre outros).

Apresente também alguns aspectos positivos da transformação dos espaços.

Atividade

1. Analisando, quadro a quadro, a tirinha a seguir, enumere as transformações ocorridas no espaço geográfico e escreva nas linhas abaixo uma frase sobre esse assunto, que deverá servir de título à ilustração.

Cide Gomes

____

____

____

2. Analise as fotos de uma rua na cidade de São Paulo e enumere as transformações nelas observadas. Após, converse com um colega, procurem fotos semelhantes (antiga e atual) da sua cidade e enumerem as transformações ocorridas, concluindo se foram positivas ou negativas.

Acervo Iconographia

Rua Direita, São Paulo (SP), 1914.

Maurício Simonetti/Pulsar Imagens

Rua Direita, São Paulo (SP), 2006.

Disponível em: <http://portaldoprofessor.mec.gov.br/fichaTecnicaAula.html?aula=1347>.

Sistematizando

Podemos dizer que as transformações no espaço sempre ocorreram. As eras geológicas, motivadas pelos agentes da própria natureza, são um exemplo de transformações que se fizeram ao longo de milhões de anos.

Transformações de médio e curto prazo são mais fáceis de serem percebidas e normalmente estão relacionadas à ação humana, embora algumas também sejam efetuadas pela própria dinâmica do meio, como os terremotos.

Mediante a ação humana que cada vez mais vai adequando-o a seus fins, o espaço físico se transforma e se modifica rapidamente no mundo atual, associado, cada vez mais, ao desenvolvimento tecnológico.

Sejam essas transformações efetivadas em longos, médios ou curtos prazos, todas se apresentam no espaço em ritmos e consequências diferenciadas.

Assim sendo, novos espaços transformados surgem de cada momento histórico pelo qual passa a sociedade.

Os espaços desconstruídos

Roda de conversa

Estudamos anteriormente as transformações ocorridas nos espaços em função de vários fatores. Mas... o espaço em que vivemos pode ser também transformado de tal forma que provoque prejuízos ao ser humano?

Observe as imagens na página seguinte e discuta com seu professor e colegas. O que as provocou? Há maneiras de se evitar essas tragédias? Como a população pode ser conscientizada sobre os cuidados e a preservação do meio ambiente?

Atividade

As imagens a seguir falam por si. Em grupo, discutam sobre as atitudes que poderiam ser tomadas para que essas situações não ocorressem. Busquem recortes de revistas e jornais com tragédias provocadas pela desconstrução humana no meio ambiente, façam um grande painel e exponham em local bem visível na sua escola, criando legendas para as imagens, como forma de conscientizar a comunidade que frequenta a sua escola.

Vladimir Platonow/ABr

Vista do deslizamento no Morro do Bumba. Niterói (RJ).

Wilson Dias/ABr

Desmatamento na região amazônica.

Antônio Cruz/ABr

Vista aérea da enchente no município de Barreiros (PE).

Roosewelt Pinheiro/ABr

Contaminação de córrego em Valparaíso (GO).

Como sabemos, o homem pode modificar o espaço natural. Muitas vezes, a fim de adaptar forçosamente os espaços às suas condições de vida, o homem ocupa vales de rios, encostas de morros, desmata grandes extensões de terra, nem sempre preservando as condições naturais do ambiente.

Ao desviar rios alterando seus leitos, desmatando áreas onde o solo é frágil, removendo morros para a construção de estradas, poluindo riachos, o ser humano provoca sérias alterações que, feitas sem planejamento ou sem um estudo mais aprofundado do meio, trazem consequências prejudiciais a ele próprio.

Saber mais

Procure assistir ao filme *Narradores de Javé*. É uma produção nacional que aborda como os habitantes da cidade chamada Javé recebem a notícia de que uma usina hidroelétrica será construída na área que a cidade ocupa e, portanto, esta vai desaparecer.

Os moradores decidem sensibilizar a empresa construtora por meio da escrita de relatos históricos sobre a cidade, porém, a maioria é analfabeta e necessita encontrar uma pessoa que possa transcrever esse documento.

Fonte: <www.adorocinemabrasileiro.com.br/filmes/narradores-de-jave/narradores-de-jave.asp>.

Leitura

Estudos da ONG WWF mostram que a demanda da população mundial por recursos naturais é 25% maior do que a capacidade do Planeta em renová-los. Ou seja, precisamos de um planeta e de mais um quarto dele para sustentar nosso estilo de vida atual. (WWF, 2006).

Desde 2002, o Instituto Brasileiro de Geografia e Estatística (IBGE) publica o relatório de Indicadores de Desenvolvimento Sustentável. Os dados coletados abordam aspectos relacionados à qualidade do ar, à destruição da camada de ozônio, à emissão de gases que causam efeito estufa, ao uso de pesticidas agrícolas, à desertificação, à qualidade da água e à biodiversidade, entre outros. As versões posteriores de 2004 e 2008 ampliaram a pesquisa e colocaram à disposição da sociedade um conjunto de informações sobre a realidade brasileira, em suas dimensões ambiental, social, econômica e institucional, referência fundamental para a adoção de ações conservacionistas.

Essas informações indicam que o Brasil e o mundo passam por uma transformação muito grande ao encarar que a capacidade da Terra de suportar a demanda que a humanidade imprime sobre seus recursos tem limite.

A agressão ao meio ambiente atinge a nós mesmos. Ou será que não somos personagens dessa história? Somos todos agentes transformadores e, se estamos utilizando essa capacidade para transformarmos para o mal, também podemos utilizá-la para o bem. As pessoas, de maneira geral, passaram a reconhecer a necessidade de uma mudança de comportamento diante das questões ambientais, e isso inclui o ato de protestar e denunciar. É sobre essa postura ativa do cidadão que queremos falar com você.

Disponível em: <www.sosma.org.br/participe/guia-de-denuncias>.

Vamos aceitar o convite da SOS Mata Atlântica, uma ONG (Organização Não Governamental) que, entre outras metas, promove a educação e o conhecimento sobre a Mata Atlântica, o mar e a costa brasileira.

Para isso, peça ao seu professor que traga para a sala de aula um mapa da vegetação brasileira. Siga este roteiro:

1. Localize esse bioma no mapa da vegetação. Verifique se ele abrange o estado onde você mora.
2. Busque dados sobre o percentual total de devastação desse bioma, no país como um todo, e também no seu estado.
3. A Mata Atlântica é considerada o bioma brasileiro que mais sofreu devastação. Pesquise qual foi a causa principal dessa agressão.
4. Analise e discuta esta afirmativa: "A degradação da Mata Atlântica não implicou em perda financeira; não houve interferência direta e imediata em nossas vidas".

© BBB3/Fotolia.com

Unidade 2 Que mundo é esse?

Nesta unidade, iremos conhecer as transformações pelas quais o nosso Planeta passou, e continua passando, desde sua origem até os dias atuais: as transformações do Planeta Terra no desenrolar de seus ciclos denominados "eras geológicas" e a analogia com as fases do desenvolvimento humano; a diferença entre os termos "Terra", utilizado para designar nosso planeta, e "terra", ao nos referirmos ao solo que apresentou inúmeras transformações ao longo da vida do Planeta; a teoria da Deriva dos Continentes, a sua comprovação e os movimentos produzidos pelas placas tectônicas que provocam falhas na crosta terrestre; os estudos sobre o interior (camadas internas) e exterior (camadas externas) do Planeta Terra.

Terra: origem e transformações

Nosso Planeta sempre foi assim?

Roda de conversa

Vamos viajar com a nossa imaginação!

Feche seus olhos e imagine que você é um astronauta. Olhe o nosso planeta, a Terra, vista do espaço. O que você vê? Uma grande "bola" azul, envolta por manchas brancas? Aproxime seu olhar. O que prevalece "desenhado" nessa esfera? Terras ou água?

Certamente você irá notar que a maior parte que recobre a esfera é água, pois o mar toma conta de quase todo o nosso planeta, não é?

Ainda assim, como o chamamos? Você não acha que o mais adequado seria chamá-lo de "Planeta Água"? Existe até uma música com esse nome, de autoria de Guilherme Arantes.

Peça ao seu professor para tocá-la em sala de aula e você, ainda de olhos fechados, deve permanecer "viajando" no espaço e imaginando, por meio da música, como o nosso planeta se formou.

Após o término da música, conte aos seus colegas e professor o que você imaginou.

Durante os cerca de 4,5 bilhões de anos que se calcula ser a idade da Terra, ocorreram inúmeras transformações.

NASA

As evidências da idade da Terra estão relacionadas com as rochas que formam a crosta terrestre. Elas não são todas da mesma idade, mas registram os eventos que moldaram a Terra e a vida no passado. Esse registro, entretanto, não é completo. Muitos fatos, especialmente dos primeiros anos, já foram apagados, estão faltando ou são difíceis de serem interpretados.

As grandes modificações referem-se à sua aparência. Algumas são repentinas, acontecem de um momento para outro, como aquelas provocadas pelas erupções vulcânicas e terremotos. Outras ocorrem lentamente e podem demorar muitos anos para que possamos percebê-las. Porém, todas são importantes e causam profundas modificações no planeta; por exemplo, as grandes cadeias de montanhas e o deslocamento das grandes massas continentais.

Outros agentes também modificam a face do planeta, como o vento, a ação das águas do mar e dos rios, as chuvas, as geleiras e até mesmo os animais e os seres humanos.

Fazendo conexão com... Ciências

O Planeta Terra, como você aprendeu, apresentou inúmeras etapas denominadas "eras geológicas", onde ocorreram incontáveis transformações. Na disciplina de Ciências, quando você estuda as fases do desenvolvimento do ser humano, pode-se perceber que nós humanos também sofremos transformações durante as etapas de nossa vida.

Então, responda:

1. Qual é a etapa do ciclo da vida pelo qual você está passando, neste momento?

___

___

2. Ocorreu muita transformação em você até aqui? Cite algumas que você considera importantes.

___

___

3. Na sua infância você era independente? Quem cuidava de você? Cite uma brincadeira da qual você gostava muito.

___

___

4. E a adolescência, foi (é) uma etapa divertida? Por quê?

___

___

___

5. Se você está passando pela etapa da vida adulta, você trabalha? Qual é a sua profissão? Você gosta do seu trabalho? Por quê?

____

____

6. Qual foi (é) a transformação mais importante que ocorre na sua etapa adulta?

____

____

7. Se você está na velhice, como sentiu as transformações decorrentes dessa idade? Relate uma delas.

____

8. Qual mudança você considera importante que ocorre na fase atual da sua vida?

____

Leitura

Reúnam-se em grupos e escolham uma pessoa do grupo para declamar em voz alta e com bastante entonação, enquanto vocês refletem sobre o tema. Após a leitura individual, todo o grupo poderá ler em conjunto.

A gente pisa na terra.
A terra é o nosso chão
A gente planta na terra
Da terra é o nosso pão.
Num terreno fazemos casa,
Mas a Terra é a nossa morada:
O lugar onde vivemos.
O lar azul de todos nós:
Fogo, pedra, vento, nuvem
Chuva, planta, bicho, gente.
Na Terra, a vida vem de tudo,
Vem do ar, da terra, da água.
Terra, um mar de vida.

© Anton Balazh/Fotolia.com

© DLeonis/Fotolia.com

FERREIRA, Marina B *et.al.* **O Aurélio com a turma da Mônica**. Rio de Janeiro: Nova Fronteira, 2003. p. 53

Fazendo conexão com... Língua portuguesa

9. Em Língua Portuguesa você já trabalhou o texto *Despertar da águia*, de Leonardo Boff, que fala na interação do ser humano com o nosso planeta. O poema da página anterior fala de terra e da Terra. Vamos analisá-lo?

a) Com que sentido a autora do poema usa a palavra "terra", iniciando com letra minúscula, e "Terra", com maiúscula?

b) Explique o sentido destes versos:

"Na Terra, a vida vem de tudo
Vem do ar, da terra, da água."

c) Escreva nas linhas abaixo algumas coisas que pode-se fazer com a terra, visando sua preservação.

d) Você sabe se um país como o Brasil, que possui uma grande extensão de terras, distribui igualmente esse espaço entre todos os seus habitantes? Por que muitos grupos ainda reivindicam e lutam pela posse destas?

e) Escreva nas linhas abaixo algumas coisas que podemos fazer pela Terra, no sentido de preservá-la para as próximas gerações.

f) Agora, retorne ao poema *Despertar da águia* e responda por que o autor sempre usou a palavra Terra com letra maiúscula.

Pangeia: a formação dos continentes

A divisão do planeta em continentes parece-nos uma situação já bem definida. Porém, se nos basearmos em um referencial de milhões de anos, tudo indica que não é bem assim.

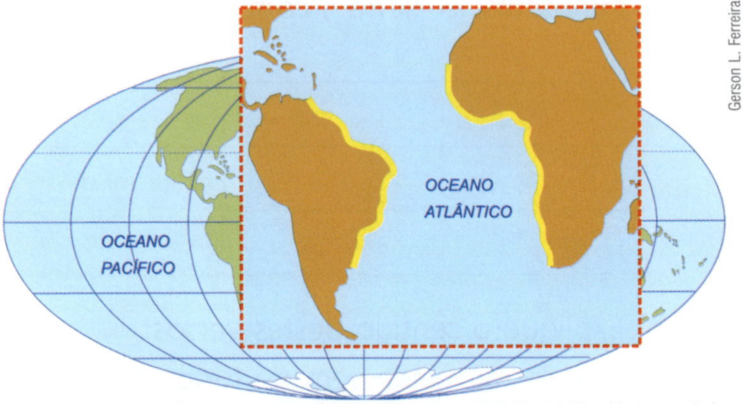

Fonte: Atlas histórico escolar. Rio de Janeiro: IBGE, 2009. (Adaptado). <http://portaldoprofessor.mec.gov.br/fichaTecnicaAula.htnl?aula=221>.

Segundo a teoria da Deriva dos Continentes, todas as massas continentais estavam concentradas, há 200 milhões de anos, em um único supercontinente denominado Pangeia, que estaria envolvido por um grande e único oceano denominado Pantalassa.

Essa teoria foi proposta em 1912 pelo alemão Alfred Wegener, gerando muita polêmica entre os cientistas da época. Segundo esse cientista, a fragmentação (quebra) do supercontinente deu origem a dois outros, denominados de Laurásia (no Hemisfério Norte) e Gondwana (no Hemisfério Sul).

Essa alteração teria sido muito lenta e o deslocamento das massas ocorreu em consequência dos movimentos das placas tectônicas sobre um subsolo oceânico de basalto (rocha vulcânica). Posteriormente, esses dois grandes continentes deram origem à configuração atual dos continentes como hoje os conhecemos.

A teoria de Wegener se apoiava especialmente na semelhança oferecida pelas estruturas geológicas presentes nos contornos das costas americana e africana, que se encaixam.

Tal ocorrência, porém, não validou a teoria. A fundamentação e a aceitação vieram por meio de descobertas de fósseis de animais encontrados nas costas brasileira e africana e pela constatação de que tais seres não teriam capacidade de atravessar o oceano existente (Atlântico). Conclui-se, então, que os animais teriam vivido no mesmo continente em épocas passadas.

Ainda assim, a comunidade científica não aceitou a hipótese de Wegener, e apenas em 1960, 30 anos após a sua morte, a teoria foi confirmada e hoje é a mais aceita.

Atividade

Observe a imagem. Dê uma rápida encaixada visual no contorno das duas massas que representam o continente americano e o africano.

1. O que você deduz? Concorda ou discorda da teoria proposta por Wegener? Explique o porquê.

2. Lembrando o que você aprendeu sobre a Teoria da Deriva dos Continentes, registre sua opinião nas linhas abaixo.

____

____

____

____

Observando os desenhos e, com a ajuda do seu professor, você entenderá o que são placas tectônicas.

PERÍODO PERMIANO
225 milhões de anos

PERÍODO TRIÁSSICO
200 milhões de anos

PERÍODO JURÁSSICO
135 milhões de anos

PERÍODO CRETÁCEO
65 milhões de anos

PERÍODO QUATERNÁRIO
Hoje

Fonte: Atlas geográfico geral escolar. Curitiba: Base Editora, 2004. p. 13.

Saber mais

Existem falhas profundas na crosta terrestre, que não são contínuas. Elas são formadas de placas tectônicas, que estão dispostas lado a lado e que se movimentam, pois estão sobre uma massa pastosa chamada magma. As placas deslizam ou colidem uma contra as outras a uma velocidade variável de 1 a 10 cm/ano. Nas regiões onde elas se chocam ou se atritam, crescem os esforços de deformação nas rochas e, periodicamente nesses pontos, acontecem os grandes terremotos. Justamente nos limites das placas tectônicas, ao longo de faixas estreitas e contínuas, é que se concentra a maior parte de abalos sísmicos de toda a Terra.

Fonte: <www.geografia.seed.pr.gov.br/modules/conteudo/conteudo.php?conteudo=277>.

A Terra por fora e por dentro

Roda de conversa

Assim como o homem conseguiu chegar à lua, você acredita ser possível uma viagem ao centro do planeta Terra? O interior da Terra é estudado por cientistas que, por meio de pesquisas, buscam evidências sobre o espaço abaixo da crosta terrestre. Já existe algum conhecimento sobre esse assunto, embora nunca se tenha observado e ninguém ainda chegou a transpor esse espaço. É por meio da lava que sai dos vulcões que se sabe um pouco sobre o interior da Terra. Através de ondas sísmicas (que reproduzem sons) é que se pode constatar, apenas até uma profundidade de 12 km, que as temperaturas são altíssimas.

Converse com seus colegas e professor, coloque sua imaginação para trabalhar e descreva como poderia ser e acontecer isso.

Leitura geográfica

O que existe no centro da Terra?

por Marina Bessa

Uma grande bola de metal! Mais especificamente, uma bola sólida de ferro e níquel. Pode parecer estranho que a quase 5 mil graus Celsius o centro da Terra não seja líquido. "É que a pressão prevalece sobre a temperatura, impedindo a agitação das moléculas", diz a geofísica Yara Marangoni, do Instituto de Astronomia e Geofísica da Universidade de São Paulo (USP).

Por causa do calor infernal e da pressão esmagadora, nenhuma sonda humana jamais atingiu o centro da Terra. A tentativa que chegou mais "próxima" ocorreu na década de 1970, quando pesquisadores russos abriram no país um buraco que atingiu 12 quilômetros de profundidade – uma ninharia perto dos milhares de quilômetros necessários para alcançar o núcleo.

Mas nem por isso as previsões dos geólogos e geofísicos deixam de ser confiáveis. Para saber o que existe abaixo de nossos pés, eles se valem de cálculos e estudos sofisticados. Entre eles, a análise da composição de meteoritos, a relação entre a densidade da Terra e das rochas da sua superfície e experiências laboratoriais que simulam a propagação das ondas sísmicas. A existência de um poderoso campo magnético em volta e dentro da Terra reforça ainda mais as evidências de que há muito metal no centro do planeta.

Ondas sísmicas são vibrações que se propagam em todas as direções a partir do ponto subterrâneo de origem. São como as ondulações provocadas por uma pedra em uma lagoa: se espalham em círculos. Algumas ondas sísmicas viajam através do interior da Terra, e outras, ao longo da superfície. Os aparelhos que captam essas ondas são chamados de sismógrafos.

Indo mundo abaixo: O Planeta é composto de quatro camadas:

1. **CROSTA**

   Entre 6 e 75 km de espessura.

   Composta de rochas como arenitos, granitos, basaltos e mármores. A crosta sob os oceanos é menos espessa que sob os continentes.

2. **MANTO**

   Abaixo da crosta e até 2 891 km de profundidade.

   Formada por rochas de consistência viscosa, tem temperatura de 600 °C (abaixo da crosta) a 3 500 °C (na divisa com o núcleo). Divide-se em manto superior e manto inferior.

3. **NÚCLEO EXTERNO**

   Entre 2 891 e 5 150 km de profundidade.

   Liga metálica de ferro e níquel mais um elemento leve, como enxofre ou potássio, na forma líquida. A temperatura varia entre 3 500 °C e 4 600 °C.

4. **NÚCLEO INTERNO**

   Entre 5 150 e 6 371 km de profundidade.

   Uma bola metálica sólida, formada por ferro e níquel. A temperatura atinge 4 900 °C. O calor é tão alto que a radiação das moléculas emitiria luz.

Disponível em: <http://mundoestranho.abril.com.br/materia/o-que-existe-no-centro-da-terra>.

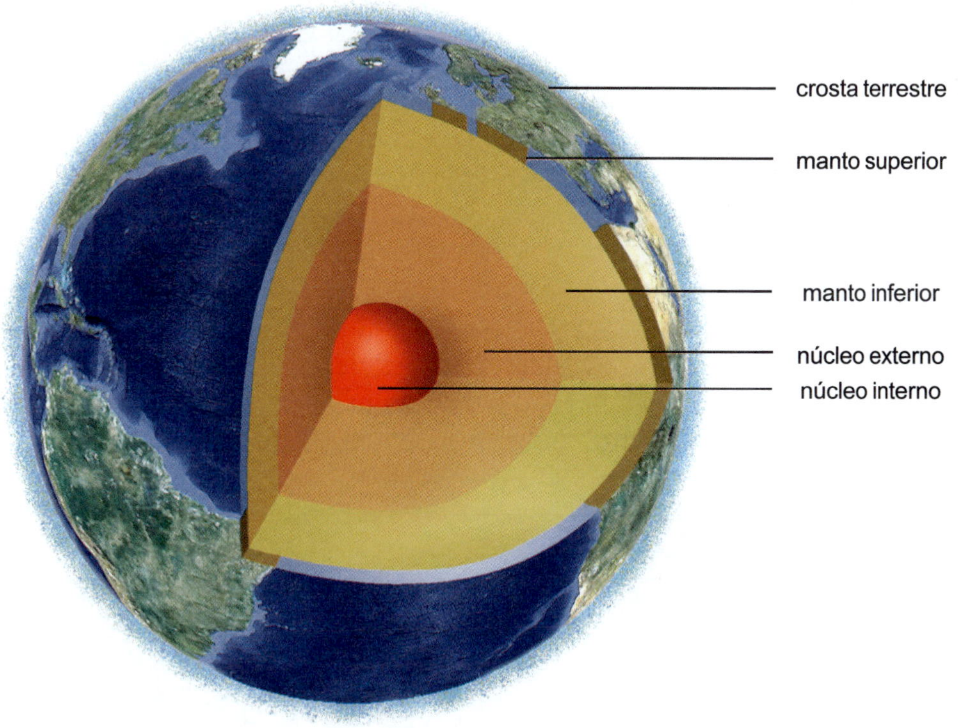

Adriano Loyola

Fazendo conexão com... **Matemática**

Você observou que utilizamos a unidade de medida "quilômetro" para especificar a espessura da Terra? Na Matemática, esta medida é bastante utilizada, portanto, consulte seu professor dessa disciplina para ter uma noção de comparação com as espessuras do planeta citadas.

Então, responda:

1. A crosta tem espessura máxima de 75 km. Calcule essa distância, por rodovia, da sua cidade até outra cidade próxima qualquer.

____

____

2. O manto tem espessura máxima de 2 891 km, equivalente a:

____

____

3. Em seguida, reflita sobre os resultados para ter uma visão da diferença de espessura entre essas duas camadas do nosso planeta. Exponha a sua opinião para o seu professor.

____

____

4. Como se divide o núcleo? Qual é a diferença entre essas duas camadas?

____

____

____

5. O que evidencia que há muito metal no centro da Terra?

____

____

____

Unidade 3 Diferentes formas de ser e viver

Nesta unidade, vamos debater sobre as inúmeras diversidades que o Brasil apresenta nos aspectos físicos, econômicos, étnicos, culturais, na desigualdade social, nos modos regionais de utilização do idioma nacional, entre outros.

- Um mundo de diversidade que só mesmo nós, brasileiros, compreendemos.
- Os diversos sentidos e os espaços que podem ser considerados "território".
- As regionalizações utilizadas para o planejamento e gerenciamento do território brasileiro: classificações política do IBGE (5 regiões) e classificação geoeconômica (3 complexos regionais).
- A extensão territorial em relação ao mundo; a localização do território brasileiro na América do Sul; os territórios vizinhos; os paralelos que cortam nosso país.
- As paisagens diversas do campo e da cidade, porém com relações de parceria.

Brasil: povos e paisagens singulares

Diversidade: o que é isso?

Roda de conversa

Será que, ao habitarmos um mesmo país, todos somos iguais? Dê exemplos e discuta com seu professor e seus colegas sobre as diferenças que existem em nosso país: nos espaços físicos; na economia; na cultura; na distribuição de renda; nas etnias que compõem o nosso povo, etc.

Fazendo conexão com... Língua portuguesa

Retome o texto da leitura de informação em Língua Portuguesa sob o título "Um mundo chamado Brasil" e volte a discutir com seus colegas e professor acerca das inúmeras diferenças que esse nosso "Brasilzão" apresenta.

Leitura

"Uma vez, numa recepção da nossa embaixada em Londres, uma dama inglesa, depois de ouvir Aquarela do Brasil, estranhou ironicamente a associação dos termos "Brasil brasileiro". A França é francesa, dizia, a Inglaterra é inglesa, o Afeganistão é afegane, sem que se precise dizer... Minha senhora, respondeu-lhe alguém, é que o Brasil é muito brasileiro, é o único país brasileiro do mundo, e só quem nos conheça bem será capaz de entender isso...

[...] A sagacidade de Minas, a fidalguia do Sul, a combatividade do Nordeste são características brasileiras; o dinamismo organizado de São Paulo não é tão nosso assim, mas é necessário. Para Capistrano de Abreu, o jaburu simbolizara o Brasil; São Paulo foi o primeiro estado a superar a tristonha fase do jaburu. E Macunaíma ainda representa o brasileiro? E Jeca Tatuzinho? O tempo passou: Macunaíma comprou naturalmente uma lambreta, mas, em compensação, estuda economia ou física nuclear; os filhos de Jeca Tatuzinho são hoje playboys, contrabandistas ou industriais, nesta imensa misturada contraditória que é o Brasil." [...]

CAMPOS, Paulo Mendes. **Brasil brasileiro:** crônicas do país, da cidade e do povo. Rio de Janeiro: Civilização Brasileira, 2005, p. 15 - 16.

Você já se perguntou como podemos nós, brasileiros, resumir para um estrangeiro a nossa diversidade de paisagens, a amplitude do nosso território, o nosso sincretismo religioso, a pluralidade de nossa cultura e de etnias que compõem o nosso país?

Se focarmos apenas em nossa diversidade de paisagens, enxergamos que, ao longo do tempo, a sociedade e natureza nos apresentam um imenso mosaico diferenciado.

Considerando que a paisagem é o espaço geográfico reproduzido em determinado momento, teremos que recorrer à nossa história vivida para falarmos sobre esses fatos.

Porém, apenas observando de uma maneira simples e não muito profunda as nossas paisagens físicas e humanas, podemos verificar um pouco essa diversidade.

Compare estas imagens. O que você pode deduzir? Responda a seguir.

1
Delfim Martins/Pulsar Imagens

2
© Urbanhearts/Fotolia.com

3
© Sapsiwai/Fotolia.com

4
Diogo Sergio/W. Commons

5
© Liv Friis-larsen/Fotolia.com

6
RA/Acervo Editorial

1. Quais são as duas imagens que retratam a diversidade de paisagens vegetais do Brasil? Porque você consegue deduzir isso?

____

____

____

____

____

2. Quais imagens podem ser associadas à desigualdade social brasileira? Identifique-as e explique.

___

___

3. Identifique as imagens que demonstram a desigualdade econômica brasileira. Justifique o porquê da sua escolha.

___

___

___

4. Escreva, a seguir, uma conclusão pessoal, citando exemplos, a respeito dos muitos "Brasis" que podemos encontrar dentro do território brasileiro. Não esqueça de incluir no seu relato aspectos positivos e negativos.

___

___

Sistematizando

O Brasil é um país cuja principal marca é a diversidade. Na paisagem vegetal, no clima, no relevo, nos solos e também no começo de sua história, o país foi marcado pela presença da população nativa acrescida de outros povos e culturas diferentes, contribuindo para uma formação de grande diversidade étnica. Também na produção e desenvolvimento, nossos espaços são muito diferenciados. Temos "ilhas" de crescimento econômico contrastando com regiões precárias e subdesenvolvidas. Possuímos ainda um território muito grandioso, porém a distribuição populacional é muito diferenciada: existem áreas anecúmenos (áreas não habitadas, por exemplo, no interior da floresta Amazônica) e áreas de grande concentração demográfica (por exemplo, o nosso litoral).

Assim sendo, o Brasil da imensa diversidade (biológica, paisagens, étnica, cultural, econômica) é também o Brasil que convive com situações derivadas desses aspectos, como as desigualdades sociais, o preconceito dos mais variados tipos, a má distribuição de renda, entre outros.

Mas é também um país que, apesar disso, é detentor de um grande potencial positivo, e, se bem gerenciado por nós, brasileiros, nos indica a possibilidade de um desenvolvimento capaz de caminhar na direção de um futuro melhor para as gerações que se sucederão.

Território... territórios... territorialidade... também são diversidade

Roda de conversa

Você sabe o que é um território? Já pensou que um elemento importante para controlar um território é o controle do espaço?

Pense no território brasileiro. Será que ele sempre foi assim? Se houve mudanças, qual foi a participação das pessoas nessas mudanças?

Você já observou os diferentes "tipos" que habitam a sua cidade? As diferentes formas de se vestir, o jeito de ser; as músicas preferidas, os temas das conversas, as expressões (gírias) usadas, etc.? Essas pessoas se reúnem em determinados lugares? Esses lugares podem ser considerados territórios?

Nas cidades maiores, as pessoas costumam morar em condomínios fechados por questões de segurança. Um condomínio pode ser um território? Por quê?

Leitura

A seguir temos algumas manchetes de jornais onde aparece a palavra "território". Reflita sobre elas.

1

9

|EDITORIAL

Vazios urbanos

O preenchimento das lacunas urbanas orienta com racionalidade a ocupação do território municipal, permitindo um melhor aproveitamento da infraestrutura.

Disponível em: <www.cruzeirodosul.inf.br/acessarmateria.jsf?id=448808>.

9

2

UNIÃO RECONHECE TERRITÓRIOS DE COMUNIDADES QUILOMBOLA NA PARAÍBA.

Reconhecimento aconteceu por portarias publicadas no Diário da União.

Próximo passo é a desapropriação das áreas privadas nos territórios.

Disponível em: <http://g1.globo.com/pb/paraiba/noticia/2013/02/uniao-reconhece-territorios-de-comunidades-quilombola-na-paraiba.html>.

9

3

Especial Franquias: segmentação e interiorização são oportunidades

Modelos de franquias cada vez mais especializados e preocupados com a qualidade de atendimento são uma forte tendência. Regiões pacificadas e cidades do interior serão exploradas.

Por Luisa Medeiros | 08/02/2013. luisa@mundodomarketing.com.br.

[...] Comunidades pacificadas abrem espaço para marcas

Após a pacificação de territórios dominados pelo crime, as favelas cariocas que viviam à margem de serviços e empresas de grande porte agora experimentam a abertura de espaços para instalação de marcas conhecidas. As franquias estudam sua entrada nessas localidades, sabendo do grande poder de compra dos moradores proporcionado pelo crescimento da nova classe média.

Disponível em: <http://www.mundodomarketing.com.br/reportagens/mercado/26699/especial-franquias--segmentacao-e-interiorizacao-sao-oportunidades.html>.

9

4

TERRA

Brasil é acusado de roubar território na Guiana

Pescadores e garimpeiros cercam o consulado brasileiro em Caiena, na Guiana Francesa, em protesto contra o que eles chamam de "roubo" dos recursos naturais do território francês por empresas e imigrantes irregulares brasileiros. O protesto começou na última sexta-feira e os organizadores da manifestação garantiram ao Estado que vão manter o bloqueio pelo menos até o próximo dia 7. Os pescadores da Guiana Francesa acusam barcos, empresas e simples pescadores brasileiros de sair principalmente do Maranhão e Amapá para pescar ilegalmente nos 350 quilômetros de águas territoriais francesas.

Disponível em: <http://www.correiodoestado.com.br/noticias/brasil-e-acusado-de-roubar-territorio-na--guiana_173439/>

1. Após a análise das manchetes, você deverá enumerar qual é a ideia que cada palavra "território" repassa ao leitor.

   Território no sentido de espaço de fronteira juridicamente definida. Notícia: ( )

   Território no sentido de espaço de urbano. Notícia: ( )

   Território no sentido de espaço dominado por grupos. Notícia: ( )

   Território no sentido de espaço de comunidades fechadas. Notícia: ( )

   As questões 2, 3 e 4 devem ser respondidas no seu caderno.

2. Você já se deparou com a frase "é proibida a entrada"? Em que local? Por que era proibido o acesso? Em lugares privados é normal que a entrada seja controlada. Mas existem lugares, mesmo públicos, em que a entrada é muito controlada ou mesmo não se pode entrar por diversas razões.

   Para saber como o poder de controlar é obtido, encontramos inúmeras razões. Cite algumas.

3. Pense sobre quem exerce o controle sobre as favelas do Rio de Janeiro, por exemplo. Como é obtido esse controle? E a entrada em condomínios de luxo? As pessoas têm entrada ou saída controladas?

4. Você conhece outros grupos que dominam territórios na sua cidade? Quais são?

5. Pesquise sobre alguns territórios controlados por grupos sociais e o que causa essa situação. Relate oralmente o resultado para o professor e colegas de classe.

Roda de conversa

Você sabe como o Brasil se organizou para chegar ao que é hoje? Será que o território sempre teve esse tamanho? E as cidades sempre foram assim ou sofreram transformações? Você sabe o que é uma região? Em quantas regiões o Brasil está organizado?

Em duplas, troquem e anotem as ideias e, depois, exponham ao grande grupo.

Pesquise

Reúnam-se em grupos e, com a ajuda do seu professor, pesquisem quais foram as últimas alterações que a divisão político-administrativa do Brasil, adotada pelo IBGE, sofreu com a aprovação da Constituição de 1988.

A divisão política e administrativa do Brasil nem sempre foi a mesma. Do século XVI ao século XX, o país teve diversos aspectos político-administrativos em consequência das transformações no espaço territorial brasileiro.

Em 1970, o IBGE (Instituto Brasileiro de Geografia e Estatística) elaborou, para o território brasileiro, cinco grandes divisões regionais com a finalidade de que o governo pudesse viabilizar e melhorar o planejamento de políticas públicas voltadas para áreas com necessidades semelhantes. São elas: Norte, Nordeste, Sudeste, Sul e Centro-Oeste.

Em 1988, após a aprovação de mudanças na Constituição brasileira, hoje temos o seguinte quadro distribuído pelas regiões:

- 27 unidades federativas, compostos por 26 estados e 1 Distrito Federal, onde está localizada a sede do governo.

Gerson L. Ferreira

Brasil – Político e divisão regional

ATLAS geográfico escolar. Rio de Janeiro: IBGE, 2009 (Adaptado).

Leitura de Mapa

Observando o mapa político e regional do Brasil, responda:

1. Quais as regiões mais e menos extensas do país?

___

2. Em qual região você mora?

___

3. Em qual região localiza-se a capital do Brasil? Qual é o seu nome?

___

4. Quantas unidades federativas tem a Região Sul?

___

5. Quantos estados possui a Região Sudeste?

___

6. Qual é a região que possui o maior número de estados?

___

7. Qual é a região brasileira que não possui mar?

___

8. Conforme a Constituição de 1988, à qual estado e região ficou pertencendo a ilha de Fernando de Noronha?

___

Conhecendo o território brasileiro

Leitura de Mapa

O Brasil está localizado no continente americano e ocupa a parte centro-oriental da América do Sul. É cortado pela linha do equador e pelo Trópico de Capricórnio, com a maior parte de suas terras situando-se nas latitudes mais baixas do globo, o que lhe confere as características de país tropical.

Os limites se estendem por 23 086 km, sendo que 15 719 km correspondem à linha divisória com países da América do Sul, dos quais apenas o Chile e o Equador não fazem fronteira com o Brasil. A costa brasileira se estende pelo Oceano Atlântico, cobrindo 7 367 km. Nesta linha costeira, observa-se a ausência de acidentes geográficos de expressão: terra e mar coexistem harmoniosamente, isto é, o mar não invade a terra, e a terra não invade o mar.

Com uma área de 8 514 876,599 km², o Brasil configura-se como o maior país do continente sul-americano e, no mundo, só é superado pela Rússia, pelo Canadá e pela República Popular da China, se consideradas apenas as terras contínuas, e pelos Estados Unidos, levadas em conta as terras descontínuas.

Fonte: <http://teen.ibge.gov.br/mao-na-roda/posicao-e-extensao>.

Mapa 1

Gerson L. Ferreira

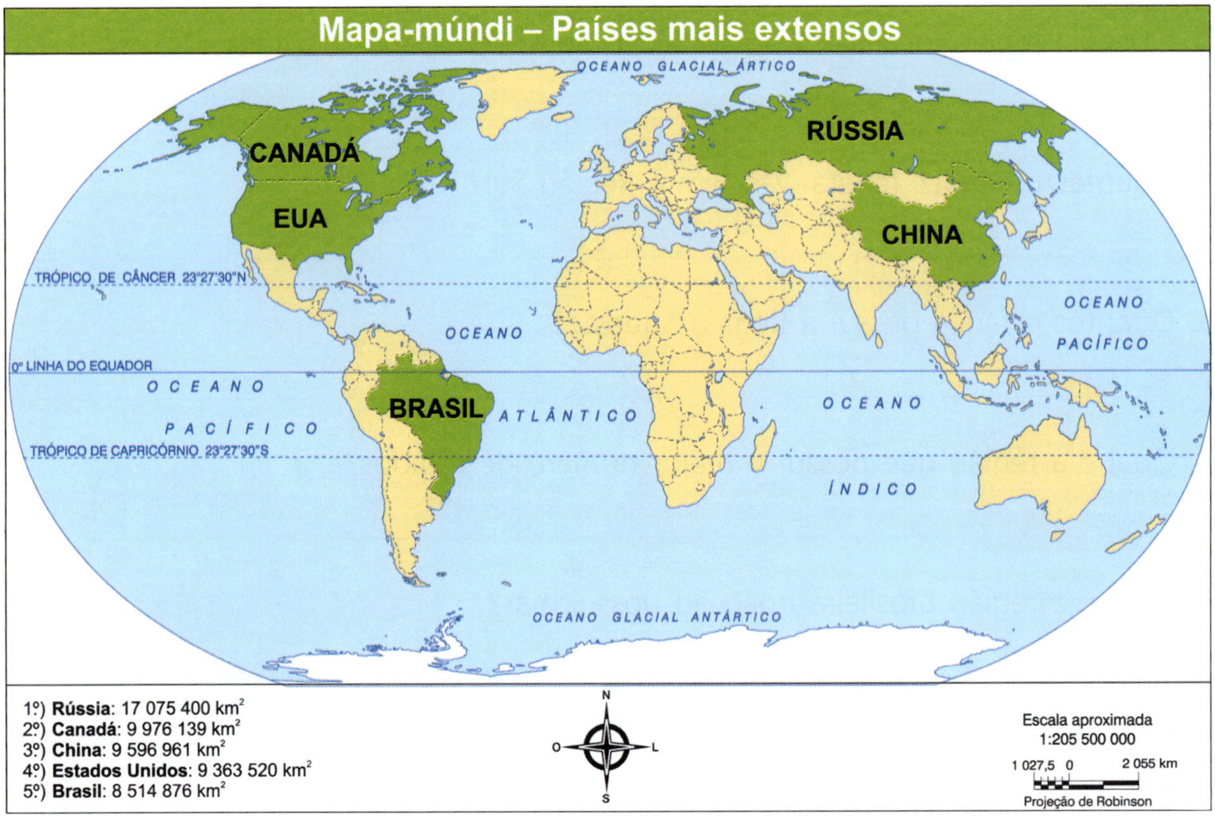

Disponível em: <http://mapas.ibge.gov.br/escolares/publico-infantil/mundo>.

Com base na leitura do texto e analisando o mapa nº 1, podemos deduzir e completar o que se pede:

Países mais extensos do mundo	Área (em km²)
1º	17 075 400
2º	9 976 139
3º	9 596 961
4º	9 363 520
5º Brasil	

Mapa 2

Gerson L. Ferreira

ATLAS Geográfico Escolar. Rio de Janeiro: IBGE, 2009. (Adaptado).

O mapa nº 2 mostra o Brasil inserido no continente sul-americano. Com a leitura do texto e analisando esse mapa, podemos deduzir e completar o que se pede.

1. Em que continente o Brasil está localizado?

____

2. Por que o Brasil possui características de país tropical?

____

____

3. Quais as linhas que cortam o território brasileiro?

____

4. Quais os países que fazem fronteira com o Brasil?

____

5. Quais os países que não fazem fronteira com o Brasil?

____

Pesquisa

Para ampliar o conhecimento sobre as cinco regiões brasileiras classificadas pelo IBGE, a turma deverá ser organizada em cinco grupos e efetuar uma pesquisa mais detalhada. Cada grupo escolhe a região de sua preferência. Levantem dados atuais sobre o crescimento econômico; a urbanização; a situação do campo; as desigualdades físicas e econômicas; a oferta de emprego; a industrialização; o acesso à saúde e à educação, entre outros. Não se esqueçam, se possível, de anexar mapas e imagens sobre os assuntos abordados.

Ao final, entreguem seu trabalho ao professor para que ele possa discutir com vocês e deixá-lo em exposição para todos aumentarem o conhecimento sobre nosso país.

Outra proposta de regionalização do Brasil

Roda de conversa

Você já tinha conhecimento do mapa abaixo?

Sabia que existe essa outra proposta de divisão regional do Brasil? Ela foi apresentada pelo geógrafo Pedro Pinchas Geiger, em 1967, que estabeleceu critérios baseados em características histórico-econômicas, ou seja, os aspectos da economia e da formação histórica brasileira e regional.

Observe a proposta no mapa e discuta quais são as diferenças em relação à proposta do IGBE que você já conhece.

Fonte: ATLAS geográfico escolar. 5. ed. Rio de Janeiro: IBGE, 2009.

Leitura de Mapa

Observe a outra proposta de divisão regional do Brasil e faça a leitura para responder às perguntas.

1. O que ela apresenta de diferente da divisão do IBGE?

____

2. Segundo esse mapa, em qual complexo brasileiro você mora?

____

3. Em qual complexo localiza-se a capital do Brasil?

____

4. Comparando com a divisão do IBGE, o que ela não respeita?

____

5. Quais os Estados que sofreram alterações em suas fronteiras?

____

6. O que você deduz sobre o que o geógrafo Pedro Pinchas Geiger pretende associar ao agrupar esses espaços?

____

____

A cidade e o campo como parceiros

Roda de conversa

Você mora na cidade? E o campo, o que sabe sobre esse espaço? Você já viveu nele? Suas características são iguais ou diversas das cidades?

Como podemos estabelecer as relações de companheirismo entre os espaços da cidade e do campo? Como podemos perceber as diferenças econômicas, sociais e culturais entre os dois?

Leia a letra da música "Casa no Campo", de autoria de Zé Rodrix e Tavito, e discuta com seus colegas e professor apontando o que ela destaca de diferenças entre os espaços do campo e da cidade.

Casa no Campo

Eu quero uma casa no campo
Onde eu possa compor muitos rocks rurais
E tenha somente a certeza
Dos amigos do peito e nada mais
Eu quero uma casa no campo
Onde eu possa ficar no tamanho da paz
E tenha somente a certeza
Dos limites do corpo e nada mais
Eu quero carneiros e cabras pastando solenes
No meu jardim
Eu quero o silêncio das línguas cansadas
Eu quero a esperança de óculos
Meu filho de cuca legal
Eu quero plantar e colher com a mão
A pimenta e o sal
Eu quero uma casa no campo
Do tamanho ideal, pau-a-pique e sapé
Onde eu possa plantar meus amigos
Meus discos e livros
E nada mais.

RODRIX, Zé; TAVITO. Casa no campo. Intérprete: Elis Regina. In: REGINA, Elis. **Perfil**. [s.l.]: Som Livre, 1981. 1 CD. Faixa 3.

Após a roda de conversa, pense no que o título quer dizer ao associar a cidade e o campo como parceiros. Você sabe o significado da palavra "parceiro"? Generalizando, ela pode significar um companheiro, um amigo, uma pessoa a quem nos associamos; aquele que está ao nosso lado ou aquele com o qual estabelecemos relações.

Mas como o campo estabelece relações com a cidade? Escreva abaixo como você imagina que isso possa acontecer.

____

____

____

Na roda de conversa, você deve ter observado que alguns colegas seus conhecem pessoalmente como se desenrola a vida no campo e a nas cidades. A primeira costuma ser descrita como calma e tranquila. Já a vida nas cidades é associada à agitação e barulho. Porém, essa generalização não caracteriza adequadamente os dois tipos de espaços, simplesmente porque essa distinção, atualmente, não é fácil.

Se considerarmos unicamente os espaços, sabemos que em muitos deles a cidade encontra o campo e vice-versa, o que dificulta o estabelecimento de limites entre um e outro.

Também, em alguns casos, constatam-se muitas semelhanças entre cidade e campo.

Costuma-se atribuir as atividades agropecuárias e o extrativismo ao campo, e as atividades industriais, comerciais e de prestação de serviços em geral às cidades.

Embora as ocupações ligadas à terra caracterizem bastante o campo, atualmente elas não se resumem a esse espaço, que pode apresentar industrialização, com usinas de cana-de-açúcar, por exemplo. Além disso, ali também se executam atividades comerciais, notadamente associadas às cidades.

Observe as imagens e complete a atividade.

Cesar Diniz/Pulsar Imagens

Modo de transporte utilizado no campo

RA/Acervo Editorial

Área urbana

© Michael Fritzen/Fotolia.com

Trânsito urbano

RA/Acervo Editorial

Casa no campo

Analisando as imagens e o que você sabe sobre as diferenças e semelhanças entre o campo e a cidade, organize um quadro para estabelecer comparações. Siga as sugestões abaixo e inclua outras.

1. As vias de circulação.
2. Os meios de transporte.
3. As casas.
4. O espaço de ocupação.
5. A vegetação.

Sistematizando

Uma coisa é certa: o campo e a cidade podem ser considerados parceiros porque ocorre uma relação de interdependência entre eles.

E o que é interdependência? É a relação mútua, isto é, um espaço depende do outro, um influencia o outro. Uma indústria que se localiza no espaço urbano depende da matéria-prima que vem do campo. O campo depende de colheitadeiras, tratores e máquinas para agilizar a sua produção, máquinas estas que são feitas por trabalhadores nas indústrias das cidades.

Geralmente no campo encontramos maior produção de alimentos, pois o espaço destinado ao plantio é amplo e não utilizado de outra forma, como para construção de habitações, por exemplo.

Dados estatísticos demonstram que hoje a produção agrícola do campo supre a subsistência das famílias e ainda é comercializada nas cidades próximas.

Esse "vai e vem" de produtos e trabalho caracteriza a relação de parceria e interdependência entre esses espaços importantes na vida do brasileiro.

Leitura

Leia atentamente a notícia e reflita sobre ela. Depois, escreva uma síntese dando a sua opinião sobre a importância da aposentadoria rural na economia de municípios que dependem da produção do campo.

Sociedade – A vida no campo melhora

[...] Melhoria no IDH Para além das estatísticas, o que se pode observar é o efeito da aposentadoria rural em comunidades pequenas, em que a economia depende fundamentalmente da produção do campo. O dinheiro gera consumo para o comércio e os serviços – e reativa as lavouras. O que se pode esperar é uma reanimação que beneficie a todos, inclusive a quem não recebe aposentadoria. No caso da cidade de São José do Cerrito, em Santa Catarina, os aposentados rurais são 2630, na conta do Sindicato dos Trabalhadores Rurais – cerca de 25% da população total. A renda do município depende, hoje, basicamente dessas pessoas. "Elas fazem girar cerca de 700 mil reais por mês, o que significa duas vezes o total da arrecadação da cidade", diz o prefeito [...]

Disponível em: <www.ipea.gov.br/desafios/index.php?option=com_content&view=article&id=716:reportagens-materias&Itemid=39>

Edu Lyra/Pulsar Imagens

Unidade 4 Desafios da vida

Nesta unidade, vamos analisar os desafios que a vida nos propõe, discutindo questões como a multicomposição étnica de nossa população é um elemento que define a nossa identidade; a diversidade étnica carrega, ainda em nossos dias, preconceitos e exclusão; outros tipos de preconceitos, a exemplo de aparência, opção sexual, deficiência física, classe social e outros; somos diferentes, mas temos direitos iguais; leis que nos protegem e conceituação utilizada por estudiosos.

Quem somos? O que queremos?

A população é a cara do Brasil?

Roda de conversa

Leia o que o antropólogo e pesquisador Darcy Ribeiro escreveu a respeito das nossas origens:

"O primeiro brasileiro consciente de si foi, talvez, o mameluco, esse brasilíndio mestiço na carne e no espírito, que, não podendo identificar-se com os que foram seus ancestrais americanos – que ele desprezava –, nem com os europeus – que o desprezavam – e sendo objeto da mofa dos reinóis e dos luso-nativos, via-se condenado à pretensão de ser o que não era nem existia: o brasileiro.

Através dessas oposições e de um persistente esforço de elaboração de sua própria imagem e consciência como correspondente a uma entidade étnico-cultural nova, é que surge, pouco a pouco, e ganha corpo, a brasilidade."

RIBEIRO, Darcy. **O povo brasileiro**: a formação e o sentido do Brasil. São Paulo: Companhia das Letras, 1995. p.128.

GLOSSÁRIO

Mameluco: mestiço de indígena com branco, no caso o português.

Ancestrais: relativo aos antepassados.

Reinóis: indivíduos naturais do reino (Portugal).

Étnico-cultural: agrupamento humano quanto às características culturais.

Brasilidade: caráter individualizador de quem é brasileiro.

Após a leitura do texto, estabeleçam uma conclusão a respeito.

Discuta com seus colegas e professor sobre a intensa miscigenação que retrata hoje o povo brasileiro. Proponha uma "brincadeira" com seus colegas. Façam uma tentativa de adivinhar a ascendência de cada um baseado nos traços físicos que possam lhe fornecer "pistas".

Leitura

Você conhece a letra da música "Loirinha Bombril"? A versão feita por Herbert Vianna é bastante divertida, pois retrata a miscigenação do nosso povo. Leia atentamente para depois analisá-la.

Lourinha Bombril

Compositor: Los Pericos/Herbert Vianna

Para e repara
Olha como ela samba
Olha como ela brilha
Olha que maravilha

Essa crioula tem o olho azul
Essa lourinha tem cabelo bombril
Aquela índia tem sotaque do Sul
Essa mulata é da cor do Brasil.

A cozinheira tá falando alemão
A princesinha tá falando no pé
A italiana cozinhando o feijão
A americana se encantou com Pelé

Häagen-dazs de mangaba
Château canela-preta
Cachaça made in Carmo dando a volta no planeta
Caboclo presidente
Trazendo a solução
Livro pra comida, prato pra educação.

VIANNA, Herbert. Lourinha Bombril. Intérprete: Paralamas do Sucesso. In: _____. **Nove Luas**. [s.l.]: EMI. 1996. Faixa 1.

GLOSSÁRIO

Häagen-dasz: marca de sorvete alemã.

Château: castelo em francês.

Made in: expressão em inglês que significa "feito em".

Mangaba: fruto do Norte/Nordeste do Brasil.

Fazendo conexão com... Língua portuguesa e História

Retome o texto da leitura na unidade 1, *Formação do povo brasileiro*, de Darcy Ribeiro, que você já estudou em Língua Portuguesa, e também reveja *O contato entre indígenas e portugueses*, na unidade 2 de História, bem como *Africanos no Brasil*, na unidade 3, para responder às questões relativas à música anterior.

1. Os tipos "crioula, lourinha, índia, mulata" formam uma identidade nacional? Por quê?

____

____

2. Qual é a estrofe que contém palavras que podemos associar à uma das cinco regiões do Brasil? Reescreva essa estrofe assinalando as palavras que identificam a região e explicando o porquê.

3. Na 3ª. estrofe, cite os elementos que demonstram a miscigenação.

Saber mais

[...] No Brasil, o principal mapeamento de nossos mais de 500 anos de miscigenação é comandado pelo geneticista Sérgio Danilo Pena, da Universidade Federal de Minas Gerais. Após pesquisar mais de 300 amostras genéticas de brasileiros de diversas regiões do país, isolando os traços praticamente inalteráveis transmitidos de pai e mãe para filho e filha durante séculos, os pesquisadores mineiros tiveram algumas surpresas.

A primeira foi a diferença entre a carga genética dos antepassados paternos e maternos. Enquanto a maioria das linhagens paternas dos brasileiros brancos é de origem europeia (cerca de 90%), grande parte das linhagens maternas é de origem ameríndia e africana (cerca de 60%). Ou seja: a maioria tem traços europeus herdados dos antepassados masculinos e traços indígenas e africanos herdados da mãe. A ciência comprova que o colonizador europeu não se fez de rogado em ter uma prole numerosa com escravas e nativas. [...]

CAVALCANTE, Rodrigo. A cara do brasileiro. **Superinteressante**, São Paulo, set. 2005. Disponível em: <http://super.abril.com.br/cultura/cara-brasileiro-445905.shtml>

Sistematizando

Podemos dizer que a identidade nacional vai além das etnias componentes, do território e do idioma comuns. Ela é, sobretudo, a relação que brasileiros têm com a sua nação como produto de inúmeras etnias e diferentes culturas, religiões, paisagens, costumes, pensamentos, afirmativas e mesmo negações de questões comuns a uma mesma sociedade. Assim sendo, aquilo que Darcy Ribeiro chamou de "brasilidade" está hoje presente em todos os espaços desse nosso país por meio de uma população diversificada, mas consciente, que busca sempre a construção de uma nação mais justa, forte e equilibrada.

Falando sério!!!

© poco_bw/Fotolia.com

Menina afrodescendente.

© dundanim/Fotolia.com

Mulher idosa caucasiano.

© Angelika Bentin/Fotolia.com

Descendente de japoneses.

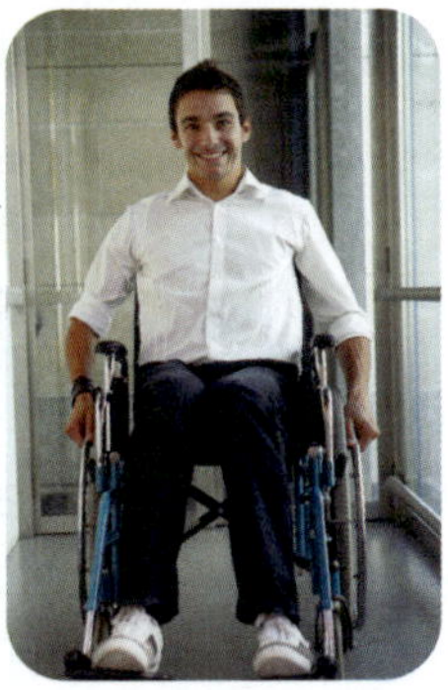

© Studio DER/Fotolia.com

Homem caucasiano.

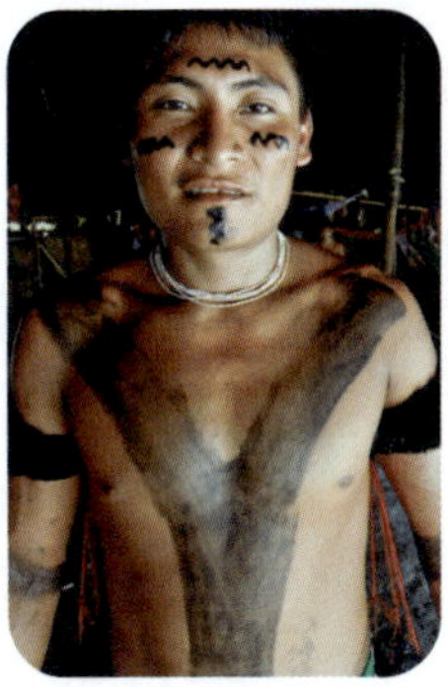

Edson Sato/Pulsar Imagens

Homem indígena.

Roda de conversa

Observe e analise as imagens. Do que se trata? Podemos denominá-las de população? Elas podem representar a população brasileira? Por quê? O que você entende por diversidade populacional?

A população dos alunos de sua classe é biodiversa? Essas diferenças excluem alguns alunos para participar de grupos? Por quê? O direito à diferença é a possibilidade de todos viverem segundo sua própria cultura e características pessoais, sem discriminação. Mas será que os direitos à igualdade e à diferença estão sendo respeitados?

Você sabe o que significa preconceito? Explique o que quer dizer essa palavra.

Você já foi vítima de preconceito? Se a resposta for afirmativa, conte como foi e comente o fato com os colegas.

Leitura

Leia atentamente estes depoimentos e reflita sobre eles. Após, elabore uma conclusão a respeito.

1. "Meu nome é Paula e moro em Belo Horizonte. Após 1 ano, descobri que minha filha adotiva é portadora do vírus HIV. Estou perdida, pois olho pra ela e vejo que é tão inocente e indefesa. Estou triste, não por ser ela portadora, mas, pela sociedade estar fechando as portas para ela. Não consigo matriculá-la nas escolas que escolho. As diretoras estão fechando as portas na minha cara e sei que a inclusão é obrigatória. Estou decepcionada com esta sociedade que impõe preconceitos a nós".

2. "Deus não faz distinção de pessoas. Ama todos por igual. E toda forma de amar é válida. Quem odeia gays são as pessoas que colocam Deus no meio da conversa."

© bojorgensen/Fotolia.com

3. "Algumas coisas podem diferenciar os seres humanos: sua aparência, seu sexo, seu caráter, sua riqueza, sua religião, sua língua e sua cor da pele. Mas ter preconceito é outra coisa. É difícil."
4. "Na escola me chamam de 'japa'. Pensam que gosto disso? Eu sou é brasileiro!"
5. "[...] a gente tem que cuidar do nosso cabelo assim ele vai ficar igual ao de qualquer um."

   (A expressão ficar igual ao de qualquer um denuncia a tentativa de igualar o cabelo crespo ao cabelo liso, constituindo este último tipo de cabelo um modelo natural a ser seguido. FAZZI, Rita de Cássia. ***O drama racial das crianças brasileiras****: socialização entre pares e preconceito. Belo Horizonte: Autêntica, 2004.)*
6. "Na escola sou excluído porque sou pobre. Não tenho tênis de marca e uso, quase sempre, as mesmas roupas. Queria ter nascido rico. É errado ser pobre?"

Sistematizando

No começo, podemos até estranhar uma pessoa que é muito diferente, mas logo conscientemente percebemos que somos iguais nas nossas diferenças. Mas, para sermos responsáveis e não tornar o outro infeliz e contribuir para que ele possa viver harmoniosamente, devemos não adotar atitudes incorretas ou preconceituosas. Temos direitos e deveres para viver em uma sociedade igualitária.

As diferenças não devem excluir e afastar as pessoas. Todos têm os mesmos direitos garantidos por lei.

© carmeta/Fotolia.com

Unidade 1 Quem somos

Nesta unidade, você vai analisar o ciclo vital como característica comum a todos os seres vivos, e compreender que cada uma das fases que fazem parte do desenvolvimento humano (infância, adolescência, adulto e velhice) estão relacionadas com o biológico e com o contexto social vivido.

Ciclo da vida

O ser humano, ao longo de sua existência, sofre transformações que mudam seu aspecto físico, bem como sua maneira de pensar e de compreender o mundo a sua volta.

Esse processo que caracteriza o ciclo de vida das pessoas está relacionado a fatores biológicos, ambientais, sociais e históricos.

Roda de conversa

Observe a fotografia:

Monkey Business Images/shutterstock

Repare que cada pessoa encontra-se em uma etapa de vida diferente.

- Como você descreveria cada uma dessas etapas?
- Ao olhar uma foto sua de quando era bebê, quais mudanças físicas você percebe que aconteceram?
- O que você entende por fatores biológicos, ambientais, sociais e históricos?
- Por que algumas pessoas vivem mais e outras menos?
- Como você define a vida?

Vida: resultado de transformações

O **ciclo da vida** corresponde a um conjunto de transformações pelas quais os seres vivos passam ao longo de sua existência. Eles **nascem**, **crescem**, **reproduzem** e **morrem**.

Essas transformações são determinadas por **fatores biológicos** (herança genética) e **ambientais**.

Os fatores biológicos são inerentes à espécie a que pertencem. Por exemplo, a expectativa de vida (herança genética): um rato pode viver até quatro anos, uma tartaruga pode chegar a 100 anos de idade.

Os fatores ambientais (luz, temperatura, umidade, pressão) são provenientes do local ocupado pelos seres vivoa, ou das condições de vida a que estão submetidos, da possibilidade de alimentos, da chance de encontrar parceiros, da degradação ambiental, da poluição, das doenças, etc.

Dessa forma, os indivíduos podem, ou não, completar todo o seu ciclo de vida. Alguns podem morrer antes de nascer ou de se desenvolver, ou simplesmente não se reproduzirem.

Durante o ciclo de vida, os seres vivos podem passar por fases ou estágios de desenvolvimento bem diferenciados, que recebem nomes específicos de acordo com a espécie a que pertencem.

O esquema a seguir mostra as fases do desenvolvimento do *Aedes aegypti*, nome científico do mosquito transmissor do vírus da dengue.

Esse conjunto de transformações chama-se metamorfose, e as fases ou estágios do desenvolvimento são caracterizados pelo ovo que se transforma em **larva**; a larva, em **pupa**; a pupa, em **indivíduo adulto**, cuja fêmea, após copular com macho da sua espécie, bota ovos, perpetuando o ciclo.

Cide Gomes

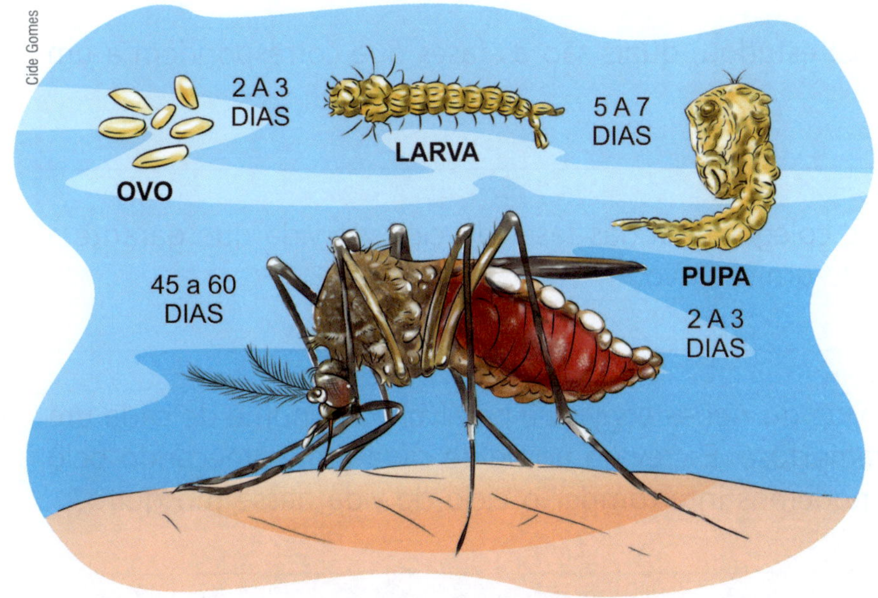

Ciclo de vida do *Aedes aegypti. Mede 0,5 cm de comprimento Possui cor preta com riscos brancos na região dorsal, pernas e cabeça.*

O estudo das diferentes fases do desenvolvimento de vida do *Aedes aegypti* permite conhecer o melhor momento para interceptar ou controlar a população do inseto.

Fazendo conexão com... Geografia

As transformações são processos inerentes à vida e ao planeta como um todo. As transformações terrestres são assuntos abordados em Geografia na página 212.

GLOSSÁRIO

Expectativa de vida ou **esperança de vida**: longevidade; corresponde ao número médio de anos que determinado indivíduo ou grupo de indivíduos pode esperar viver.

Herança genética: processo que permite um organismo ou uma célula adquirir ou tornar-se predisposto a apresentar características semelhantes às do organismo que o gerou, através de informações contidas nos genes que existem no núcleo das células.

Poluição: contaminação ou degradação do meio ambiente que pode prejudicar a vida.

Degradação ambiental: processo de degeneração do ambiente, que pode ocasionar alterações nos seres vivos nele presentes.

Dengue: doença febril aguda, causada por um vírus transmitido pelo mosquito *Aedes aegypti*. A dengue pode apresentar duas formas clínicas: Dengue Clássica e Dengue Hemorrágica, que pode ser letal.

Copular: acasalar; ter relações sexuais. Termo empregado para se referir ao ato sexual dos animais.

A partir dos seus estudos, responda no caderno:

1. Fatores ambientais também podem interferir nos ciclos de vida. Cite alguns desses fatores.

___

2. De acordo com o que você estudou, quais são as fases que correspondem a um ciclo de vida?

___

3. Discuta com o professor e colegas qual das fases do ciclo de vida que garante a continuidade da espécie de um ser vivo.

___

4. No esquema do ciclo de vida do *Aedes aegypti* é possível ver o nome de cada um dos estágios da sua metamorfose. Escreva o nome de cada um, começando pelo primeiro estágio. Como podemos interromper o ciclo de vida desse mosquito?

___

___

Saber mais

O que é mesmo a vida?

Cientificamente não há uma definição fechada, precisa e única para conceituar o que é a vida. Segundo o biolólogo Ernest Mayr (1904-2005), a vida só pode ser conceituada enquanto processo, por meio de atributos inerentes aos seres vivos, como: necessitar de alimentos, conter informações hereditárias e passar aos seus descendentes, capaz de trocar massa e energia com a vizinhança. Entretanto, na lingugem cotidiana, de acordo com as ideias, pensamentos e crenças, a vida pode ter diferentes significados.

Veja como Charles Chaplin, famoso artista do cinema mudo, definiu a vida:

Dmitry Rozhkov/W. Commons

Charles Chaplin em 1915.

"A vida é uma peça de teatro que não permite ensaios. Por isso, cante, chore, dance, ria e viva intensamente, antes que a cortina se feche e a peça termine sem aplausos".

Charles Chaplin

Troque ideias com seus colegas

- Você acredita que possa existir vida em outras partes do cosmos? Se sim, como imagina que seria?
- A partir do conceito de vida elaborado no início da unidade e das reflexões realizadas sobre o assunto, elaborem, em grupo, uma definição para o que é a vida. Registrem num pedaço de papel-bobina e fixem no mural da sala.

Junto com o professor, leiam e reflitam sobre as definições elaboradas.

Pesquisa

Por meio da internet ou de outros materiais como enciclopédias, livros paradidáticos, revistas, etc., façam uma pesquisa sobre Charles Chaplin.

Procurem saber seu nome completo, data de nascimento, onde nasceu, que profissão exerceu e por que se tornou conhecido.

Fases do desenvolvimento humano

O ciclo de vida do ser humano tem sido dividido em algumas etapas ou fases do desenvolvimento, que recebem nomes específicos: infância, adolescência, idade adulta, velhice.

Roda de conversa

- Será que essas etapas ocorrem de maneira igual para todas as pessoas?
- Quais fatores podem influenciar cada uma das fases da existência das pessoas?

A divisão do ciclo de vida do ser humano em fases é uma estratégia didática para estudar os acontecimentos desse processo. Um dos objetivos desse estudo é compreender o desenvolvimento humano.

A passagem pelas diferentes etapas da vida do ser humano não ocorre de forma universal e linear, ou seja, não acontece do mesmo jeito para todas as pessoas. As pessoas apresentam características que lhes são próprias (herança genética), e características adquiridas pelo seu contexto histórico e cultural do grupo a que pertence.

GLOSSÁRIO

Contexto histórico e cultural: diz respeito ao cenário político, social, cultural e econômico de um determinado tempo e espaço que dá significado à vida das pessoas.

Fazendo conexão com... Geografia e Matemática

Nos últimos anos, a expectativa de vida dos brasileiros aumentou consideravelmente; ao mesmo tempo, a taxa de mortalidade infantil diminuiu. Observe os dados na tabela:

Ano	Esperança de vida ao nascer (anos)	Taxa de mortalidade infantil (%)
1980	62,5	69,1
1991	66,9	45,1
2000	70,4	30,1
2010	73,8	16,7
2021	77,0	11,2

https://agenciadenoticias.ibge.gov.br/agencia-sala-de-imprensa/2013-agencia-de-noticias

Segundo o IBGE, a população brasileira, em fevereiro de 2023, foi estimada em 215 700 710 habitantes.

Esse aumento na expectativa de vida é um indicador de qualidade de vida de um país. Significa que as pessoas estão comendo melhor, tendo mais acesso ao saneamento básico, a medicamentos (vacinas), ao lazer, aos bens de consumo.

GLOSSÁRIO

IBGE: sigla: Instituto Brasileiro de Geografia e Estatística.

Saneamento básico: conjunto de medidas que inclui água potável, coleta e tratamento de esgoto, destino adequado do lixo.

Bens de consumo: coisas produzidas diretamente para o consumo.

Infância

Nem sempre o conceito de infância teve o entendimento que possui hoje. Por muito tempo a criança pouco significava para a sua família. Nada se sabia sobre o seu desenvolvimento, suas necessidades e particularidades. Na Idade Média, pensava-se a criança como um adulto em miniatura, que tinha que aprender a viver juntamente com os demais do seu grupo.

The Art Archive / Alamy/Glow Images

Travessia do Mar Vermelho. 1367. Afresco. Na Idade Média, não havia diferença entre as roupas de adultos e de crianças.

Com o tempo, em virtude de novos conhecimentos a respeito do desenvolvimento humano e de exigências sociais e econômicas, surge uma concepção de infância que considera a criança em suas especificidades, com identidade pessoal e histórica.

Bebê humano

Diferente da maioria dos filhotes, o bebê da espécie humana é o que requer por mais tempo os cuidados e a atenção dos pais. Um potrinho, por exemplo, em poucas horas de nascido já está correndo atrás da mãe.

O bebê humano nasce completamente impotente. Seu cérebro, estrutura extremamente complexa, depende de estímulos para completar o amadurecimento. É no contato com a mãe e no convívio social, nos primeiros anos de vida, que a criança irá aprender a falar, a caminhar, a viver e conviver com seus iguais.

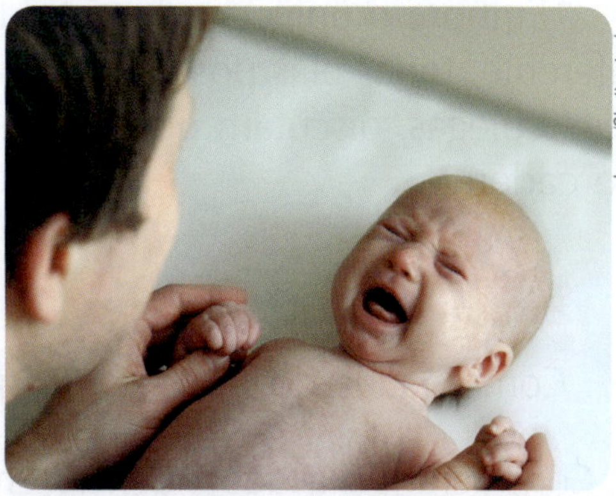
hvoya/Shutterstock

Neste momento, nas mais diversas partes do mundo, têm uma criança nascendo. Nas cidades, nas vilas, nas aldeias indígenas, nas tribos de diferentes povos, milhares de mulheres, com assistência ou não, estão dando à luz seus filhos.

Observe e compare as imagens

Oleg Znamenskiy / Shutterstock.com

Crianças da tribo Masai, na vila da área de conservação de Ngorongoro, Tanzânia.

Renato Soares/Pulsar Imagens

Crianças indígenas no lago Ipa – Aldeia Aiha – Etnia kalapalo. Querência (MT).

RIA NOVOSTI/SCIENCE PHOTO LIBRARY/SPL DC/Latinstock

Crianças Koryak na aldeia de Tymlat, na costa do Pacífico, Rússia.

paul prescott / Shutterstock

Crianças em Annapurna, Nepal.

AJP / Shutterstock

Crianças Aranmula, Índia.

Essas crianças já nascem mergulhadas num contexto social que tem suas crenças, seus mitos, enfim, sua cultura, a qual vai determinar em grande parte suas identidades.

Embora o universo de vida de cada uma dessas crianças seja diferente, todas elas possuem algumas necessidades comuns. Com seus colegas, discutam quais seriam essas necessidades. Registrem no caderno.

Em dupla

Com a ajuda do professor, respondam oralmente às perguntas:

1. Considerando a dependência em relação à mãe, qual a diferença entre o bebê humano e os demais mamíferos?

2. O que significa dizer que a infância é socialmente construída?

3. Por que o conceito de infância mudou através dos tempos?

GLOSSÁRIO

Pré-natal: significa "antes do nascimento"; usa-se especialmente em referência aos exames médicos realizados durante a gravidez.

Os cuidados com o bebê

Todas as culturas desenvolveram formas de cuidar dos recém-nascidos. Em nossa cultura, na atualidade, entendemos que os cuidados com o bebê devem começar muito antes de seu nascimento. Logo após a descoberta da gravidez, a mãe deve ter acompanhamento médico durante toda a gestação. Esse acompanhamento, denominado de pré-natal, permite identificar e reduzir muitos problemas de saúde que podem comprometer a saúde da mãe e do seu bebê. Possíveis doenças poderão ser detectadas e tratadas precocemente.

Saber mais

O leite materno

O leite materno é fácil de digerir, não sobrecarrega o intestino e os rins do bebê. É prático, não precisa ferver, misturar, coar, dissolver ou esfriar; está sempre pronto, a qualquer hora e em qualquer lugar.

Protege o bebê contra muitas doenças, em especial diarreia, pneumonia, otites e outras infecções. Diminui as possibilidades de surgirem problemas alérgicos, respiratórios e também de algumas doenças que costumam se manifestar mais tarde, tais como obesidade, pressão alta, colesterol alto e diabetes.

Sugar o peito é um excelente exercício para o desenvolvimento da face, ajudando a criança a ter dentes bonitos, a desenvolver a fala e a ter boa respiração.

CARTILHA para a mãe trabalhadora que amamenta. Disponível em: <http://bvsms.saude.gov.br/bvs/publicacoes/cartilha_mae_trabalhadora_amamenta.pdf>. .

1. Nos últimos anos, os governos, em todas as esferas (Federal, Estadual e Municipal), têm se empenhado nas campanhas de aleitamento materno. Esse incentivo está sendo bastante positivo. As mães, atualmente, têm amamentado por mais tempo seus bebês, o que certamente ajudou nas últimas décadas a diminuir o índice de mortalidade infantil.

A Semana Mundial de Amamentação é uma estratégia idealizada pela Aliança Mundial para Ação em Aleitamento Materno em cerca de 150 países. Oficialmente, é realizada de 1 a 7 de agosto.

Em grupo

Com ajuda do professor, elaborem um cartaz de incentivo ao aleitamento materno para expor em sua escola durante a Semana Mundial de Amamentação.

Vocês podem usar pincéis, canetas coloridas, recortes de revistas, desenhos, textos, etc.

Apresentem seu trabalho para os demais grupos.

Responda no caderno os questionamentos a seguir. Para isso, pesquise na internet, livros, enciclopédias, folhetos doados em postos de saúde, entre outros.

1. Toda a gestante deve ser acompanhada por um médico obstetra para realizar o pré-natal. Um dos exames de rotina durante o pré-natal é a pressão arterial da gestante.
   - Qual a importância desse acompanhamento?
   - O que pode acontecer com a gestante e o seu bebê caso ela apresente hipertensão arterial (pressão alta)?
   - Em geral, quais são as recomendações para a mulher grávida que manifesta hipertensão?

SUGESTÃO DE SITE

http://portalsaude.saude.gov.br/portalsaude/noticia/8161/162/pre_natal-garante-uma-gestacao-mais-tranquila.html.

GLOSSÁRIO

Pressão arterial: é a pressão (força) com que o sangue, impulsionado pelo coração, circula pelos vasos sanguíneos.

Se possível, entreviste um médico de posto de saúde. Verifique a possibilidade de esse profissional ir até a escola fazer uma palestra sobre o assunto.

2. Após o nascimento do bebê, alguns testes e exames são realizados para verificar como está a saúde do recém-nascido. Um dos exames é um o "teste do pezinho", cujo objetivo é fazer diagnóstico precoce de algumas doenças que, com tratamento, podem ser evitadas. Esse teste é obrigatório e gratuito.
   - Uma das doenças evitadas pelo teste do pezinho é a **Fenilcetonúria**. Pesquise quais as consequências dessa doença para a criança e como deve ser tratada.
   - Normalmente, quando e onde deve ser realizado esse teste?

SUGESTÃO DE SITE

http://portalsaude.saude.gov.br/portalsaude/
www.fiocruz.br/bibsmc/cgi/cgilua.exe/sys/start.htm?tpl=home

Leitura

Indígenas de Araquari participam de evento da Rede Cegonha

14/12/2012, às 14h22

Profissionais de saúde, lideranças indígenas e parteiras tradicionais participaram, nos dias 29 e 30 de novembro, em Joinville (SC) de uma oficina sobre a implementação do programa Rede Cegonha em Santa Catarina.

Segundo a enfermeira Dânica Almeida, profissional do polo base de Araquari, o encontro foi importante para criar um vínculo entre a saúde indígena e a rede de referência do estado. "Conhecemos diretores e profissionais das maternidades da região e já estabelecemos um calendário de articulação da rede", explica Dânica.

O objetivo do diálogo é fazer com que os hospitais e maternidades da rede do Sistema Único de Saúde (SUS) compreendam as especificidades da saúde indígena. "As indígenas não comem carne vermelha após o parto, por exemplo. São questões culturais que os hospitais têm que saber, pois estão acostumados a tratar todas as gestantes da mesma forma", relata Dânica.

Parteiras

Durante o primeiro dia do evento, as parteiras indígenas de Araquari puderam explicar como funciona o trabalho de parto natural nas aldeias e destacaram a importância do parto ser feito dentro da aldeia. Dânica disse que os nascimentos com auxílio das parteiras tradicionais são a maioria na região, e que o apoio da rede SUS somente é utilizado em situações adversas.

Ela comenta que o público presente ficou surpreso com o conhecimento demonstrado pelos indígenas nas apresentações. "Nós comentamos que os indígenas nem conseguiam participar dos *coffee breaks*, por que nos intervalos todos queriam saber mais sobre a rotina deles nas aldeias".

O polo base de Araquari também foi lembrado quando o assunto foram os testes rápidos de HIV e Sífilis, já que os testes são realizados regularmente na região.

SOUZA, Francisco. Indígenas de Araguari participam da Rede Cegonha. Disponível em:<http://portal.saude.gov.br/portal/aplicacoes/noticias/default.cfm?pg=dspDetalheNoticia&id_area=1529&CO_NOTICIA=14232>.

Compreensão do texto

1. Do que trata o texto?

2. Onde foi realizado o evento?

3. A quem foi dirigido o evento?

4. Qual o principal objetivo do evento?

5. Quais as questões culturais que foram enfatizadas?

6. Apresente sua opinião sobre a importância do diálogo entre os profissionais de diferentes culturas.

Direito das crianças

Segundo a OMS, a infância compreende o período de 0 a 12 anos.

Roda de conversa

Será que nossas crianças têm sido bem atendidas neste período? Todas frequentam escolas? Têm acesso a hospitais? Vivem em habitação digna? São bem alimentadas? Têm direito a brincar?

Quais lembranças você tem da sua infância? Coisas alegres? Muitas brincadeiras?

Lugar de criança é na escola

A obrigatoriedade de a criança frequentar a escola foi debatida durante a Assembleia Geral das Nações Unidas, em novembro de 1959, na qual diversos países se reuniram aprovando a Declaração dos Direitos das Crianças, adaptada da Declaração Universal dos Direitos Humanos. Essa declaração é composta por dez principios:

Princípio I – Todas as crianças serão beneficiadas por esses direitos sem distinção de raça, cor, sexo, língua, religião, condição social ou nacionalidade, quer sua ou de sua família.

Princípio II – Direito à especial proteção para o seu desenvolvimento físico, mental e social.

Princípio III – Direito a um nome e a uma nacionalidade.

Princípio IV – Direito à alimentação, moradia e assistência médica adequadas para a criança e a mãe.

Princípio V – Direito à educação e a cuidados especiais para a criança física ou mentalmente deficiente.

Princípio VI – Direito ao amor e à compreensão por parte dos pais e da sociedade.

Princípio VII – Direito à educação gratuita e ao lazer infantil.

Princípio VIII – Direito a ser socorrido em primeiro lugar, em caso de catástrofes.

Princípio IX – Direito a ser protegido contra o abandono e a exploração no trabalho.

Princípio X – Direito a crescer dentro de um espírito de solidariedade, compreensão, amizade e justiça entre os povos.

Em grupo

Organize sua turma em dois grupos. Um dos grupos ficará responsável por estudar os cinco primeiros princípios da declaração dos direitos das crianças. O outro grupo ficará com os cinco princípios restantes.

De acordo com a realidade do local onde vocês moram, avaliem como esses princípios estão sendo resguardados. Após, apontem alguns aspectos que vocês julgam necessários serem melhorados. Apresentem suas conclusões para a turma toda.

Fazendo conexão com... Matemática

Este gráfico permite visualizar estatisticamente a mortalidade infantil brasileira até um ano de idade entre os anos de 1990 e 2011.

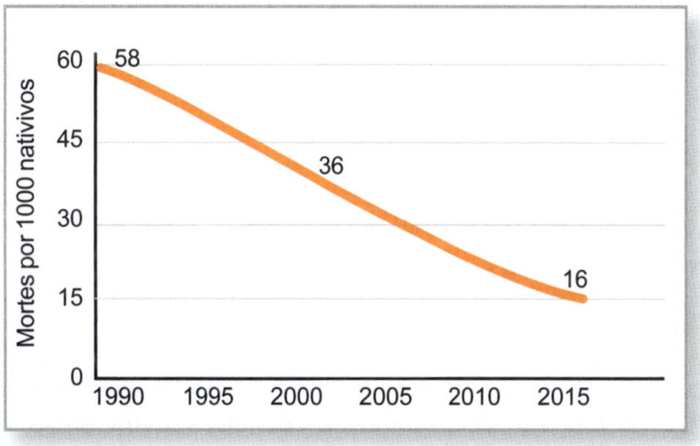

Disponível em: <www.onu.org.br/brasil-reduziu-mortalidade>.

Os dados obtidos estão relacionados a cada mil crianças nascidas vivas.

A partir desses dados, responda:

- De 1990 a 2010, o índice de mortalidade infantil diminuiu ou aumentou?
- De acordo com o gráfico, no ano 2000, qual era o índice de mortalidade infantil?

Observe as imagens

Com base nas fotos, escreva o que sugere cada uma das condições apresentadas.

Luciana Whitaker/Pulsar Imagens

Coleta de lixo.

Delfim Martins/Pulsar Imagens

Saneamento básico

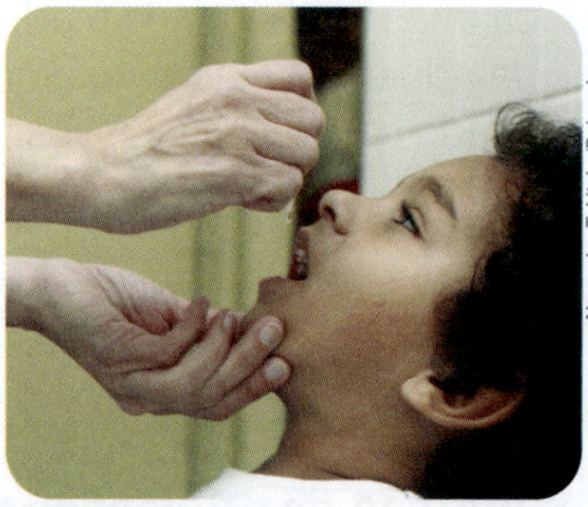

Alexandre Tokitaka/Pulsar Imagens

Vacinação.

- Qual a relação das ações representadas nas imagens com a diminuição do índice de mortalidade infantil? Por quê?

- Qual outra condição que você considera importante poderia ser acrescentada? Explique sua resposta.

Produção de texto

Não só em nosso país, como também em diferentes partes do mundo, ainda há muita criança sem os atendimentos mínimos para uma vida digna. Basta olhar para os lados que nos deparamos com a violência em todos os sentidos contra as crianças, como a negligência e o abandono.

- Releia os princípios da Declaração dos Direitos das Crianças.
- Quais princípios não são devidamentes respeitados em sua comunidade?
- Qual nosso papel na proteção da criança? Com seu professor e colegas, escreva um texto coletivo com as conclusões da turma.

Adolescência

O termo "adolescência" deriva do verbo latino *adolescere*, que significa crescer.

Para a Organização Mundial da Saúde (OMS), a adolescência inicia aos 12 anos e vai até aos 20 anos, mas, de acordo com o Estatuto da Criança e do Adolescente, Lei n.º 8.069/90 (BRASIL, 1990), a adolescência é a fase da vida que vai dos 12 aos 18 anos de idade.

Christy Thompson/Shutterstock

Roda de conversa

O que dizer do jovem que está passando por esse período em que não é criança, mas também não é adulto? A mídia e grande parte da literatura difundem a ideia da adolescência como uma fase de comportamentos instáveis, com crises de identidade e conflitos intensos.

- Você concorda com essa representação do adolescente?
- Para você, o que é adolescência?
- Quais mudanças físicas e psicológicas ocorrem na fase da adolescência?

As marcas da adolescência

As transformações em todos os seus aspectos (físicos, psicológicos, socioculturais) estão presentes ao longo de toda a existência do ser humano. Na adolescência, porém, as transformações se apresentam de forma muito mais intensa.

A concepção de adolescência atual começou a ser estabelecida no século XX, quando se define claramente a puberdade e as mudanças psíquicas dos adolescentes. Portanto, assim como a infância, a adolescência não é apenas biológica, mas, também, uma construção social e cultural, referendada por valores e conhecimentos de uma determinada época. A adolescência de seus avós certamente foi diferente da sua em muitas coisas.

O início da adolescência ocorre com a puberdade, fenômeno biológico espontâneo, de amadurecimento sexual, quando determinadas glândulas do corpo desencadeiam a produção dos hormônios sexuais. Pela ação hormonal começam as transformações físicas e emocionais, que caracterizam a adolescência.

Não há um rigor para o início dessa fase, uma vez que vários fatores podem exercer influências, como: hereditariedade, etnia, cultura, ambiente.

Geralmente, a puberdade feminina ocorre por volta dos 10 aos 13 anos, e a masculina dos 11 aos 14 anos.

GLOSSÁRIO

Glândulas: pequenos órgãos existentes no corpo que produzem substâncias.

Etnia: vem do grego *ethnos*, que significa povo. Pode ser definida como um grupo de pessoas que se identifica por aspectos culturais, históricos, linguísticos, raciais, artísticos ou religiosos.

Puberdade: em latim, *pubertas* era "barba, pelo", e *pubens*, "coberto de pelo", *Pubes* significava "gente jovem, juventude". Foi feita a correlação entre o surgimento do pelo no rapaz e a época em que isso se dá, e esta fase da vida acabou assumindo esse nome. "Púbica" é o nome da região onde começa a crescer o pelo no início da adolescência.(fonte: http://origemdapalavra.com.br/palavras/puberdade/).

As transformações físicas acontecem de forma diferenciada no corpo dos meninos e das meninas: nas meninas os seios começam a crescer, aparecem pelos nas axilas, na região pubiana, os quadris se alargam, ocorre a primeira menstruação (menarca); nos meninos, aumenta o tamanho do pênis e dos testículos, acontece a primeira ejaculação (espermarca), que é a eliminação do sêmen, aparecem pelos na região pubiana, nas axilas e em outras partes do corpo, surge a barba e a voz fica mais grave.

Não há um padrão para esses acontecimentos, sendo que o ritmo e a velocidade dessas alterações variam em cada pessoa. Cada um, nesse processo de mudanças, é singular.

Nesta etapa também, em decorrência da atuação hormonal e do contexto psicossocial, os adolescentes começam a manifestar o interesse sexual.

A sexualidade é um fenômeno biológico que acontece ao longo de nossa vida, e só pode ser compreendida no contexto cultural em que se vive.

Cada sociedade tem suas regras, crenças e valores morais a respeito do comportamento sexual das pessoas.

Vejam alguns exemplos:

- Em muitos países da África, a poligamia (o marido ter várias esposas) faz parte da cultura, sendo uma prática legalmente aceita.
- Sentir-se bonita faz parte da sexualidade. Cada cultura determina qual é o padrão de beleza. Para as mulheres de algumas tribos da Ásia, ter pescoço longo é padrão de beleza. Elas conseguem isso usando no pescoço, desde jovens, anéis de metal. Esses anéis forçam os ombros para baixo dando a impressão de que o pescoço é mais longo. São conhecidas como mulheres girafas.

CraigBurrows/Shutterstock.com

1. De acordo com o que você estudou, aponte, as principais transformações físicas que ocorrem nos jovens no período da puberdade e justifique por que não é adequado usar o termo "puberdade" como sinônimo de "adolescência".

2. Muitas vezes os jovens sentem-se injustiçados pelas inúmeras cobranças e críticas por parte da sociedade em geral. Se você é adolescente ou já passou por essa fase, sabe muito bem o que isso significa, principalmente se já foi chamado de "aborrecente", "preguiçoso", "desordeiro", "antissocial", "irresponsável" e tantos outros rótulos que, valorizados pela mídia, se impõem no contexto social como um comportamento "natural" próprio da idade.

   - Você concorda com esses rótulos atribuídos aos adolescentes? Será que eles ajudam a formar cidadãos? Justifique sua opinião.

3. Em dupla, leiam os textos e elaborem as atividades sugeridas:

   O *bullying* é caracterizado por atitudes agressivas, físicas ou psicológicas de forma insistente e repetitiva contra alguém. No ambiente escolar pode ocorrer de forma individual ou em grupos de alunos que atacam colegas com a intenção de humilhar e menosprezar, usando apelidos e expressões pejorativas. Às vezes, as atitudes são mais drásticas, com consequências irreversíveis. É preciso prevenir essa situação.

   - Cada dupla deverá refletir e trocar ideias sobre o *bullying*. Em seguida, deverão escrever no quadro de giz uma solução que consideram viável para impedir essa prática na escola.

Quando todas as duplas completarem o trabalho, com a ajuda do professor, verifiquem quais soluções foram as mais citadas e reflitam sobre elas.

4. A sexualidade em nossa sociedade é um tema polêmico, principalmente quando se aborda questões como a homofobia, que é o ódio, aversão e hostilidade aos homens ou mulheres homossexuais.

 - Na opinião de vocês, por que existe a discriminação com os homossexuais? É possível ser combatida? Como? Vocês acham importante refletir sobre esse tema? Por quê?

Com a ajuda do professor, elaborem um texto coletivo sobre o assunto e apresentem para sua turma.

5. No Estatuto da Criança e do Adolescente (ECA), a lei é bem clara quanto a obrigatoriedade dos jovens de frequentar a escola.

Art. 4º – É dever da família, da comunidade, da sociedade em geral e do poder público assegurar, com absoluta prioridade, a efetivação dos direitos referentes à vida, à saúde, à alimentação, à educação, ao esporte, ao lazer, à profissionalização, à cultura, à dignidade, ao respeito, à liberdade e à convivência familiar e comunitária.
Disponível em: <www.planalto.gov.br/ccivil_03/leis/L8069.htm>.

A realidade, porém, é outra. A falta de escola ainda deixa muitas crianças e adolescentes, principalmente das camadas mais pobres da população, fora das salas de aulas. Além disso, há também os problemas de difícil acesso, o fluxo e a permanência dos estudantes nas escolas e a pouca perspectiva de continuidade dos estudos.

 - Que outros motivos podem existir, além dos já citados, que levam à exclusão escolar? Troque ideias com o colega e aponte algumas soluções para essa situação.

 - Quais as vantagens dos jovens poderem concluir o Ensino Fundamental e Ensino Médio no tempo regulamentar?

Coloquem num cartaz o que você e seu colega concluíram e apresentem para as demais duplas. Exponha seu cartaz no mural da sala.

SUGESTÃO DE SITE

www.cnte.org.br/index.php/component/content/2945?task=view
http://portal.mj.gov.br/sedh/documentos/004_1_3.pdf

Saber mais

Maioridade, minoridade

Na nossa sociedade, o Código Civil de 1916 estabelecia a maioridade civil aos 21 anos completos. Atualmente, o novo Código Civil, em vigor desde 11 de janeiro de 2003, reduziu a maioridade civil para 18 anos. A partir dessa idade a pessoa fica habilitada à prática de todos os atos da vida civil, com direitos e deveres. Por exemplo: pode tirar carteira de motorista, não necessita de consentimento para casar ou viajar para o exterior.

Maioridade penal para os 16 anos: sim e não

É comum, após acontecer um crime de repercussão nacional que envolve menores, a sociedade manifestar-se com relação a redução penal para 16 anos. No discurso das mídias existem os que são contra e os que são a favor. Em geral, os que são contrários argumentam que o jovem de 16 anos está em formação, não sendo ainda capaz de responder pelos seus atos. Nesta mesma lógica, acredita-se que as infrações e os crimes cometidos são decorrentes da própria sociedade, que não oportuniza a inclusão dos jovens como cidadãos.

Os que são a favor defendem que a impunidade abre caminho para os delitos e que um jovem de 16 anos tem hoje muito mais acesso à informação e condições de compreender se o ato que pratica está ou não dentro da lei. E, ainda, se ele pode votar nessa idade, por que não poderia responder por seus crimes?

Os argumentos são muitos em ambos os lados e envolvem questões biológicas, jurídicas, políticas e morais, por isso, não é tão simples definir uma posição.

E você, o que pensa sobre isso? Converse com seu professor e colegas.

Adultos

Dos 20 aos 60 anos considera-se o período da fase adulta.

©Levent Konuk/Fotolia.com

© Pedro Amorós/Fotolia.com

Roda de conversa

- O que é ser adulto?
- O que caracteriza esse período da vida?

A concepção de vida adulta geralmente é dimensionada tendo como referência, além da idade cronológica, os chamados "ritos de passagem" que correspondem a uma sequência de eventos tradicionalmente considerados passaporte para o mundo adulto:

- sair da casa dos pais;
- ter terminado os estudos;
- ter conseguido trabalho e autonomia econômica;
- casar e ter filhos.

Há, ainda, nesta fase da vida, a crença de que a pessoa é mais segura, não tem conflitos e sabe o que faz.

Na prática, não é necessariamente assim que funciona. A rigor não há uma idade exata nem hora certa para terminar a adolescência e começar a vida adulta, nem podemos afirmar que a idade cronológica por si só define o que é ser adulto. Além disso, no contexto atual, as novas necessidades exigem mudanças de comportamento que abrem caminhos para projetos de vida diferentes, contrapondo as ideias convencionais que temos do que é ser adulto. Por exemplo: a vida sexual que inicia cada vez mais cedo, sem a necessidade do casamento; os casais estão preferindo adiar a chegada dos filhos; a permanência na casa dos pais cada vez mais prolongada; jovens que, por necessidades financeiras, deixam de frequentar a escola para trabalhar, sendo muitas vezes o arrimo de família.

Essas situações da vida real nos fazem repensar as convenções que temos sobre o que é ser adulto. O processo de maturação das pessoas não é estático, mas, sim, dinâmico, de constante construção e reconstrução, e deve ser analisado no contexto social vivido.

GLOSSÁRIO

Idade cronológica: tempo de vida que a pessoa tem baseado no calendário.

Ritos de passagem: eventos, transições e cerimônias que marcam mudanças e momentos importantes na vida das pessoas.

Arrimo de família: pessoa que mantém a família financeiramente.

Crença: ação de crer na verdade ou na possibilidade de uma coisa.

Convicção íntima: opinião que se adota com fé e convicção.

Escreva o que você pensa sobre as questões a seguir, depois troque ideias com seus colegas e o professor sobre o assunto.

1. Uma situação bem interessante e comum em nossa sociedade é a "geração canguru". São os filhos adultos com independência financeira, ou não, que continuam morando com os pais. Uma das explicações dadas para esse fenômeno refere-se ao fato de esses filhos terem tido uma criação liberal, com mais diálogo, democracia e liberdade sexual.

   Em sua opinião, qual a causa para a existência da geração canguru? Você considera essa geração uma condição positiva ou negativa? Justifique oralmente.

2. Não há dúvida de que a experiência de vida é bastante significativa no desenvolvimento da maturidade da pessoa. Em qualquer momento da vida podem existir conflitos, inseguranças e medos. Cada um de nós é um ser especial e singular que enfrenta de forma única os desafios da vida. Compreender o mundo à nossa volta e aprender a viver relacionando-se harmonicamente com os outros faz a diferença para vivermos uma vida mais feliz.

> *"Ninguém nasce feito, é experimentando-nos no mundo que nós nos fazemos."*

Pedagogia da esperança. Rio de Janeiro. Paz e terra. 1992. p. 211. (Paulo Freire)

- Em duplas leiam e analisem a frase de Paulo Freire. Em seguida, escrevam numa folha de papel o que entenderam e se concordam com o autor. Troquem as folhas para conhecer a opinião das demais duplas.
- De acordo com o que vocês estudaram e refletiram sobre a idade adulta, monte um painel usando recortes de revistas ou desenhos feitos por vocês mesmos que representem as principais características dessa fase do ser humano atualmente.

Apresentem seu trabalho para o restante da turma.

Aprender sempre!

Viver é um processo permanente de transformação que demanda novas aprendizagens, que por sua vez implicam novas mudanças.

Nos tempos atuais, para ingressar e permanecer no mercado de trabalho é fundamental ter qualificação e estar se atualizando constantemente.

Muitas empresas investem em cursos de reciclagem para manter seus funcionários sempre atualizados com os novos conhecimentos da ciência e da tecnologia. Para as empresas, funcionários competentes e motivados representam ganho de capital (dinheiro).

Sem dúvida, a informação é fator de sucesso em qualquer área; por isso a importância de desenvolvermos a vontade própria de aprender, de inovar-se. É preciso correr atrás, não acomodar-se e ter a certeza de que sempre há tempo para aprender.

Rogério Reis/Pulsar Imagens

Sala de aula de jovens e adultos.

Velhice

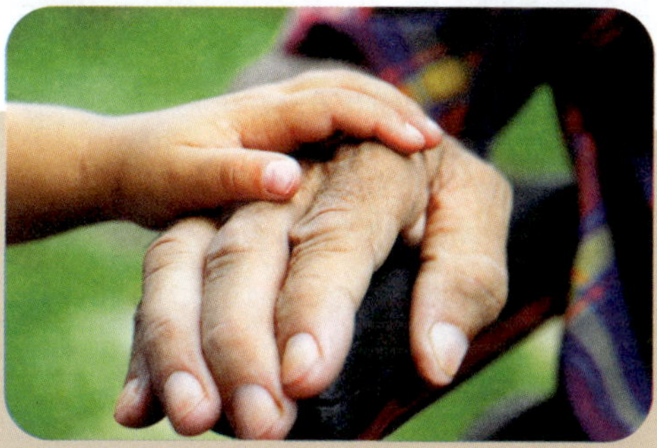

BestPhotoByMonikaGniot/Shutterstock

ENVELHECER

A coisa mais moderna que existe nessa vida é envelhecer

A barba vai descendo e os cabelos vão caindo pra cabeça aparecer

Os filhos vão crescendo e o tempo vai dizendo que agora é pra valer

Os outros vão morrendo e a gente aprendendo a esquecer

[...]

ANTUNES, Arnaldo; Jeneci, Marcelo; ORTINHO. Envelhecer. Intérprete: Arnaldo Antunes. In: _____. **Ie-iê-iê**. [s.l.]: Bola celeste. 2009. 1 cd. Faixa 7.

Roda de conversa

- O que o autor dos versos acima quis dizer com: "a coisa mais moderna que existe nesta vida é envelhecer"?
- O que é ser velho para você?

O que é envelhecer?

Neste ciclo da vida humana, a partir dos 40, 50 anos, pode começar a ser percebida uma diminuição de algumas funções orgânicas, como visão, audição e capacidade respiratória. Pode haver redução da massa óssea e muscular, acúmulo de gordura nos tecidos, diminuição da estatura e na frequência da atividade sexual. Contudo, isso não impede a realização das atividades cotidianas.

Esse desgaste não acontece de uma hora para outra. É um processo que ocorre no dia a dia de forma diferente para cada pessoa. Cada um no seu ritmo, à sua maneira, vê e sente a passagem do tempo.

Fatores como o estilo de vida, as questões sociais econômicas e culturais, a herança genética, além da idade cronológica, podem exercer influência de forma positiva ou negativa, determinando um envelhecimento mais lento ou mais rápido.

Alguns estudos sobre esse tema revelam o quanto cada um desses fatores influencia no processo de envelhecimento.

Observem o gráfico:

- Hábitos de vida
- Hereditariedade
- Condições ambientais
- Doenças

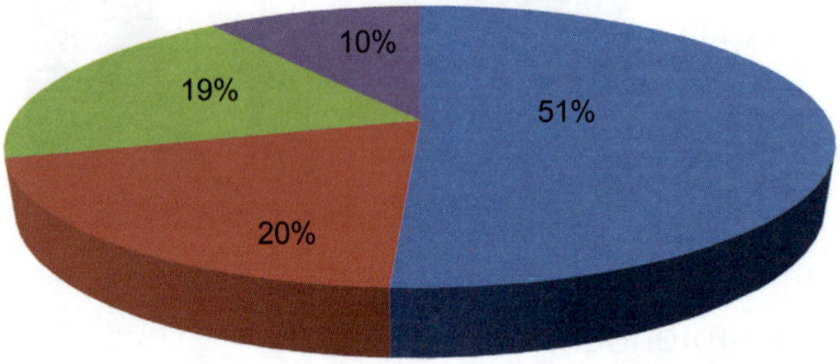

Dados obtidos da Biblioteca Virtual do Ministério da Saúde. Disponível em: <http://bvsms.saude.gov.br>.

GLOSSÁRIO

Hábitos de vida: alimentação, sedentarismo.

Hereditariedade: aqueles que herdamos de nossos pais e avós.

Condições ambientais: envolve questões ambientais: poluição, saneamento; ambientes de trabalho.

Doenças: males que podem surgir ou ser adquiridos ao longo da vida.

O que se pode fazer para estar saudável na velhice?

Não há uma receita para isso, mas alguns pontos podem ser observados:

- Na alimentação, evitar o excesso de sal, doces, massas, e gorduras animais.
- Comer mais frutas, legumes e verduras, beber mais água ou suco de frutas.
- Controlar o peso, pois as pessoas mais obesas têm propensão a ter uma série de doenças, entre elas as cardiovasculares, como a hipertensão.
- Outra atitude importante é evitar o fumo, bem como o álcool e outras drogas, que comprovadamente aceleram o envelhecimento.

Evitar o sedentarismo. Está comprovado que as atividades físicas também contribuem para manter a saúde, melhorar a autoestima, autoconfiança, afetividade e socialização, proporcionando um bom envelhecimento. É importante que as atividades físicas sejam orientadas por pessoas especialistas.

GLOSSÁRIO

Alimentação balanceada – é a alimentação que contém diversos tipos de alimentos em quantidades adequadas tendo como referência a idade e a atividade desempenhada pela pessoa.

Cardiovasculares: o que diz respeito ao fluxo sanguíneo, coração e vasos (veias, artérias, capilares).

Ainda há os fatores psicológicos e sociais que, no contexto dos indivíduos, podem ser condicionantes de um bom envelhecimento ou não.

Aspectos psicológicos: corresponde às questões cognitivas, como percepção, memória, aprendizagem, habilidades, capacidade de adequação às diferentes situações. É normal que esses elementos diminuam com a idade, mas o declínio rápido, em geral, pode ser resultado da falta de motivação pela vida, da solidão, do medo da morte, do uso do álcool e outras drogas, de doenças como depressão, o Alzheimer, Mal de Parkinson.

Com a ajuda do professor, procure no dicionário o significado dos termos: depressão, Alzheimer e Mal de Parkinson.

Aspectos sociais: têm relação com os papéis sociais vividos, o grupo a que o sujeito pertence, os valores culturais, as condições financeiras, o ambiente de trabalho, a aposentadoria. O sentimento de inutilidade, de não mais pertencer a um grupo, a impossibilidade de acompanhar as mudanças da sociedade, ou o fato de aposentar-se podem ser fatos de aceleração do envelhecimento.

Há também questões sociais e econômicas, cujos resultados negativos não surgem repentinamente. Eles vão se acumulando por longos anos e serão sentidos em idades mais avançadas. Um exemplo disso é o trabalho em ambientes insalubres, no qual os trabalhadores ficam expostos às substâncias tóxicas ou a ruídos constantes, ou, ainda, submetidos à atividades que exigem movimentos repetitivos que podem provocar as chamadas doenças ocupacionais.

GLOSSÁRIO

Depressão: a depressão é um distúrbio afetivo que acompanha a humanidade ao longo de sua história. O indivíduo deprimido apresenta alterações químicas em seu cérebro. A pessoa apresenta tristeza, pessimismo, angústia. É imprescindível o acompanhamento médico tanto para o diagnóstico quanto para o tratamento adequado.

Alzheimer: doença degenerativa do cérebro que leva à demência.

Mal de Parkinson: doença degenerativa crônica e progressiva do sistema nervoso que ocasiona tremores e dificuldades na coordenação.

Esses fatores podem ser evitados, controlados e prevenidos. É obrigatório às empresas desenvolverem políticas que promovam o bem-estar e assegurem a saúde dos seus trabalhadores por meio de cursos, palestras e de conscientização do uso de equipamentos de proteção.

Saber mais

A Organização Mundial da Saúde (OMS) toma como referência a idade cronológica e as condições sociais e econômicas para determinar o início da velhice, e estabelece o seguinte: é considerada idosa a pessoa com 65 anos nos países desenvolvidos e 60 anos nos países em desenvolvimento.

1. Aponte as principais mudanças fisiológicas do processo de envelhecimento.

2. Quais são os fatores psicológicos que influenciam no envelhecimento?

3. De acordo com o que você estudou sobre o envelhecimento, justifique a seguinte afirmação:

   As mudanças que ocorrem durante o processo de envelhecimento são sentidas de forma particular por cada um.

4. Entre 1999 e 2009, o número de pessoas idosas no Brasil passou de 6,4 milhões para 9,7 milhões (fonte: IBGE). Em sua opinião, o que favoreceu esse aumento do número de pessoas idosas?

5. Numa folha de papel, produza uma lista das atitudes que considera importantes para um bom envelhecimento, e uma lista das atitudes que considera prejudicial. Fixe a folha no mural da sala. Com o professor, faça o levantamento das ações apontadas pela turma toda. Destaque as ações positivas e as negativas que foram mais citadas.

   Com a mediação do professor, promova, junto com os colegas, um fórum de debates sobre como melhorar a qualidade de vida. Registre no caderno os pontos que julgar importante.

Será apenas uma questão de linguagem?

Roda de conversa

- Você acha que o termo "velho", para designar uma pessoa idosa, é preconceituoso?
- E o termo "pessoas idosas", também é preconceituoso?
- Qual a sua opinião para as expressões "terceira idade" ou "melhor idade", usadas para se referir às pessoas mais velhas?

Vejam o que o escritor Rubem Alves pensa sobre os termos utilizados para se referir às pessoas que já têm alguns anos de vida:

Gestos amorosos

(...) não entendo por que "velho" é politicamente incorreto. "Idoso" é palavra de fila de banco e de fila de supermercado; "velho", ao contrário, pertence ao universo da poesia. Já imaginaram se o Hemingway tivesse dado ao seu livro clássico o nome de *O idoso e o mar*? Já imaginaram um casal de cabelos brancos, o marido chamando a mulher de "minha idosa querida"? Os alto-falantes nos aeroportos convocam as crianças, as gestantes, as pessoas com dificuldades de locomoção e a "melhor idade"... Alguém acredita nisso? Os velhos não acreditam. Então essa expressão "melhor idade" só pode ser gozação.

Disponível em: <http://feeds.folha.uol.com.br/fsp/cotidian/ff2705200804.htm>.

Direitos conquistados

Apesar de toda a discriminação que ainda possa existir, as pessoas idosas já conquistaram alguns direitos em nossa sociedade. Veja alguns:

- Descontos em entradas de teatro e cinema.
- Transporte gratuito em ônibus municipais e intermunicipais.
- Lugares reservados para estacionar carros.
- Prioridade nos atendimentos de caixas de bancos e de supermercados e serviços públicos.

O Estatuto do Idoso estabelece por lei os direitos pessoas idosas, fazendo-os plenamente reconhecidos na sociedade contemporânea. Trata-se da lei nº 10 741, de 1º de outubro de 2003, sancionada e assinada pelo Presidente de República junto à Subchefia para Assuntos Jurídicos da Casa Civil.

1. Junto com seus colegas e com o auxílio do professor, aponte alguns direitos conquistados pelas pessoas idosas.

____

2. O que você pensa quando percebe que uma pessoa jovem estaciona o carro na vaga de pessoas idosas?

____

3. Ter vivido 60 anos ou mais não significa que a pessoa esteja doente, não consiga trabalhar, ser autônomo. Atualmente, nesta faixa etária, as pessoas podem continuar produtivas e atuantes. Muitas pessoas idosas se aposentam, mas voltam ao mercado de trabalho. Existem aqueles que consideram esta fase da vida o momento para novas conquistas e para a busca de satisfação pessoal.

A Organização Mundial da Saúde adotou o termo "envelhecimento ativo" para expressar esse processo de conquista.

O envelhecimento da população é um dos maiores triunfos da humanidade.

Disponível em: <http://www.prosaude.org/publicacoes/diversos/envelhecimento_ativo.pdf>.

Considerando o texto que você acabou de ler, por que ainda existe em nossa sociedade preconceito com a pessoa idosa?

Em sua opinião, por que o envelhecimento é considerado um dos maiores triunfos da humanidade?

____

____

4. "O primeiro ano de funcionamento do Disque 100 – serviço criado pelo governo federal, em 2011, para receber denúncias de violação aos direitos humanos – fechou com quase 44 mil registros de violência praticada contra idosos. Acusações de negligência despontaram nesse cenário (17 mil), seguidas de perto por episódios de abandono/violência psicológica (13 mil) e agressões físicas (7 mil)"

Disponível em: <www12.senado.gov.br/noticias/materias/2012/09/11/debate-revela-discriminacao-e-violencia-contra--idosos-brasileiros>.

Após a leitura e discussão com os colegas e professor, respondam, em dupla, as seguintes questões:

- Vocês já presenciaram alguma violência contra a pessoa idosa? O que pensam sobre isso?
- Em sua opinião, é importante denunciar atos de violência contra as pessoas? Por quê?

5. Nova cara da velhice.

"Publicitários lançam um abaixo-assinado para modernizar o símbolo que representa o idoso no país. Será que o símbolo do bonequinho curvado e apoiado em uma bengala que representa as pessoas com mais de 60 anos no Brasil traduz o estilo delas"?

Disponível em: <www.portaldoenvelhecimento.org.br>

- Você assinaria esse abaixo assinado? Justifique.

Em dupla, criem um símbolo para as pessoas idosas que vocês julgam mais adequado. Façam o desenho numa cartolina. Podem usar canetas coloridas, lápis de cor, tinta guache, etc. Exponham o seu trabalho no mural da sala e realizem uma votação para eleger o símbolo mais criativo.

altafulla/Shutterstock

Unidade 2 Que mundo é esse?

Nessa unidade, você vai compreender como o ser humano se conecta no ambiente, como os estímulos são percebidos, interpretados e identificados.

Percebendo o mundo

Cide Gomes

Numa noite chuvosa de outono, Ricardo chega à escola, olha o relógio e **vê** que está atrasado. Apura o passo e, já no corredor, **ouve** a voz do professor. Caramba! A aula já começou. Entra na sala com todo cuidado, evita atrapalhar os colegas, mas, na passagem, **sente na pele** um beliscão de uma colega, que tenta em vão prestar atenção no professor.

Próximo à hora do recreio, a turma é envolvida por um **cheiro** muito especial de café que vem da cantina. Em pouco tempo, o aroma toma conta do ambiente, tornando praticamente impossível para o professor manter sua turma ligada nos trabalhos. Assim, ele propõe um intervalo, calorosamente aceito pelos alunos, que saem apressados em direção à cantina, ávidos por **saborear** aquele delicioso café quentinho.

Roda de conversa

- Como Ricardo viu que estava atrasado?
- Como percebeu que a aula havia começado?
- Como sentiu o beliscão?
- Como os alunos sabiam que o cheiro era de café?
- Como identificaram o sabor do café?

Leitura

Nossas conexões

Percebemos o mundo graças ao nosso sistema sensorial, formado pelos órgãos dos sentidos: olhos, orelhas, nariz, pele e língua, que estão conectados ao sistema nervoso. Assim, esses órgãos captam os estímulos do meio, que são transmitidos ao sistema nervoso, onde são decodificados, interpretados e transformados em sensações. Por exemplo, o forte cheiro do café.

Para ver a hora no relógio, Ricardo usou os olhos, órgão relacionado à visão; para ouvir o professor, a orelha, responsável pela audição; o beliscão foi sentido na pele, órgão do tato; o cheiro do café foi sentido pelo nariz, que é responsável pelo olfato; o sabor do café, na língua, órgão do paladar.

Assim, somos capazes de reagir à luz, ao calor, ao frio, aos ruídos, cheiros, sabores, texturas, agressões, etc. Há, também, a percepção que envolve os aspectos cognitivos, como a memória, o raciocínio, os valores culturais, a emoção. Por exemplo, para saber que o cheiro era de café, foi necessário o uso da memória, ou seja, da aprendizagem antecipada do cheiro do café.

A percepção do mundo à nossa volta, além de garantir nossa integração no ambiente, também nos ajuda a identificar situações de perigo.

Salvos pelos sentidos...

Nesse texto, você vai perceber que não basta estar ligado ao ambiente pelos sentidos para se prevenir de acidentes, é preciso alguns conhecimentos prévios para poder se livrar dos perigos. Por exemplo, não basta sentir cheiro de gás para fugir do local, é preciso saber que inalando esse gás você corre risco de vida.

Como os sentidos e a cognição podem contribuir para a nossa sobrevivência?

Voltando à nossa historinha...

Ricardo, antes de chegar à escola, passou por um susto que quase o impediu de estudar naquela noite. Num cruzamento nas proximidades da sua casa, ele se livrou de um atropelamento, porque parou imediatamente ao **ouvir** o som da buzina de um carro que trafegava na rua.

Nesse caso a audição foi fundamental e garantiu a integridade física do nosso personagem. Mas, e se ele estivesse distraído com fones de ouvido, ouvindo música em alto volume, ou se tivesse algum grau de deficiência auditiva, ou, ainda, se não soubesse que aquele som era de uma buzina de carro? As chances de sobrevivência certamente não seriam as mesmas.

Embora os estímulos provenientes do ambiente sejam os mesmos, cada indivíduo, através de seus órgãos dos sentidos e de suas experiências anteriores, tem uma forma própria de identificá-los e interpretá-los.

Em grupo

1. Os alunos, em grupos formados pelo professor, farão a seguinte atividade.

Cada grupo vai relatar:

a) uma história em que os sentidos contribuíram para salvar vidas.

b) uma história em que os sentidos falharam e por quê.

Um aluno do grupo apresentará as duas histórias em plenária para a turma.

Nossos informantes

Vamos ver a seguir o que os órgãos dos sentidos têm de especial para funcio-renam como verdadeiros informantes do ambiente:

Órgãos	Sentidos	Estímulos
Olhos	Visão	Formas, cores, movimento, profundidade
Orelhas	Audição	Sons, timbre, altura, intensidade
Pele	Tato	Forma, tamanho, temperatura, dor, textura
Nariz	Olfato	Odores
Língua	Paladar	Sabores

Olhos – visão

Os olhos são nossos informantes para captar a luz do ambiente.

Roda de conversa

- Será que todos nós enxergamos da mesma maneira?
- Será que tudo o que você vê corresponde à realidade?
- Olhe a imagem. Será que as pessoas estão realmente caindo no buraco?

© Justin Kase z11z / Alamy/Glow Images

Pavimento cidade de Londres. Artista Julian Beaver. Londres (Inglaterra), 1997.

Olho humano: visão em 3D

Os nossos olhos enxergam as imagens em três dimensões: altura, largura e profundidade.

A visão obtida pelo olho humano é binocular, ou seja, cada olho enxerga uma imagem diferente, e o cérebro as combina em uma única imagem. Esse fenômeno natural é chamado de **estereoscopia** e auxilia na percepção de profundidade. O nosso cérebro cria a ilusão do 3D.

Enxergamos com os olhos ou com o cérebro

A luz refletida pelos objetos entra nos olhos, atravessa a córnea, a pupila, o humor aquoso, o cristalino e chega até a retina localizada no fundo do olho. Na retina existem células sensíveis à luz que vão definir a imagem. Essa imagem é invertida e será ajustada pelo cérebro. A retina transforma a imagem em impulsos nervosos, que chegam ao cérebro pelo nervo óptico. Lá, a imagem é processada e transformada em sensações visuais. Veja a figura ao lado:

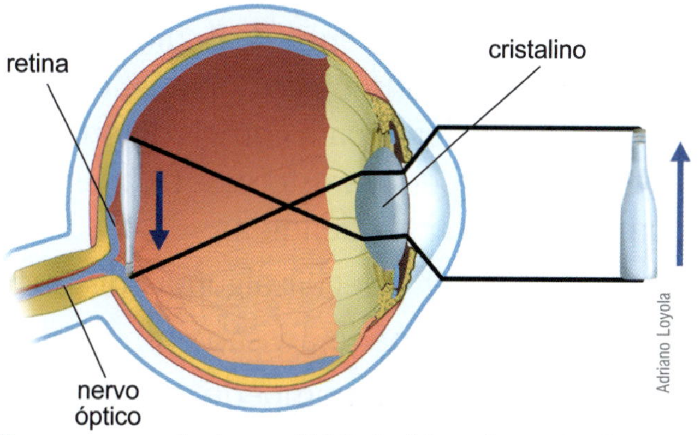

Esquema representando a constituição do globo ocular, mostrando a imagem invertida na retina. Sem escala, cores-fantasia.

Eu não nasci de óculos...

Óculos
Se as meninas do Leblon
Não olham mais pra mim
Eu uso óculos
E volta e meia
Eu entro com meu carro pela contramão
Eu tô sem óculos
Se eu tô alegre
Eu ponho os óculos e vejo tudo bem
Mas se eu to triste eu tiro os óculos
Eu não vejo ninguém
Por que você não olha pra mim? Ô ô
Me diz o que é que eu tenho de mal ô ô
Por que você não olha pra mim?
Por trás dessa lente tem um cara legal
Oi Oi Oi Oi Oi

VIANNA, Herbert. Óculos. Intérprete: Os Paralamas do Sucesso. In: _____. **O carro do Lui**. Rio de Janeiro: Emi – Odeon, 1984. Faixa 1.

Herbert Vianna, quando escreveu essa música, usava óculos e achava que os caras que usavam óculos eram menos atraentes para as garotas.

O uso do óculos não pode significar problema na vida de ninguém. Ao contrário, ele é solução. O mundo nos parece mais nítido, limpo, bem definido. É como se estivéssemos vendo a vida em HD (*High Definition*) – alta definição.

Usar óculos tem lá seus encantos, como diz a música, e dá pra fazer charme de intelectual.

Existem vários tipos de óculos, cada um com sua especificidade. Na realidade, quando nos referimos aos óculos, estamos nos referindo às lentes. Existe um tipo específico de lente para corrigir determinada disfunção visual. Por exemplo, para ver de longe, de perto, existem os bifocais, os multifocais, enfim, as lentes vão permitir uma imagem mais definida.

Vamos ver a seguir algumas disfunções visuais.

Miopia: impede a visão com nitidez de objetos situados longe da pessoa.

Hipermetropia: impede a visão com nitidez de objetos localizados próximos à pessoa.

Astigmatismo: as imagens, tanto de perto como de longe, são distorcidas, com pouca nitidez.

Presbiopia: diminuição da capacidade do olho de focalizar objetos de perto, também conhecida por "vista cansada". Isso ocorre em função da idade – as fibras que formam o cristalino vão perdendo a sua elasticidade.

Em todos os casos, quem define o tratamento mais adequado certamente é um oftalmologista, que poderá solicitar o uso de vários tratamentos, lentes e até cirurgias.

Oftalmologista: médico especialista que investiga e trata as doenças relacionadas com a visão – olhos e seus anexos.

Saber mais

- O projeto Olhar Brasil tem por objetivo identificar e corrigir problemas de visão nos alunos de escolas vinculadas ao PSE (Programa Saúde na Escola) e ao PBA (Programa Brasil Alfabetizado), gerido pelo Ministério da Educação.

  Você pode buscar mais informações sobre o projeto no seguinte *site*: <http://portal.saude.gov.br/portal/saude/area.cfm?id_area=1298>, onde terá especificado os municípios com adesão ao PSE e PBA, ou nas Secretarias de Saúde e Educação do seu município.

Projeto OLHAR BRASIL

Projeto Olhar Brasil

- **Olhos vermelhos nas fotos**: a pupila do olho é preta, mas fica avermelhada em fotos tiradas com *flash*. O olho humano é como uma câmara escura com um orifício, a pupila. Como normalmente a luminosidade é maior fora do que dentro do olho, enxergamos a pupila preta. Entretanto, o fundo do olho é intensamente irrigado por vasos sanguíneos, o que confere uma cor vermelho-alaranjada. Por isso, quando uma luz intensa como o *flash* de máquinas fotográficas entra no olho, a cor vermelha é preferencialmente refletida.

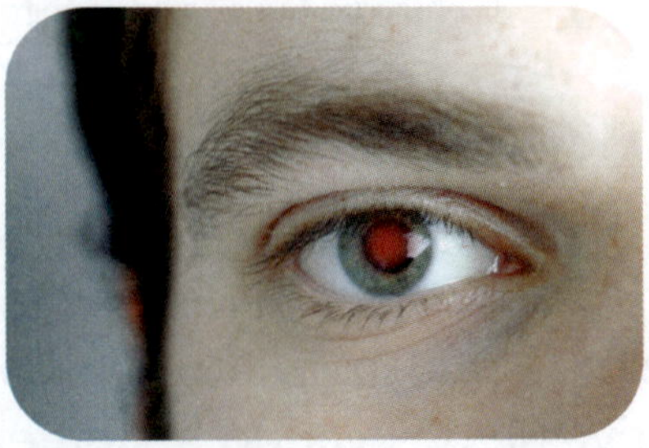

Mariana Sampaio/Glow/images

Variações no diâmetro da pupila

- Por que em algumas vezes nossa pupila se apresenta mais dilatada e em outras está bem menor?

Bo Valentino/Shutterstock

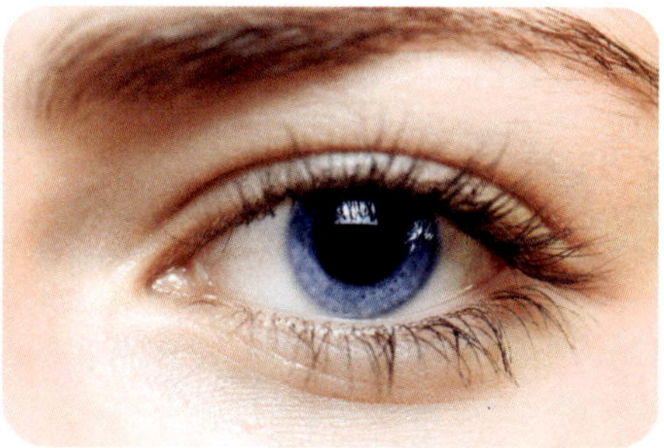

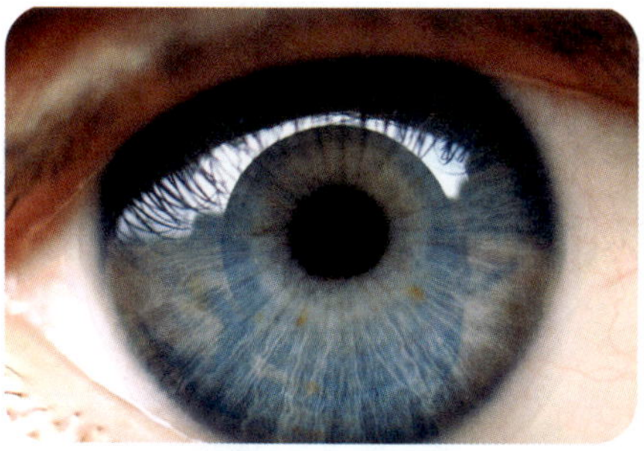

mevert/shutterstock

Quando estamos em ambientes mais escuros com pouca luz, dentro do cinema, por exemplo, o diâmetro da pupila aumenta, permitindo a entrada de mais luz para o interior do olho e, assim, facilitando nossa visão.

Em ambientes muito claros, com muita luz, numa praia, por exemplo, o diâmetro da pupila diminui, dificultando a entrada da luz para o interior do olho, impedindo que o excesso de luz danifique as células fotossensíveis da retina.

A mudança no diâmetro da pupila, aumentando ou diminuindo, é um movimento involuntário.

1. Escreva no caderno, resumidamente, o que você entendeu sobre o mecanismo da visão.

2. Ao sairmos de um ambiente escuro e entrarmos numa sala iluminada, nossa visão ofusca até o ponto de ficarmos totalmente sem visão por alguns segundos. Por que isso ocorre?

3. Por que depois de alguns segundos a visão volta ao normal?

Variação da pupila

Experimento em duplas.

a) Num ambiente iluminado, aproxime-se dos olhos de seu colega e verifique o tamanho de sua pupila: depois, leve-o a um ambiente com pouca luz e verifique o que acontece com a pupila.

b) Depois, desenhe os olhos de seu colega num ambiente com muita e com pouca luz.

c) Explique por que isso aconteceu.

Pesquisa

1. Pesquisar se é possível ou se já existem técnicas especiais para assistir filme em 3D sem óculos.
2. Pesquisar se outros animais também têm visão tridimensional como a nossa.
3. Pesquisar que relação existe entre a luz e as cores.

Essa pesquisa poderá ser feita em duplas e deverá ser apresentada para os colegas e professor em sala de aula.

Investigação: eu uso óculos

Monitorados pelo professor, vocês farão uma pesquisa relacionada ao uso de óculos dos colegas de sala. Nessa investigação seria importante saber se os alunos que usam óculos foram realmente examinados por um oftalmologista, ou se compraram seus óculos por conta própria em lugares não especializados.

Pesquisar

- Total de alunos na sala de aula.
- Desses, quantos usam óculos?
- Quantos foram examinados por oftalmologistas?
- Quantos usam óculos por conta própria, comprados em lugares não especializados?
- Por que usam óculos? Por exemplo, para enxergar de perto, de longe, etc.

Fazendo conexão com... Matemática

Com a ajuda do professor de Matemática, os números obtidos nessa pesquisa deverão ser apresentados na forma de um gráfico.

Orelha - audição

Roda de conversa

- O que acontece na sua casa quando o som está em alto volume?
- Você percebe as vibrações que saem das caixas acústicas, nos vidros das janelas, nos móveis, nas paredes?
- Por que isso acontece?

© aberenyi/Fotolia.com

As orelhas são nossos informantes que captam as ondas sonoras provenientes do ambiente. Nossa audição também nos permite identificar os diferentes tipos de sons e saber a distância e a direção a que nos encontramos da fonte sonora. Além disso, permite-nos aprender a falar, nos colocar em alerta diante de barulhos como: buzina de carro, barulho do trem, barulho de tiro, gritos de socorro, etc.

Quando escutamos um som é porque um determinado corpo está vibrando. Ao bater num tambor com uma baqueta, ou com a própria mão, fazemos esse corpo vibrar produzindo o som; quando as cordas de um violão ou violino se movimentam, elas vibram e emitem sons.

Por exemplo, a vibração produzida pela caixa acústica propaga-se por meio de ondas pelo ar, que é um meio material. Essas ondas atingem todo o ambiente, e fazem vibrar, por exemplo, os vidros das janelas, as paredes, os móveis, utensílios, além, é claro, das nossas orelhas.

A nossa voz também é resultado de vibrações; ela é produzida pela vibração das pregas vocais, localizadas na laringe.

Assim, podemos definir som como uma onda que se propaga somente em meios materiais (sólidos, líquidos e gases) por meio de vibrações. Quando essas vibrações são captadas pelo nosso **aparelho auditivo**: **orelha externa**, **orelha média** e **orelha interna**, torna-se possível escutar.

Ouvindo com o cérebro?

As ondas sonoras captadas pelas **orelhas** fazem vibrar a membrana do **tímpano**, os **três ossinhos**, à **cóclea**, que transforma essa vibração em impulso nervoso, por sua vez levado para o **cérebro** através do nervo auditivo, onde os sons são interpretados e identificados. Veja o gráfico a seguir.

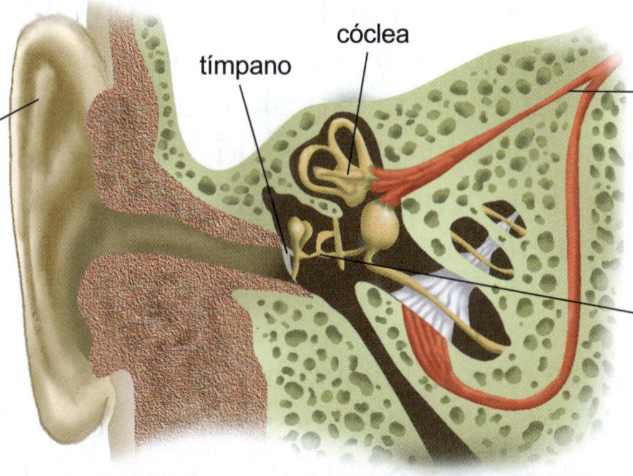

Esquema do corte da orelha, mostrando o caminho das ondas sonoras. Representação sem escala, cor fantasia.

Saber mais

Ouvindo o mar na concha: será ilusão?

© Gravicapa/Fotolia.com

Mulher ouvindo o som que sai da concha.

Quantas vezes na nossa infância pegávamos uma concha, levávamos até a orelha para ouvir o mar, mesmo muitas vezes distante dele? No nosso imaginário era nítido que o som era das ondas do mar... doce ilusão!

Mas, então, por que ouvimos esse som?

Ao encostar a concha na orelha, escuta-se todos os sons que estão no ambiente. A forma de concha funciona como um amplificador do som. É por isso que alguns anfiteatros ao ar livre têm este formato. Encostando a concha na orelha, o ar que passar por ali vai bater e voltar nas superfícies curvadas da concha. Esta ressonância do ar acaba criando o som que a gente percebe ser semelhante ao som das ondas do mar.

- Será que esse som é possível ouvir apenas na concha?

Experimento

Material: objetos com cavidade semelhante à da concha, por exemplo: copo, caneca, potes, lata e, se possível, uma concha para comparar com os outros objetos.

Agora, vocês farão um experimento semelhante ao da concha. Vão pegar cada objeto, um de cada vez, encostar na orelha e verificar o que acontece.

No final, discutam com o professor sobre o que cada um ouviu, e se foi semelhante ao som que se ouve na concha, enfim, o que vocês concluíram.

Vou acabar ficando surdo: frequência e intensidade do som

Estamos diariamente expostos a uma infinidade de sons que se traduzem em ruídos e barulhos diversos, como: buzinas de carro, britadeiras, sirenes, alto-falantes de publicidade, o trânsito em geral. Enfim, a exposição à **frequência** e a **intensidade** desse excesso de barulho pode comprometer a saúde do nosso aparelho auditivo. As lesões na orelha interna podem ocorrer após uma exposição simples ao ruído ou após exposições prolongadas de meses ou anos.

Frequência:

Você ouve todos os dias no rádio a palavra **hertz**, quando o locutor identifica a rádio, por exemplo: EDUCATIVA FM 98.9 (megahertz) MHz.

O hertz (Hz) é uma unidade de medida de frequência de ondas de rádio (eletromagnéticas) ou sonoras (mecânicas). As frequências das ondas eletromagnéticas de rádio normalmente são medidas em quilohertz (KHz), megahertz (MHz) ou gigahertz (GHz).

O som pode se propagar com diferentes frequências, no entanto, o nosso sistema auditivo percebe somente ondas com frequências que estão compreendidas entre o intervalo de 20 hertz e 20 000 hertz. Ondas inferiores a 20 hertz são chamadas de **infrassom**, e ondas superiores a 20 000 hertz são denominadas de **ultrassom**. As ondas que possuem frequências inferiores ou superiores à faixa auditiva dos humanos não são ouvidas.

Quando uma onda sonora é emitida em baixa frequência, o som é mais grave, por exemplo, a voz masculina. Se for em alta frequência, o som é mais agudo, como a voz feminina.

Intensidade:

A intensidade sonora está associada ao que comumente chamamos de volume, por exemplo, um som mais forte ou fraco. Ele está ligada à energia de vibração das ondas. Um som mais intenso (forte) significa mais energia de vibração, e um som menos intenso (fraco), menos energia de vibração.

A intensidade sonora é medida em uma unidade chamada bel, em homenagem ao cientista inglês Graham Bell, o inventor do telefone.

A unidade S.I. do nível sonoro é o **bel** (B), embora normalmente seja utilizado o decibel (dB), que é igual a 0,1 B.

Vamos ver, a seguir, alguns exemplos de situações com suas respectivas intensidades em decibéis.

Como a distância afeta a intensidade do som, os índices a seguir foram medidos próximos ao som.

Exemplos	dB
Silêncio total	0
Sussurro	15
Conversa normal	60
Máquina de cortar grama	90
Buzina de automóvel	110
Show de *rock*	120
Tiro ou rojão	140

Alguns cuidados devem ser observados: por exemplo, um som acima de 85 dB pode causar perda de audição, dependendo do tempo de exposição.

Se você precisar elevar a voz para ser ouvido por outra pessoa, significa que está sendo exposto a um som de mais de 80 dB. E se o som chegar a 90 dB durante 8 horas, pode causar danos ao seu aparelho auditivo, mas uma exposição de 140 dB durante um segundo já é o suficiente para causar danos acompanhados de dor.

Saber mais

O **cerume** (a popular "cera") não é sujeira, mas sim parte de um importante mecanismo de defesa do canal da orelha contra infecções bacterianas e fúngicas.

Portanto, remova apenas seu excesso. Para isso, use uma tolha macia. As hastes de algodão não são aconselháveis.

Ouvir barulhos muito intensos pode causar perda de audição com o passar do tempo. Por isso, pessoas que trabalham com máquinas barulhentas devem usar protetores de orelhas.

O uso contínuo de fones de ouvido, para escutar músicas, pela intensidade (volume) muito forte, com o tempo pode levar a uma perda auditiva.

A **audiometria** é o exame realizado para aferir nossa capacidade auditiva. É uma importante fonte de orientação para as medidas preventivas e curativas.

Libras: a linguagem dos sinais

Existem pessoas que não conseguem ouvir ou que ouvem muito pouco. Elas podem ter nascido assim, ou apresentaram essa dificuldade por problemas de saúde, acidentes ou com a idade.

Assim, elas se comunicam por meio da visualização do movimento da boca de outras pessoas, ou ainda por meio de gestos. É a chamada "língua dos sinais" ou Libras, que significa língua brasileira de sinais. Corresponde a uma forma de comunicação através de gestos com a mão.

Essa dificuldade para ouvir, em alguns casos, pode ser corrigida por aparelhos auditivos. A função do aparelho é ampliar as ondas sonoras, facilitando a percepção do som.

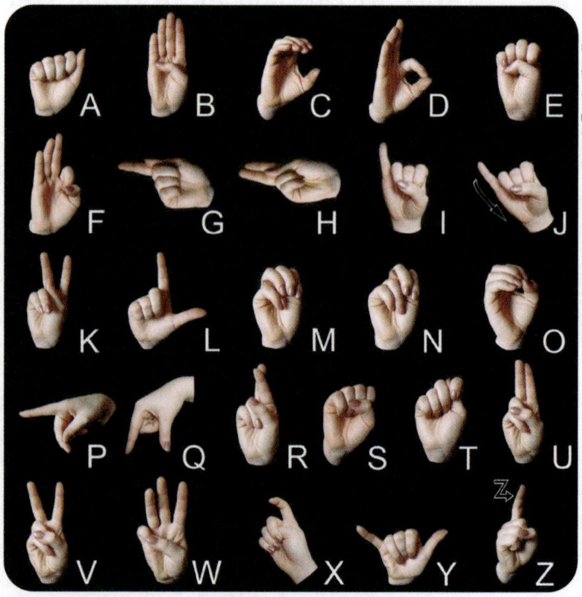

Alfabeto da linguagem de sinais por Libras.

Comunicação com libras

Em duplas e utilizando o alfabeto da linguagem de sinais por libras, cada aluno vai tentar se comunicar com seu colega.

Primeiro, vai escrever no caderno a palavra que escolheu para se comunicar, depois, vai treinar por alguns minutos e depois tentar se comunicar.

No final, junto com o professor, troquem ideias de como foi essa experiência, e as dificuldades que tiveram para se comunicar.

Com ajuda do professor façam uma grande roda no meio da sala. Um aluno ficará no centro com os olhos vendados. Cada aluno que está na roda fará um barulho suave, como: bater palma, estalar os dedos ou sussurrar. Um de cada vez, para não confundir o aluno que vai tentar identificar quem emitiu o som e de onde veio.

As regras poderão ser estabelecidas junto com o professor.

Investigação em grupo – Acústica da sala de aula

Problema: verificar se a sala onde vocês estudam tem uma boa acústica.

O primeiro passo para tentar resolver o problema é a **observação**. Na observação, vocês vão buscar respostas para as suas próprias indagações, ao mesmo tempo, já vão elaborando possíveis **hipóteses**, que são afirmações provisórias, as quais poderão ser **experimentadas** para verificar se essas deduções podem ser **confirmadas** ou **refutadas**.

1. **Observação**: exemplos de perguntas que vocês podem fazer em relação à sala de aula em que vocês estudam:
   - É possível, dentro da sala, ouvir barulhos ou sons provenientes da rua, da sala ao lado, do corredor, do pátio, etc.?
   - Que barulhos ou sons são esses? Como podem ser eliminados ou minimizados?
   - Que sons ou barulhos produzidos dentro da sala atrapalham a aula? Como eliminá-los?
   - Mesmo com todos esses barulhos é possível ouvir a professora?

   Esses questionamentos são apenas alguns exemplos, que poderão ser ampliados juntamente com os colegas e professor.

2. **Hipótese**: depois de tentar responder tantos questionamentos, muitas hipóteses vão se compondo, por exemplo:
   - A sala não tem uma boa acústica porque é possível ouvir os sons que são produzidos lá fora.
   - A sala tem uma boa acústica, basta fechar a porta para vedar o som externo.

São apenas alguns exemplos, a partir dos quais o grupo elaborará suas próprias hipóteses.

3. **Experimentação**: vocês vão fazer os testes e experimentos que vão comprovar ou refutar o que foi afirmado. Por exemplo:
   - Fechar só as portas; fechar só as janelas; fechar portas e janelas; fazer silêncio; etc.

4. **Conclusão**: na conclusão vocês vão afirmar ou não se a sala de aula onde estudam tem uma boa acústica e se é adequada para uma sala de aula.

O próximo passo seria a pesquisa de novas tecnologias que minimizassem ou solucionassem o problema da acústica, se necessário.

Responda em seu caderno às questões abaixo

1. Por que afirmamos que ouvimos com o cérebro?
2. Como os trabalhadores se protegem do excesso de barulho no local de trabalho?
3. Explique qual a função da linguagem de sinais ou libras.
4. Qual a função do cerume?
5. É possível um show de *rock* causar lesão no nosso aparelho auditivo?

Pele - sensibilidade

Roda de conversa

Voltando à nossa historinha inicial, o beliscão que o personagem Ricardo levou, além da pressão dos dedos da colega sobre sua pele, causou-lhe também dor.

- Por ele sentiu dor?
- Que outras sensações são possíveis experimentar na pele?

Sensibilidade à flor da pele

Um abraço, um beijo, um afago, uma textura, o frio, o calor, o liso, o rugoso, o duro, o mole, o seco, o molhado, o pastoso, o gelado, o áspero, o contorno, a forma e a dor são sensações experimentadas pela nossa pele.

Essas diferentes sensações percebidas pela pele só são possíveis graças à presença das terminações nervosas e dos corpúsculos táteis, os quais são responsáveis pela captura e transmissão dessas sensações ao cérebro onde são processadas e gerando respostas.

Essas terminações e corpúsculos estão espalhados por toda a pele, mas existem partes do corpo em que há maior concentração deles, que são as áreas mais sensíveis à recepção dos estímulos. Por exemplo, as mãos, os pés, os lábios, a língua e as regiões genitais.

A explosão de sensações que são experimentadas durante um beijo se inicia com uma leve pressão nos lábios, acompanhado de calor e muitos batimentos cardíacos.

A pele é o maior órgão sensorial do corpo. Ela recobre o corpo como uma camada protetora, impermeável e flexível. É sensível não só ao tato, mas também à pressão, à dor e à temperatura.

William Perugini/Shutterstock

Beijo na boca.

Saber mais

- Para compensar a falta da visão, os deficientes visuais têm o tato tão desenvolvido que são capazes de sentir se os objetos têm cores diferentes pela temperatura deles. Isso porque as diversas cores possuem temperaturas variadas, que são imperceptíveis para as pessoas que não têm o tato tão sensível.
- A camada superficial da pele é formada por células mortas, que funciona como uma barreira protetora, a qual é constantemente renovada. Durante o banho, essa camada mais superficial da pele é facilmente removida.

Salve sua pele!

Em grupos: monitorados pelo professor, vocês produzirão um cartaz cujo tema é "Salve sua pele".

Material: cartolina, papel-bobina, revistas velhas, canetinhas, lápis de cor, giz de cera, tesoura sem ponta, cola.

1. Pesquisar na biblioteca da escola, em livros, revistas e internet medidas de proteção à pele, principalmente ligadas à exposição ao Sol no verão. Por exemplo, horários adequados de exposição, bloqueadores, protetores, etc.

2. Elaboração do cartaz.

3. Apresentação para os colegas e professor.

Divulgando um banco de pele

1. Pesquisar sobre os bancos de peles: histórico, o que fazem, suas dificuldades, possibilidades, onde se localizam, etc.

2. Realizem uma entrevista com colegas e professores, com as seguintes questões:
   - Você já ouviu falar em banco de pele?
   - O que você sabe sobre transplante de pele?
   - Você doaria sua pele?

3. Apresentem esses dados para a turma. Em seguida, preparem, junto com seu professor, um evento na escola para estimular a doação e divulgar o banco de pele. Seria importante convidar uma pessoa especializada para fazer uma fala na escola, para toda comunidade escolar.

A importância do tato

A existência de terminações nervosas e corpúsculos táteis explica a extrema sensibilidade existente na nossa pele. Isso ajuda a proteger nosso corpo de ferimentos e outras situações de perigo existentes no ambiente. A perda dessa sensibilidade significa se expor às ameaças do meio, mesmo sem perceber. Por exemplo, doenças como hanseníase e diabetes podem levar à perda da sensibilidade de alguma parte do corpo. Assim, a pessoa pode encostar a mão no fogo e não perceber.

Lendo com os dedos

O tato é um sentido muito utilizado pelos deficientes visuais para ler e escrever, usando o código em braille.

O sistema braille usa o sentido do tato como forma de leitura. Foi desenvolvido em 1829 por um jovem cego chamado Louis Braille e até hoje é usado em todo mundo.

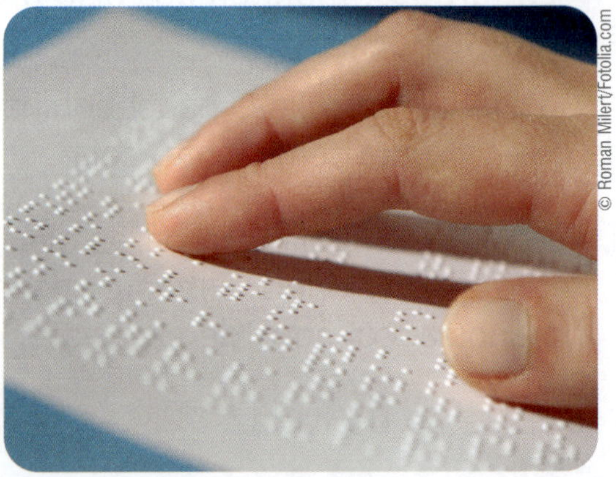

© Roman Milert/Fotolia.com

Nesse sistema são usados caracteres em relevo, dispostos em combinações diferentes de seis pontos, onde é possível fazer 63 combinações diferentes, que podem representar letras simples, acentuadas, pontuações, algarismos, sinais algébricos e notas musicais.

Embora esse sistema seja usado em todo o mundo e tenha demonstrado eficiência, ainda não atingiu todos os meios da sociedade. Ainda é muito difícil para um deficiente visual se sentir incluído ao transitar por todos os lugares das cidades, sejam eles públicos ou privados. Por exemplo, ao usar o banheiro, a dificuldade é distinguir se é masculino ou feminino, porque a maioria não traz informações escritas em braille. Nomes de ruas, cardápios, placas informativas, entre outros, também não são escritos nesse sistema.

Em grupo

Vendar os olhos dos alunos com lenços ou faixas e se certificar se realmente não estão enxergando nada.

Identificando o colega: os alunos com olhos vendados vão tentar reconhecer o colega apenas pelo tato, sem ouvir sua voz. O professor formará as duplas, direcionando as mãos dos alunos para que toquem o rosto uns dos outros.

Responder em grupo

- Expliquem por que o sentido do tato pode nos proteger de situações de perigo.
- Expliquem o que a distribuição de corpúsculos táteis na pele tem a ver com maior ou menor sensibilidade ao tato. Citem exemplos.
- Citem algumas dificuldades enfrentadas pelo deficiente visual transitando pela cidade.

Nariz - olfato

Roda de conversa

O olfato é o sentido diretamente ligado às emoções e ao acúmulo de memórias.

Os odores povoam nossa memória por longo tempo. A quaresmeira, por exemplo, uma flor de um arbusto de uns cinco metros de altura, encontrada na Serra do Mar, faz parte da minha lembrança da infância.

Mauroguanandi/W. Commons

Todo ano, nas férias de verão, íamos para a praia no litoral catarinense, e sempre, nessa época, encontrávamos a Serra do Mar tomada por um cheiro muito agradável, muito colorida e florida pelas quaresmeiras.

Hoje, o cheiro delas está associado às férias de verão, praia, lazer, enfim, está preso na minha memória afetiva.

- Que odores vocês trazem na memória?
- São memórias agradáveis ou não?
- É possível sentir o cheiro de todas as substâncias?

Hum! Esse cheiro...

Quando cheiramos, as partículas do odor são captadas pela mucosa olfatória, situada no alto da cavidade nasal. Daí são gerados impulsos que são enviados para o cérebro, onde são interpretados. Por exemplo, se é um perfume, ou um bom vinho, ou um mau cheiro.

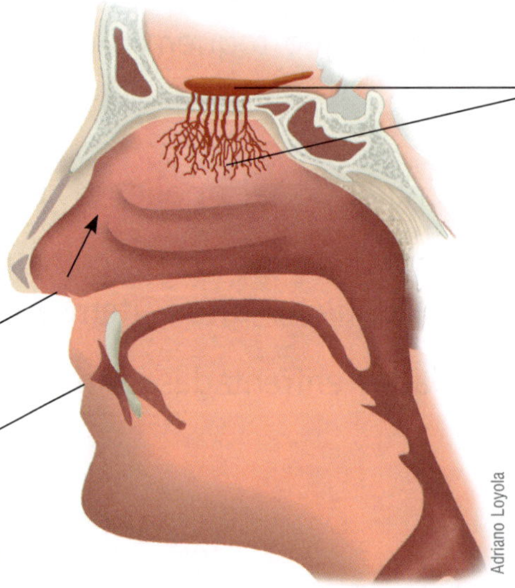

Esquema mostrando a entrada de ar pelas narinas e boca. Representação sem escala, cor fantasia.

É possível sentir o cheiro de todas as substâncias?

Uma das condições para se ativar o sentido do olfato é que a substância a ser apreciada seja volátil, ou seja, tenha a capacidade de desprender partículas que irão sensibilizar a mucosa olfatória.

Existem substâncias como os metais, por exemplo, que não se volatizam com facilidade, por isso dificilmente sentimos seus odores. Tente sentir o cheiro de uma barra de ferro ou do seu anel ou aliança.

Olfato X consumo

O odor é tão importante para o sabor que o mercado investe pesado, principalmente as indústrias de alimentos, nos chamados aromatizantes artificiais.

O texto a seguir mostra como eles funcionam:

Tem cheiro de... química!

Entenda como funcionam os aromatizantes artificiais encontrados em alimentos

Feche os olhos e tente se lembrar do cheiro do abacaxi, da goiaba, do bolo de baunilha, do chocolate. Não são realmente inconfundíveis? Esses deliciosos aromas – e outros não tão agradáveis, como o cheiro de ovo podre – são produzidos por substâncias voláteis, ou seja, que evaporam facilmente, mesmo em temperaturas baixas. Ao evaporarem, eles se misturam com o ar e, quando respiramos, acabam entrando pelo nariz, onde são detectados por células sensoriais capazes de distinguir milhares de tipos diferentes de cheiros.

Aroma de pipoca, de bolo de chocolate, de suco de maracujá. Quantos cheiros gostosos podem vir da cozinha! Mas você sabia que alguns aromas são introduzidos artificialmente nos alimentos para deixá-los mais apetitosos?

Embora os alimentos contenham naturalmente compostos aromáticos, é comum que durante o seu preparo, principalmente quando são produzidos industrialmente, sejam adicionadas substâncias capazes de conferir ou intensificar seu aroma e sabor. Elas são conhecidas como aromatizantes.

Os aromatizantes são classificados como naturais (compostos extraídos geralmente de plantas) ou sintéticos (obtidos por processos químicos). Os aromas sintéticos, por sua vez, podem ser classificados como idênticos aos naturais (com estrutura química igual ao composto natural) ou artificiais (com estrutura química não encontrada na natureza).

Os aromas artificiais são usados para repor o aroma natural que foi perdido durante o processamento do alimento ou simplesmente para introduzir um novo aroma. Confira você mesmo: procure pelas palavras "aroma artificial" na lista de ingredientes de alimentos industrializados como jujuba, gelatina, mistura para bolo, refrigerantes e balas.

A maioria dos aromas naturais é constituída por uma mistura complexa de substâncias voláteis, mas, geralmente, um dos compostos da mistura contribui de forma mais significativa para a percepção do aroma. Assim, se os químicos estudarem esses aromas e determinarem a estrutura do principal composto responsável pelo cheiro, podem sintetizar o composto em laboratório, produzindo um aroma sintético bem parecido com o aroma natural.

Vejam, por exemplo, o caso do aroma de baunilha, que fica delicioso em bolos, sorvetes e biscoitos. O cheiro é naturalmente produzido pelos frutos das orquídeas do gênero *Vanilla*, originárias do México. Para colocá-lo no alimento, é possível usar o fruto seco, o extrato concentrado do fruto – que contém uma mistura complexa de centenas de substâncias aromáticas, incluindo a vanilina – ou o aromatizante sintético – que contém exclusivamente vanilina.

Folhas, flores, frutos, caules e raízes de muitas plantas acumulam grande quantidade de substâncias aromáticas e podem ser usados na culinária para dar sabor e aroma aos alimentos. Dê uma olhada na cozinha: louro, orégano, alecrim, cravo, canela, pimenta-do-reino, noz-moscada, gengibre... Porém, por serem usados em estado bruto – ou seja, em sua forma natural, sem processamento –, esses produtos não são considerados aromatizantes, e sim temperos.

Apesar de os aromatizantes naturais serem muito valorizados, os aromatizantes sintéticos são muito mais usados. Por quê? Ora, porque acabam sendo mais baratos para usar em muita quantidade nas fábricas de alimentos!

Entre os aromatizantes sintéticos mais comumente utilizados estão o antranilato de metila (aroma de uva), acetato de pentila (aroma de banana), butanoato de etila (aroma de abacaxi), metanoato de etila (aroma de groselha), acetato de octila (aroma de laranja), etanoato de isobutila (aroma de morango) e o acetato de etila (aroma de menta), todos pertencentes a um grupo de compostos denominados ésteres. O curioso é que estes aromas também são usados na fabricação de perfumes, sabonetes e batons.

Agora que você já entendeu como funcionam os aromas dos alimentos, vou contar um segredo: embora os químicos tenham se esforçado muito para criarem os aromatizantes sintéticos, eu não troco um suco de abacaxi feito diretamente da fruta por um refresco artificial! E você?

Disponível em: <http://chc.cienciahoje.uol.com.br/tem-cheiro-de-quimica>.

Os aromas artificiais além de serem fortes aliados das indústrias alimentícias, também ajudam a vender nas lojas dos *shoppings*. Os lojistas com o objetivo de aquecerem suas vendas investem na aromatização de suas lojas, tornando-as quase irresistíveis.

Em grupo

Respondam às seguintes questões:

1. Qual a relação existente entre os aromatizantes artificiais e o consumo?
2. O que diferencia um aromatizante de um tempero?
3. Cite situações do seu cotidiano que estão ligadas diretamente aos aromatizantes artificiais.
4. O que o olfato tem a ver com a sobrevivência? Cite algumas situações.
5. Explique que ligação existe entre o olfato e o paladar. Cite exemplos.

Apresentação dos grupos para os colegas e para o professor, que mediará o debate.

Pesquisa

Pesquisar nas feiras livres de sua região os diferentes aromas. Para isso, não é preciso anotar nada, basta usar com muita propriedade seu olfato.

Procedimento: visitar sem pressa as diferentes barracas, procurando sentir e identificar cada aroma das diferentes iguarias expostas.

Apresentar a pesquisa para os colegas e professor, que estimulará com questões, como: que aroma pesquisado mais mexeu com sua memória olfativa? Os alimentos desidratados têm aromas diferentes dos naturais?

Língua - paladar

Roda de conversa

A língua pode ser considerada o órgão responsável pelo paladar. Nela encontramos receptores que interagem com as substâncias químicas presentes nos alimentos. Porém, esses receptores também foram encontrados em menor número, por exemplo, na boca, na garganta, no esôfago e no nariz.

- O que o gosto de um alimento tem a ver com o seu cheiro?
- Por que ficamos com água na boca diante de um alimento que nos parece delicioso?

Podemos ser atraídos pelos alimentos apenas pelo seu visual, usando o sentido da visão, por exemplo, se é bonito, colorido, pequeno, grande, fino, redondo, etc. Mas o cheiro é fundamental para estimular ou inibir nossa vontade de prová-lo. O sentido do olfato nos permite sentir os cheiros em geral. Por exemplo, quem resiste ao cheiro do bolo tirado do forno, ou ao cheiro da pipoca? Para quem gosta, já é suficiente para dar água na boca.

O que te dá água na boca?

Água na boca: essa expressão é usada quando sentimos o cheiro de um alimento que parece estar bem saboroso e, por isso, salivamos. Isso acontece porque o cheiro prepara nosso corpo pra comer, assim, liberando mais saliva, dando a sensação de ter água na boca.

Os receptores do paladar estão localizados em pequenas saliências, chamadas de **papilas gustativas**. Essas papilas são responsáveis pelo reconhecimento de quatro sabores básicos: doce, azedo, salgado e amargo.

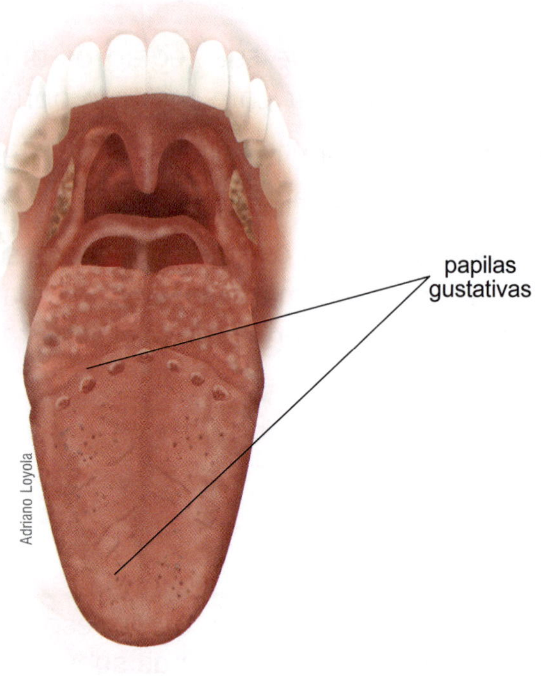

Esquema da língua com papilas gustativas. Representação sem escala, cor fantasia.

Assim como o nariz, a ação principal da língua também depende da composição química dos alimentos. Entretanto, o nariz detecta substâncias dispersas no ar e a língua capta substâncias dispersas em solução.

Além desses quatro sabores, alguns cientistas e profissionais da gastronomia consideram um quinto sabor, o **umami**, de origem japonesa, que significa "sabor delicioso". A substância responsável pelo gosto do umami é o glutamato, bastante usado em condimentos para acentuar o sabor do alimento. Ele é mais perceptível pelos japoneses devido a sua cultura alimentar (algas marinhas).

Os sentidos da visão e do olfato são fundamentais tanto para estimular quanto para inibir o nosso apetite.

Discutindo o gosto

Sem a atuação do cérebro, os alimentos dentro da boca não teriam gosto algum. E sem a participação do olfato, as papilas gustativas presentes na língua reconheceriam apenas o que é **doce**, **salgado**, **azedo** e **amargo**.

Assim, os alimentos teriam poucas combinações de sabores, e o nosso paladar ficaria limitado entre esses quatro.

Afinal, qual a origem dessa infinidade de sabores que conhecemos?

O cérebro, junto com o nariz e a língua, cria os diferentes sabores. Ele recolhe as informações gustativas da língua com as impressões proveniente do nariz e transforma tudo isso em paladar.

Voltando à nossa historinha

Quando os alunos foram envolvidos pelo cheiro, saíram em direção à cantina para saborear aquele delicioso cafezinho.

Quando o café caiu na língua, foi reconhecido pelas papilas gustativas como amargo; ao mesmo tempo, os receptores do olfato presentes no nariz analisavam o cheiro. O cérebro juntou essas duas informações e aí o resultado foi o paladar do café.

doglikehorse/shutterstock

Então é possível uma pessoa gripada perder o paladar?

É possível que ocorra alterações no paladar, porque, quando estamos resfriados, com a mucosa nasal congestionada, e o nariz entupido, os odores não conseguem atingir os receptores do olfato e, sem sentir o cheiro dos alimentos, o paladar pode diminuir.

Em grupo: jogo da memória

Com a ajuda do professor, os alunos produzirão um jogo da memória com sabores básicos: doce, salgado, azedo e amargo.

Preparar cartões com as palavras:

- 5 cartões de DOCE.
- 5 cartões de SALGADO.
- 5 cartões de AZEDO.
- 5 cartões de AMARGO.

Preparar cartões com imagens de alimentos.

- 5 cartões com alimentos salgados (por exemplo: peixe).
- 5 cartões com alimentos doces.
- 5 cartões com alimentos azedos.
- 5 cartões com alimentos amargos.

Investigando: olfato e paladar

Problema: por que quando tapamos o nariz e comemos ou bebemos não conseguimos sentir nem o gosto nem o cheiro da comida?

a) A investigação pode começar com a comprovação do problema acima.

b) Depois da comprovação do fato, inicia-se a pesquisa para embasar tal afirmação.

c) Fazer experimentos em diversas situações: sentindo o cheiro do alimento ou tapando o nariz, etc.

d) Relatar o que você concluiu sobre o paladar.

e) Apresentação para o professor e colegas.

Protegendo os orgãos dos sentidos

Na prevenção dos acidentes de trabalho, é preciso compromisso entre empresários e trabalhadores. Os empresários se comprometem a fornecer os equipamentos de segurança, e os empregados, a usá-los com segurança e atenção.

Olhos: a proteção dos olhos contra impactos, respingos e luminosidade excessiva é feita com óculos de proteção, um EPI (Equipamento de Proteção Individual) usado por trabalhadores nas fábricas, em canteiros de obras, ambientes externos e em outras atividades que possam pôr em risco o trabalhador.

Orelhas: são usados protetores tipo concha ou *plugs* de inserção, EPI que previne contra surdez, cansaço e irritação.

Pele: a pele do rosto pode ser protegida por máscaras de solda, EPI que previne contra impactos de partículas, respingos de produtos químicos, radiação e outros.

As mãos são protegidas por luvas, que evitam queimaduras, choque elétrico, cortes, etc.

Os pés são protegidos por botas de borracha, para o isolamento da eletricidade e umidade.

Aventais especiais de couro protegem o tronco dos impactos, respingos de produtos químicos, choque elétrico, etc.

Outra proteção é o capacete se segurança, EPI que previne contra impactos, perfurações e agentes meteorológicos.

Nariz: É protegido por máscaras, EPI que previne contra problemas pulmonares e das vias respiratórias.

Unidade 3 Diferentes formas de ser e viver

Nesta unidade, você vai compreender que os alimentos são fontes de matéria e energia para o crescimento e manutenção de um corpo saudável e perceber na alimentação os valores culturais.

Alimentos: uma necessidade

Não existe vida sem energia, que é retirada dos alimentos. Isso é válido para todos os seres vivos.

Entretanto, para o ser humano, os alimentos não envolvem apenas a necessidade de energia. A alimentação está relacionada a valores culturais, sociais, econômicos, sensoriais e afetivos, que se traduzem na escolha, no preparo e no consumo de um ou vários alimentos. O ato de comer e de beber é uma imensa fonte de prazer desde a Antiguidade.

Morgan Lane Photography/shutterstock

Roda de conversa

Observe as imagens que representam dois alimentos.

A

diogoppr/Shutterstock

B

Nitr/Shutterstock

João vai comer os alimentos representados na imagem A, e Maria, os da imagem B. Em sua opinião, quem está se alimentando melhor? Justifique.

O que são alimentos? E qual sua importância?

Alimentação saudável

Ninguém vive sem comer, mas, não basta apenas comer, é preciso saber o que comer. As pesquisas já comprovaram que uma **alimentação saudável** previne doenças e ajuda no bom funcionamento do organismo.

Um dos fatores que contribuíram para aumento da expectativa de vida nas últimas décadas foi justamente uma alimentação mais saudável.

Tudo aquilo que ingerimos e que nos fornece a energia necessária para viver é chamado de alimento: arroz, feijão, macarrão, sucos, carnes, leite, ovos, etc.

Os alimentos são compostos por **nutrientes**, que são as **proteínas**, os **açúcares**, as **gorduras**, as **vitaminas** e os **sais minerais**.

Cada nutriente é essencial e tem uma função determinada no organismo. A falta de um ou mais nutrientes, assim com o excesso de qualquer um deles, pode causar **desnutrição**.

Saber mais

"O termo 'desnutrição' é, na verdade, usado para caracterizar qualquer tipo de distúrbio alimentar, desde hipernutrição (excesso de nutrientes) à **desnutrição proteico-calórica** (ou subnutrição), que se caracteriza, como o nome já diz, pela falta de proteínas, que são basicamente os 'tijolos' do corpo humano".

LOPES, Manuela, Desnutrição, um problema de peso. Disponível em: <www.invivo.fiocruz.br/cgi/cgilua.exe/sys/start.htm?infoid=193&sid=8>.

GLOSSÁRIO

Desnutrição proteico-calórica: doença causada pela deficiência ou insuficiência de alimentos construtores (proteínas) e energéticos (açúcares e gorduras).

O que precisamos saber para nos alimentar bem?

Alimentação saudável é o mesmo que dieta equilibrada ou balanceada e pode ser resumida em três princípios: **variedade**, **moderação** e **equilíbrio**.

Variedade: comer alimentos pertencentes aos diferentes grupos (construtores, energéticos e reguladores).

Moderação: não comer demais nem de menos, ou seja, comer o tanto que o organismo necessita para manter-se saudável.

Equilíbrio: consumir durante as refeições porções de cada um dos grupos de alimentos, ou seja, de tudo um pouco.

A escolha dos alimentos

No dia a dia, como podemos nos alimentar prevendo esses três itens, variedade, equilíbrio, e moderação?

Para ajudar a população nesta tarefa, o Departamento de Agricultura dos Estados Unidos, em 1992, criou a **Pirâmide dos Alimentos,** que é um esquema onde os alimentos são agrupados de acordo com as suas funções e seus nutrientes, formando uma pirâmide.

A ANVISA (Agência Nacional de Vigilância Sanitária) propõe uma pirâmide alimentar para os brasileiros dividida em quatro níveis, subdivididos em oito grupos. Cada um desses níveis corresponde a um grupo de alimentos (energéticos, reguladores, construtores e energéticos extras).

ifong/Shutterstock

Na base da pirâmide estão os alimentos que podem ser ingeridos em maiores quantidades. A porção diária vai diminuindo conforme a pirâmide sobe. O grupo que está no ápice é aquele de consumo moderado.

É importante lembrar que as porções indicadas nesta pirâmide estão direcionadas à população adulta de 19 a 70 anos. Para outras faixas etárias, como crianças, adolescentes e pessoas idosas, que têm necessidades energéticas diferentes, as porções dos alimentos precisam ser adaptadas.

Porções são as quantidades médias dos alimentos que podem ser consumidas pelas pessoas ao longo do dia.

Confira na tabela exemplos de porções de alguns alimentos:

Alimento	Porção (peso em gramas)	Medida caseira
Arroz branco cozido	125,0	4 colheres de sopa
Pão francês	50,0	1 unidade
Tomate	80,0	4 fatias
Banana	86,0	1 unidade
Feijão cozido (grãos e caldo)	86,0	1 concha
Bife grelhado	90,0	1 unidade
Leite	182,0	1 copo de requeijão
Manteiga	9,8	½ colher de sopa

Classificação dos alimentos

De acordo com o tipo de nutriente, os alimentos são classificados em:

Alimentos plásticos ou construtores: compostos por **proteínas** e responsáveis pela construção do nosso corpo (pele, ossos, músculos), renovação das células, crescimento das unhas e cabelos. As proteínas podem ser encontradas nas carnes, ovos, leite e cereais, como feijão, lentilha, grão de bico, trigo.

Carne.

Leite.

Grãos.

Alimentos energéticos e são constituídos pelos carboidratos, que são os **açúcares**, as **gorduras**, os **óleos** e os **azeites**. Fornecem energia ao nosso organismo, usada para produzir o calor necessário para o corpo, para respirarmos, para fazer o sangue circular, o coração bater, etc.

Os **açúcares** são encontrados nas frutas, no leite, na cana-de-açúcar; o amido, que também é um tipo de açúcar, é encontrado nas batatas, no arroz, na mandioca; as **gorduras**, os **óleos** e os **azeites** são substâncias com energia concentradas, também chamados de energéticos extras. Podem ser de origem vegetal ou animal. Em geral, as gorduras são encontradas no estado sólido (toucinho, manteiga, gordura de coco), e os óleos e azeites, no estado líquido (azeite de oliva, óleo de soja, óleo de amendoim, óleo de milho).

Frutas.

Sementes.

As gorduras também são necessárias para que o organismo possa absorver alguns tipos de vitaminas, como as vitaminas A, D, E, K.

Alimentos reguladores: constituídos pelas vitaminas e pelos sais minerais. São encontrados preferencialmente nas frutas e verduras e são importantes para o bom funcionamento do nosso organismo.

1. Reveja o conceito de alimentos e sua importância elaborado no início dessa unidade. Verifique se a partir do que você estudou é necessário fazer uma reelaboração. Escreva no espaço abaixo.

____

____

____

____

____

2. O que você entendeu por desnutrição?

____

____

____

3. Preencha a tabela com os alimentos que você costuma comer, observando a que grupo pertencem. Depois de preenchida, compare com a tabela dos demais colegas. Com a ajuda do professor, façam um levantamento por grupos de alimentos e verifiquem qual alimento desses grupos é mais consumido pela turma.

Alimentos construtores ou plásticos	Alimentos reguladores	Alimentos energéticos

Saber mais

Colesterol

O colesterol não é uma gordura, como muitos pensam. É um composto, em grande parte, produzido pelo próprio organismo, mas também é adquirido por meio dos alimentos, principalmente os de origem animal, como carne, gema de ovo, frios, embutidos, leite integral, manteiga e queijos. No organismo existem dois tipos de colesterol: o HDL, conhecido como o bom colesterol; e o LDL, conhecido como o ruim. O LDL representa o excesso de colesterol que o organismo não consegue eliminar, ficando depositado nas paredes dos vasos sanguíneos, o que dificulta a circulação do sangue. O HDL é bom, porque ajuda a remover o excesso de LDL do organismo.

O colesterol alto pode ser ocasionado por fatores hereditários e por maus hábitos alimentares. Os níveis desse composto no sangue só podem ser detectados pelo exame de sangue. Em caso de colesterol alto, só use medicamentos indicados pelo médico.

1. Junto com seus colegas e professor, a partir do que você estudou, elabore um conceito coletivo de alimentação balanceada. Escreva no espaço abaixo.

____

____

____

2. Qual é a função da pirâmide alimentar?

____

____

3. Qual a vantagem da ordenação dos grupos de alimentos em forma de pirâmide?

____

____

4. Em que lugar da tabela estão os alimentos que podem ser consumidos em maior quantidade?

____

5. Quais são os alimentos para cuja ingestão se recomenda moderação?

____

____

6. Consulte a pirâmide alimentar e a tabela a seguir e, de acordo com a sua idade, elabore um cardápio para o café da manhã, almoço e jantar que esteja de acordo com os três itens que correspondem a uma alimentação equilibrada ou balanceada.

Alimentos	Crianças – 2 a 10 anos	Jovens e adolescentes – 10 a 19 anos	Pessoas idosas – acima de 70
Cereais, massas, e vegetais	6 porções	6 a 11 porções	6 porções
Frutas	2 porções	4 a 5 porções	2 porções
Verduras	3 porções	4 a 5 porções	3 porções
Leite e derivados	2 porções	3 a 4 porções	3 porções
Carnes, ovos, feijões, nozes	2 porções	2 a 3 porções	2 porções
Açúcares e gorduras	Moderação	Moderação	Moderação

Disponível em: <www.turminha.mpf.gov.br/para-o-professor/para-o-professor/publicacoes/Alimentacaosaudavel.pdf>.

Faça o seu cardápio aqui:

Café da manhã	Almoço	Jantar

Comparem os cardápios e reflitam sobre suas preferências alimentares.

Pesquisa

Existem alguns alimentos que aumentam o bom colesterol e diminuem o ruim. Procure em livros, internet ou folhetos doados em postos de saúde quais são eles. Apresente sua pesquisa para o seu professor e colegas.

A água não pode faltar

A água não é considerada alimento; no entanto, ela deve ser consumida regularmente.

No corpo humano, a água exerce função importante e compõe cerca de 70% da massa corpórea. Células, tecidos e órgãos são constituídos essencialmente por este líquido.

A falta de água no corpo causa a desidratação, doença séria, principalmente em crianças, e a perda de água geralmente ocorre por vômitos e diarreia.

Para evitar a desidratação, precisamos repor sempre a água em nosso corpo bebendo-a ***in-natura***, em chás e sucos. Os refrigerantes contêm água, mas devem ser evitados.

GLOSSÁRIO

In-natura: na forma natural.

Experimentando

A água é capaz de dissolver a maioria das substâncias. Isso permite que nos organismos, em geral, ela seja o veículo de transporte de substâncias alimentares (nutrientes e gases) para dentro das células, ou para fora delas, na eliminação de substâncias tóxicas resultantes do metabolismo celular.

- O que significa dissolver substâncias?

- Será que a água dissolve todo tipo de substância?

Realize o experimento para descobrir.

Para isso, forme grupos de quatro alunos. Cada grupo deverá ter:

- Um copo com água até um pouco mais da metade.
- Uma colher de sobremesa de sal.

Procedimento:

Despeje no copo a colher de sal e mexa bem durante um minuto. Deixe repousar e observe o que acontece:

1. Registre no espaço abaixo o que você observou.

____

____

2. Elabore uma explicação para o que aconteceu.

____

____

____

3. Por meio desse experimento, que relação podemos fazer com a importância da água em nosso organismo?

____

____

Agora, repita o experimento, mas, em vez do sal, coloque óleo.

4. Registre o que observou.

____

____

5. O que você acha que acontece na natureza quando, por exemplo, um navio derrama óleo no mar?

____

____

Pesquisa

Você já ouviu falar em soro caseiro? É uma substância simples, barata e fácil de preparar. Deve ser utilizada em casos mais leves de desidratação ou na impossibilidade de atendimento médico.

Pesquise como se faz o soro caseiro. Apresente sua pesquisa em sala e compare com a dos seus colegas.

Cuidados com os alimentos

Os cuidados com a higiene dos alimentos, do ambiente, dos equipamentos e utensílios onde se preparam as refeições, a maneira como os guardamos e como os escolhemos também são fatores que envolvem uma alimentação saudável.

Roda de conversa

Por que a higiene dos alimentos é importante? Que cuidados são necessários, incluindo a compra, o manuseio e a conservação dos alimentos?

Um mundo invisível

Podemos não vê-los, mas eles estão lá! Na água, no ar, nos alimentos, nos utensílios, no corpo, nas mãos, nos pés, nas unhas, nos cabelos, na barba, em todos os lugares. São os micro-organismos, bactérias, fungos e protozoários.

Em pequenas quantidades, a maioria dos micro-organismos não gera problemas às pessoas, mas, em grandes quantidades, podem causar doenças e até matar.

Os micro-organismos, em condições favoráveis, se reproduzem e multiplicam-se rapidamente. A melhor forma de evitar que isso aconteça é manter a higiene, ou seja, ter tudo sempre limpo.

Com relação à higiene, uma das principais causas de contaminação dos alimentos por micro-organismos é a manipulação. Geralmente é por falta de asseio das mãos e dos recipientes onde são colocados os alimentos ou ainda por acondicionamento inadequado.

Portanto, uma atitude básica antes de mexer com alimentos é lavar muito bem as mãos. Objetos de cozinha, panela, tigelas, pratos, talheres também devem ser sempre muito bem limpos. Além disso, os alimentos devem ser guardados em lugares adequados livre de insetos, e os alimentos perecíveis, armazenados sempre na geladeira. A temperatura baixa impede o desenvolvimento dos micro-organismos que deterioram os alimentos.

Ao escolher os alimentos, olhe atentamente o rótulo dos produtos e confira a validade e os ingredientes. Verifique a conservação da embalagem, se não está estufada, amassada, suja, enferrujada, aberta, violada, trincada. Ao comprar frutas, verduras e legumes, verifique a cor e se há partes estragadas. Os ovos também merecem cuidados e devem estar em local fresco e arejado, sem casca suja ou trincada.

Siga a ordem correta de compra: primeiro, os alimentos não perecíveis, como arroz, farinha, feijão; segundo, os alimentos perecíveis que são armazenados congelados, como massas e carnes congeladas ou sorvetes; por último, os perecíveis que são guardados sob refrigeração, como iogurtes, queijos e carnes.

O peixe é fresco? Veja se escamas, guelras e olhos estão firmes, de cor intensa, úmida e brilhante. Peixes e carnes, em geral, têm cor e cheiro próprios, e devem ser mantidos em local refrigerado.

E atenção: caso o estabelecimento não apresente boas condições de higiene, entre em contato com a Vigilância Sanitária de seu município.

SUGESTÃO DE SITE

www.hotsite.vigilanciasanitaria.sc.gov.br
www.conselhos.mg.gov.br/uploads/14/file/cantineira.pdf

Em grupo

Analisem as situações descritas para dar um veredito. Após realizar a atividade, façam uma apresentação para comparar os resultados.

1. Ao fazer compras no mercado, Paulo observou que havia produtos vencidos na gôndola de embutidos. Que atitude ele deve tomar?

____

____

2. Maria vai fazer as compras de alimentos para a semana (carnes, cereais, laticínios, verduras, compotas). Que cuidados ela deve ter para realizar uma boa compra?

____

____

____

3. Joana encontrou no mercado sua amiga Maria, que estava colocando no carrinho vários vidros de conserva sem olhar os rótulos da embalagem. Joana percebeu algo e alertou Maria. O que Joana deve ter dito à Maria?

____

____

4. Fundamentado no que você estudou, elabore uma lista de atitudes que previnam a contaminação dos alimentos.

____

____

____

5. A fome ainda é um dos grandes problemas em nosso país. Diariamente milhares de crianças morrem por subnutrição. Muitos adultos não têm acesso aos alimentos mais básicos, ao mesmo tempo em que toneladas de alimentos são perdidas.

"O total de desperdício no país, 10% ocorrem durante a colheita; 50% no manuseio e transporte dos alimentos; 30% nas centrais de abastecimento; e os últimos 10% ficam diluídos entre supermercados e consumidores [...]".

Disponível em: <www.alainet.org/active/34902&lang=es>..

- Em sua opinião, como as pessoas em suas casas poderiam reduzir o desperdício com alimentos?
- Com seus colegas e professor, visitem a cantina de sua escola. Antecipadamente, combine a visita com a pessoa responsável pela cozinha da escola. Em sala, discutam o que vocês querem conhecer neste espaço. Formulem algumas perguntas para entrevistar a cantineira. Por exemplo: quais os cuidados com os alimentos ao preparar o lanche para os alunos; quem organiza os cardápios e quais os critérios observados para isso; onde e como são acondicionados os alimentos. Registrem tudo no caderno. Em sala, discutam sobre as condições encontradas na cantina da sua escola. Elaborem um texto coletivo com a opinião da turma.

Saber mais

Alimentos transgênicos

O termo "transgênico" se refere aos organismos vivos que tiveram sua constituição genética alterada pela introdução de genes estranhos, de qualquer outro ser vivo, em seu código genético.

A comunidade científica, os jornalistas e os ambientalistas, têm polemizado muito essa técnica, dividindo opiniões:

Os que defendem, argumentam que a transgenia possibilita plantas mais resistentes aos insetos e mais produtivas; e que não fazem mal à saúde das pessoas; os que são contra dizem que, pelo fato de ser muito recente, não é possível ainda avaliar se a técnica pode causar algum dano para o ambiente e para a saúde da humanidade.

GLOSSÁRIO

Manipulação: manipular, mexer com as mãos.

No Brasil, muitos alimentos são feitos à base de milho e soja transgênicos. Sendo assim, o consumidor tem o direito de saber o que está comendo. É obrigatório, conforme a lei dos direitos do consumidor, constar essa indicação no rótulo do alimento, e em destaque. O símbolo de transgênico é um ⚠.

A alimentação e cultura

Nossa alimentação tem influência de muitos povos, entre eles italianos, africanos, indígenas e portugueses. Podemos perceber isso no nome dos alimentos e nos ingredientes que costumamos usar.

Roda de conversa

Qual é a comida de que você mais gosta? Você sabe a origem dela?

Você já comeu mandioca? E macaxeira?

De uma ponta à outra do Brasil, não há quem não conheça macarronada, *pizza*, feijoada, churrasco. Esses pratos são bem comuns na mesa dos brasileiros.

Existem alimentos que, dependendo da região do nosso país, são conhecidos por nomes diferentes. É o caso da mandioca, também conhecida por aipim ou macaxeira. Trata-se da raiz de um vegetal muito utilizada na culinária brasileira. Aprendemos a comer mandioca com os indígenas.

As questões religiosas, as crenças coletivas, também influenciam os hábitos alimentares, por exemplo: na Sexta-feira Santa, os cristãos não comem carne. Os judeus, por uma questão religiosa, não comem carne de porco.

A carne de gado é raramente consumida na Ásia e pouco apreciada na Oceania. Alguns povos, como os hindus, consideram a vaca um animal sagrado.

Os pratos típicos brasileiros são bastante variados. Além da influência dos povos colonizadores, podem ter também relação com o que a geografia local (o clima, o tipo de vegetação, os animais, se é região litorâneas ou não) pode oferecer.

Nas regiões litorâneas, é comum os pratos típicos serem à base de frutos do mar.

Fazendo conexão com... Língua Portuguesa

Faça conexão com Língua Portuguesa, trabalhando a lenda da mandioca. Trabalhe as questões linguísticas e a produção deste gênero textual.

Com os seus colegas e professor responda as questões

1. De acordo com o que você estudou, quais são os aspectos culturais relacionados aos hábitos alimentares?

2. Você conhece outros alimentos que, como a mandioca, têm outros nomes?

3. Qual é o prato típico da sua região? Como é preparado?

4. Muitos povos têm hábitos alimentares que, para nós, são bem estranhos. Como você se sentiria ao ser convidado para um jantar onde o prato principal fosse assado de carne de cachorro? Você comeria? Você sabe em que país as pessoas comem carne de cachorro?

Profissão – cozinheiro

Ao longo da história da humanidade, alimentar-se transformou-se num dos rituais mais importantes. Normalmente a alimentação é realizada em grupo, configurando-se como elemento nas relações sociais e de poder. Este fato ajudou durante a Idade Média, na Europa, a dar destaque e prestígio aos cozinheiros. Em Roma, por exemplo, o cozinheiro podia ser um escravo, mas era uma pessoa que gozava de muitos privilégios. Durante os banquetes, até mesmo recebia tratamento de rei.

Archiv Gerstenberg ullstein/glow Images

LIMBOURG. **As ríquissimas horas do Duque de Berry**. Março. Livro de Horas. 1412 a 1416. Castelo de Chantilly. Oisle (França).

Roda de conversa

Você gosta de cozinhar?

Quais os pratos que costuma fazer?

Uma profissão bem respeitada

A profissão de chef está relacionada aos banquetes romanos. Entretanto, o glamour atualmente conferido a esse trabalho iníciou na França, país considerado o berço da gastronomia mundial.

É verdade que a profissão de cozinheiro pode trazer prestígio e fortuna, mas, como toda profissão, exige muita dedicação, estudo e, sem dúvida, gostar do que faz.

Existem cursos tecnológicos de gastronomia que formam os profissionais da cozinha. São oferecidos por escolas especializadas como o SENAI e o SENAC. Também existem cursos em nível de 3º grau que formam bacharéis em gastronomia.

Além da aprendizagem teórica, ser um profissional da cozinha exige muita prática, e é uma carreira que possui uma hierarquia, cujo posto mais alto é o de chef. A função do chef é coordenar os funcionários, elaborar cardápios, inventar receitas e zelar pela qualidade dos produtos utilizados.

Sendo chef ou não, a maioria das pessoas já foi para a cozinha arriscar-se na elaboração de alguma receita. Muitos, com destreza, outros nem tanto, mas o fato é que, misturando água, sal, ervas, carnes, folhas, raízes, grãos, frutos, aguçamos, ao mesmo tempo, quase todos os nossos sentidos – visão, olfato, paladar, tato.

Leitura

A cozinha é um verdadeiro laboratório onde acontecem muitas transformações de substâncias. Essas transformações podem ser chamadas de **fenômenos**. Por exemplo, a transformação do leite em coalhada, a atuação do fermento para crescer o pão, o açúcar que, ao derreter, forma o caramelo, a água que congela, o prato quente que quebra ao ser colocado numa superfície mais fria.

Com um colega, troque ideias e respondam no caderno.

Cite alguns fenômenos relacionados aos alimentos que você já observou quando está cozinhando ou preparando um lanche.

Experimento

Forme grupos para realizar o experimento.

Cada grupo deverá ter uma maçã e um limão.

SUGESTÃO DE SITE

http://chc.cienciahoje.uol.com.br/misterio-no-cafe-da-manha/

Procedimento:

Com uma faca, corte a maçã pelo meio. Em uma das metades, esprema o limão na parte interna da maçã.

Espere uns 30 minutos e compare cada uma das metades da maçã. Há alguma diferença entre elas? Procure uma resposta científica para o que você observou. Troque ideias com o professor e os demais grupos.

Ismar Ingber/Pulsar Imagens

Unidade 4 Desafios da vida

Nesta unidade, você vai refletir à respeito das diferentes concepções de saúde, discutir saúde pública e compreender que a prevenção é fundamental para a manutenção da saúde.

Saúde: uma prioridade

O direito à saúde

Você já deve ter ouvido muitas vezes durante a sua vida que saúde é prioridade, principalmente nos discursos dos políticos nas campanhas eleitorais.

Será que realmente a saúde é prioridade de um governo? Ou nós não sabemos o que é prioridade? Prioridade significa atendimento ou atenção em primeiro lugar.

Karin Hildebrand Lau/Shutterstock

Roda de conversa

- O que você entende por saúde?
- Será que é apenas ausência de doença?
- Para você, a saúde pública se mostra acessível e de ótima qualidade?

O que diz a OMS

Segundo a Organização Mundial da Saúde (OMS), definição de saúde é o estado de completo bem-estar físico, mental e social, e não simplesmente a ausência de doença. Isso significa que saúde tem a ver com a satisfação das necessidades biológicas, afetivas, sociais e culturais que, embora sejam comuns, apresentam particularidades em cada indivíduo, nas diferentes culturas e fases da vida.

W. Commons

Organização Mundial da Saúde.

Se saúde não é apenas ausência de doença, as formas de intervenção deixam de ser meramente individuais, ou de depender somente do empenho pessoal de cada um ou da sua herança genética. Assim, a promoção da saúde dependerá de ações individuais e coletivas definidas pelo Estado, no sentido de assegurar condições de vida dignas à população. O acesso à educação e à saúde pública de qualidade, estilo de vida saudável, inserção no mercado de trabalho, acesso ao lazer à cultura, são ações que, no conjunto, contribuem para uma vida mais saudável.

Assim, a visão tradicional de saúde como ausência de doença se amplia e passa a considerar, por exemplo, as questões referentes ao ambiente, ao desenvolvimento social e cultural, à necessidade de trabalho e renda, à redução da violência e à organização do trânsito.

O que está na nossa Constituição

A Constituição Brasileira, por sua vez, legitima o direito de todos às ações da saúde, sem qualquer discriminação, assim como deixa claro o dever do poder público em garantir o pleno gozo desse direito.

Porém, há um descompasso entre a vida real e as possibilidades apontadas pela lei; isso faz com que uma boa parte da população ainda não sinta na prática a saúde como prioridade, tão apregoada nos discursos.

Saúde pública como prioridade seria dar acesso à ciência e à tecnologia de ponta a todos, com enfoque na prevenção, com profissionais bem preparados, e agendamentos que tornassem possível a espera pelo cidadão.

Qual a saída?

Em grupos

Debatam e respondam às seguintes questões:

1. Por que muitas pessoas se obrigam a fazer um plano privado de saúde, se isso é de responsabilidade do Estado?
2. Qual a saída, ou o que vocês propõem para a melhoria da saúde pública?

Apresentação dos grupos para os colegas e professor.

Atividade: Saúde pública em discussão

Orientados pelo professor, vocês vão convidar uma pessoa ligada à saúde pública do bairro ou do seu entorno para esclarecer a estrutura da saúde brasileira. Como funciona essa hierarquia, as atribuições, seus programas e, principalmente, explicitar o direito de um cidadão ao acesso a toda essa estrutura, desde uma simples consulta médica até os mais sofisticados exames, cirurgias, programas, etc.

Para esta atividade, é importante convidar a comunidade local, portanto, o dia, local e horário deverão atender à disponibilidade da maioria.

No dia seguinte, após a atividade, seria importante que vocês, junto com o professor, conversassem e debatessem a respeito do que foi a palestra do dia anterior.

Para finalizar, a turma poderá fazer um texto coletivo relatando a palestra "Saúde pública em discussão".

Atividade coletiva:

Em grupos, respondam às seguintes questões:

1. O que significa isso na prática do dia a dia: "Saúde é o estado de completo bem-estar físico, mental e social, e não simplesmente a ausência de doença"?

2. Se saúde é um direito de todos, dever do Estado e está assegurado na Constituição, como efetivar isso na prática?

Ao final, os alunos vão apresentar seu trabalho para a plenária.

Saúde: prevenção, um grande desafio

A prevenção na área da saúde é pautada em ações educacionais aliadas ao processo de conscientização em relação a hábitos e atitudes que evitem doenças, acidentes e preservem a vida com qualidade. A expectativa da longevidade só tem sentido se estiver diretamente relacionada à qualidade de vida.

Roda de conversa

- O que vocês entendem como prevenção na saúde?
- O que seria uma atitude preventiva no trânsito?
- O que seria uma ação preventiva no trabalho?
- O que seria uma ação preventiva em casa?

Prevenção no trânsito

No trânsito, não existem papéis fixos. Um mesmo cidadão assume vários papéis em diferentes momentos: pedestre, passageiro, condutor.

Se você estiver no papel de **motorista**, procure fazer uma direção defensiva, isto é, dirigir com o objetivo de prevenir acidentes, atento às ações incorretas de outros motoristas e às possíveis condições adversas da pista e do tempo. Trata-se da prática de dirigir com segurança, reduzindo a possibilidade de ser envolvido em acidentes de trânsito.

Se você estiver na condição de **pedestre**, antes de cruzar a rua, procure tomar todas as precauções de segurança, por exemplo, utilizar a faixa de pedestres, se houver; no semáforo, obedecer às indicações das luzes; utilizar passarelas ou passagem subterrânea, quando houver.

Atravessar a rua: só na faixa de segurança.

Se você estiver no papel de **passageiro**, é fundamental ficar atento ao trânsito, verificando se o motorista avança os sinais, anda com excesso de velocidade, joga objetos pela janela ou maltrata e não respeita outros motoristas.

Outro profissional também muito importante no trânsito das cidades é o motoboy.

Motoboys

O motoboy é um profissional de grande importância na economia das cidades em geral. Ele faz uso da moto para entregar e receber alimentos, medicamentos, documentos, pagamentos, entre outros.

Motoboy trafegando na Rua Boa Vista, no centro da cidade de São Paulo.

Essa profissão despontou por conta da onda de terceirizações e da necessidade de as empresas transportarem objetos nos grandes centros com rapidez, agilidade e baixo custo. Porém, esse profissional sofre pressões para cumprir prazos, fazer mais entregas e, consequentemente, ganhar mais. Assim, eles estão mais sujeitos aos altos índices de acidentes no trânsito.

A lei que regulamenta a profissão de motoboy tem por objetivo a prevenção de acidentes no trânsito e estabelece requisitos mínimos de segurança. Por exemplo, frequentar curso de capacitação, usar colete com faixas reflexivas, trafegar usando antena corta pipa e protetor de pernas.

Outra ação preventiva no trânsito é a resolução do Conselho Nacional de Trânsito (Contran), que instituiu, na prática, a tolerância zero de álcool no trânsito em todo o País.

Análise de gráficos

1. Em grupos determinados pelo professor, analisem os seguintes gráficos e respondam:

   - Gráfico Amazonas.
   - Gráfico Distrito Federal.
   - Gráfico São Paulo.
   - Gráfico Brasil (total geral).

Amazonas

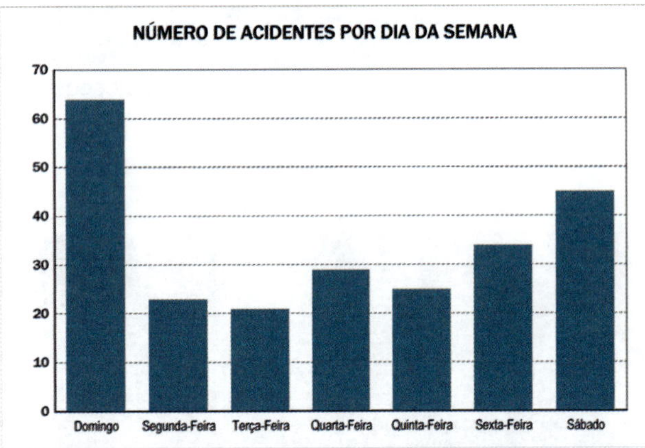

Emitido em 06-fev-2012

Distrito Federal

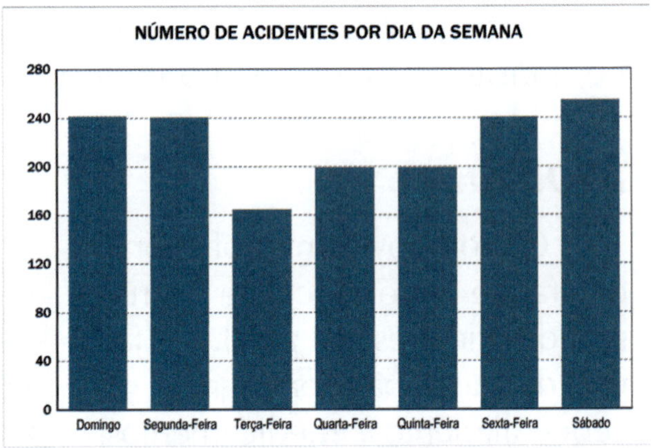

Emitido em 06-fev-2012

São Paulo

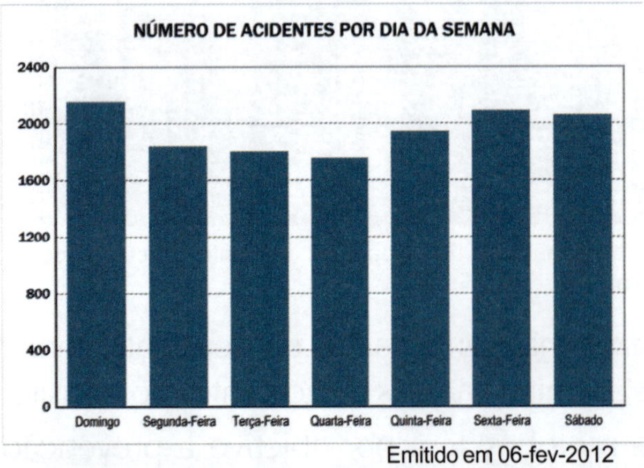

Emitido em 06-fev-2012

Totais gerais Brasil

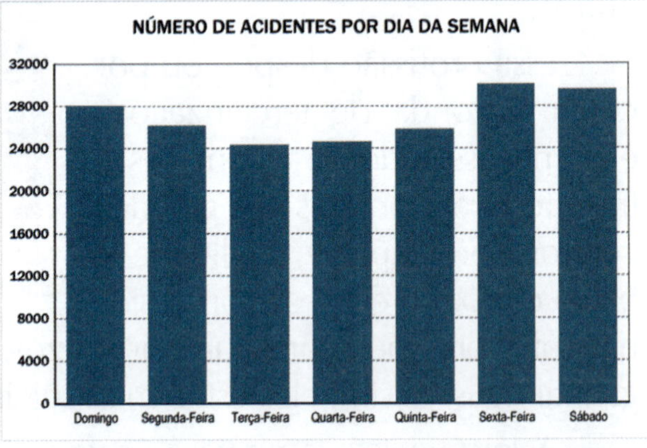

Emitido em 06-fev-2012

Disponível em: <http://dnit.gov.br/rodovias/operacoes-rodoviarias/estatisticas-de-acidentes/quadro-0103-numero-de--acidentes-por-dia-da-semana-ano-de-2011.pdf>.

a) Em qual estado brasileiro acontece o maior nº de acidentes principalmente no domingo?

b) Que leitura vocês fizeram do Distrito Federal?

c) Em que o estado de São Paulo se diferencia?

d) Observando os totais gerais do Brasil, em qual dia da semana acontece o menor número de acidentes?

2. Ainda em relação aos gráficos, pesquisar a causa dos acidentes, nesses determinados dias nesses estados e no Distrito Federal.

3. Apresentação e discussão do trabalho para a turma.

Pesquisa

1. Pesquisar em jornais e internet sobre a lei que regulamenta a profissão de motoboy e a tolerância zero de álcool.

2. Depois, você e seus colegas, juntos com o professor, vão participar de uma discussão em sala de aula a respeito das novas leis de prevenção no trânsito: a que regulamenta a profissão de motoboy e a tolerância zero de álcool.

Não simplesmente se colocar contra ou a favor, mas argumentar o porquê dessa escolha.

Em grupos

Reunidos em grupos de quatro ou cinco alunos, vocês vão estabelecer cinco ações de proteção no trânsito para motoristas, pedestres e crianças.

Na apresentação dos grupos, o professor poderá abrir para o debate.

Prevenção no trabalho

A prevenção ainda é a melhor forma de evitar que os acidentes aconteçam. O investimento na prevenção de acidentes com cursos de formação no local de trabalho e o uso correto dos equipamentos são fundamentais para a manutenção da saúde do trabalhador. Isso se faz numa ação conjunta entre o governo, empresários e trabalhadores, cada um no seu papel de fazer acontecer, fiscalizar e praticar.

Você sabe o que caracteriza um acidente de trabalho?

É considerado acidente de trabalho todo aquele que ocorre quando o trabalhador está no exercício profissional a serviço da empresa. Por exemplo: acidente que ocorre no local de trabalho; acidente que ocorre no trajeto: casa/trabalho ou trabalho/casa, qualquer que seja o meio de locomoção, inclusive em veículo de propriedade do trabalhador ou até mesmo a pé; doença profissional desencadeada pelo exercício do trabalho. Por exemplo, o trabalho com manipulação de areia sem proteção pode levar ao aparecimento de uma doença chamada silicose; local de trabalho com muito ruído e sem proteção pode acarretar surdez.

Para prevenir acidentes e doenças decorrentes do trabalho, a ciência e a tecnologia têm colocado à disposição dos empresários e trabalhadores uma série de medidas e equipamentos de proteção coletiva e individual.

Equipamentos de proteção ao trabalhador

- Equipamento de proteção coletiva (EPC): são medidas ou dispositivos destinados à proteção das pessoas no trabalho. Por exemplo, fitas antiderrapantes em rampas, cones indicando perfuração no solo, informação indicando perigo, localização de extintores ou lugares escorregadios.

Becky Stares/Shutterstock

- Equipamentos de proteção individual (EPI): todo dispositivo de uso destinado à proteção individual do trabalhador. Por exemplo, luvas e botas para proteção de mãos e pés, capacetes de proteção da cabeça, máscaras para proteção dos olhos e nariz, fones para proteção do sistema auditivo, cintos de segurança para proteção contra quedas ou impactos, etc.

© photosoup/Fotolia.com

O que fazer em caso de acidente de trabalho:

a) Preencher o formulário de Comunicação de Acidente de Trabalho (CAT). A Lei nº 8213/91 determina no seu artigo 22 que todo acidente do trabalho ou doença profissional deverá ser comunicado pela empresa ao INSS, sob pena de multa em caso de omissão. Esse formulário pode ser encontrado na empresa ou na página da previdência: <www.previdencia.gov.br/forms/formularios/form001.html>.

Alguns cuidados no preenchimento do CAT: não assinar o CAT em branco; ao assinar, verificar se todos os itens de identificação foram preenchidos corretamente; não deve conter emendas nem rasuras; evitar deixar campos em branco; apresentar o CAT ao INSS em duas vias.

Atividade

Em grupo

Cristiano, um trabalhador aposentado de uma indústria de telhas de **amianto**, hoje com 75 anos, sofre de um câncer decorrente do seu trabalho. A doença pode demorar até 50 anos para se manifestar, por isso, muitos trabalhadores são surpreendidos por esse mal em plena aposentadoria.

a) Mesmo já aposentado, isso caracteriza acidente de trabalho?

b) O que vocês sabem sobre a proibição do amianto no Brasil?

c) Que direitos tem Cristiano, ou quem vai se responsabilizar pela vida dele?

d) Alguém de vocês já sofreu acidente de trabalho? Como foi? Foi preenchido o CAT?

e) Citem três ações preventivas no trabalho.

Apresentação dos grupos.

GLOSSÁRIO

Amianto: também conhecido como asbesto, é uma fibra mineral natural, largamente utilizado na indústria que produz, principalmente para a construção civil, telhas, caixas d'água de cimento de amianto, entre outros.

O uso do amianto é proibido em 66 países. Ele foi banido da União Europeia (UE) apenas em 2005, apesar das evidências, acumuladas desde a década de 60, de que o produto é tóxico e cancerígeno.

Prevenção em casa

Infelizmente, os acidentes domésticos são muito comuns. Mesmo com todo o cuidado, há objetos ou situações que representam risco e podem provocar acidentes. Para as crianças e as pessoas, em especial, todas as divisões da casa podem representar um enorme risco. Por isso, as ações a seguir vão ajudar na prevenção de acidentes domésticos, poupando consequências, às vezes, muito graves.

Evitar o uso de tapetes soltos pela casa, para prevenir quedas; janelas devem ser protegidas por grades ou telas e não devem ter por perto móveis ou objetos nos quais a criança possa subir; as tomadas devem possuir protetores, e os fios dos

Gladskikh Tatiana/Shutterstock

Esta imagem representa uma situação de perigo.

eletrodomésticos devem ficar ocultos, evitando, assim, que a criança leve choques elétricos; utilize piso antiderrapante onde for necessário; no fogão, não deixe os cabos das panelas para o lado de fora e feche o registro do gás quando não estiver cozinhando; fósforos e acendedor devem estar bem guardados, fora do alcance de crianças; mantenha medicamentos e produtos de limpeza trancados e longe das crianças; nunca use embalagens de refrigerantes para guardar produtos de limpeza, as crianças podem se enganar e ingeri-los. Produtos inflamáveis, como o álcool, também devem ficar fora do alcance das crianças.

Disponível em: <www.sesisp.org.br/home/2006/saude/dicas3.asp>.(Adaptado).

Pesquisa

- Pesquisar, nas estatísticas mais recentes, em que lugar o Brasil se encontra em relação aos outros países na questão dos acidentes de trabalho.
- Quais são as principais causas de acidentes de trabalho no Brasil?
- Quais são as principais causas de acidentes no trânsito?
- Quais são as principais causas de acidentes domésticos?

Na manhã do dia 2 de fevereiro de 2023, São Paulo acordou com um trânsito complicado, por conta de uma forte chuva que insistia em cair para os lados da zona leste. Ricardo, professor de Matemática, ainda meio sonolento, sentiu um forte impacto dentro do ônibus em que trafegava no seu caminho para o trabalho. Sem entender o que se passava, percebeu que havia ocorrido um acidente entre o ônibus e um caminhão que trafegava na contramão. Nesse dia, o professor passou a manhã no Pronto Socorro, em razão de uma fratura no braço direito, e seus alunos ficaram sem aula. Pergunta-se:

a) O que aconteceu com o professor é considerado acidente de trabalho? Por que?

b) Ele precisa preencher o CAT?

c) Por que a legislação ampara Ricardo?

Philip Lange/Shutterstock

Unidade 1 Quem somos

Nesta unidade, você estudará como os números são importantes e amplamente utilizados no nosso dia a dia. Conhecerá um pouco da história deles e dos recursos utilizados, em outras épocas, para facilitar a contagem. E ainda vai conhecer um pouco da origem do sistema de representação indo-arábico, usado até hoje.

Nós e os números

Roda de conversa

Milhões, bilhões, trilhões... Sentimos a necessidade de usar números em inúmeras situações, que vão desde o aprendizado escolar, à preparação de alimentos, o funcionamento do corpo humano, às relações de compra e venda, o entendimento da economia mundial, o orçamento familiar, entre muitas outras.

- Em que situações do seu dia a dia você utiliza números?
- Você já imaginou como seria viver sem eles?
- Há situações em que eles são indispensáveis?

Os números estão presentes em diversas situações do nosso dia a dia. Observe algumas delas:

Acervo Editorial

© gemenacom/Fotolia.com

© Jason Stitt/Fotolia.com

inxti/Shutterstock

© pipil7385/Fotolia.com

Bizroug/Shutterstock

Os números podem ser usados para indicar quantidade, expressar medidas, ordenar determinados elementos e para formar códigos.

Identifique as diferentes finalidades dos números nos exemplos acima.

1. Pesquise em jornais, revistas e encartes publicitários

   a) cinco situações em que os números são usados com a finalidade de contar, expressar medidas, ordem ou formar códigos.

b) notícias em que sejam usados números maiores que 1 milhão e cole-as no seu caderno.

2. Os números revelam informações importantes sobre nós e nossa história de vida. Responda às questões abaixo e confira:

a) Qual é o número da sua casa? ______________________

b) Há quanto tempo você mora nesse local? ______________________

c) Qual é a sua idade? ______________________

d) Qual é a sua data de nascimento? ______________________

e) Qual é a sua altura atual? ______________________

f) Qual é o seu "peso" atual? ______________________

g) Qual é o número do seu calçado? ______________________

Com o auxílio de seu professor, comparem suas respostas e identifiquem o colega mais velho e o mais novo do grupo.

3. Nos documentos, também podemos observar a utilização de números. A cédula de identidade, também conhecida popularmente por carteira de identidade ou RG (abreviatura de Registro Geral), é o documento nacional de identificação civil no Brasil. Nela constam algumas informações: nome, data de nascimento, data da emissão, filiação, foto, assinatura e impressão digital do polegar direito do titular. Preencha o modelo com as informações contidas no seu documento de identificação:

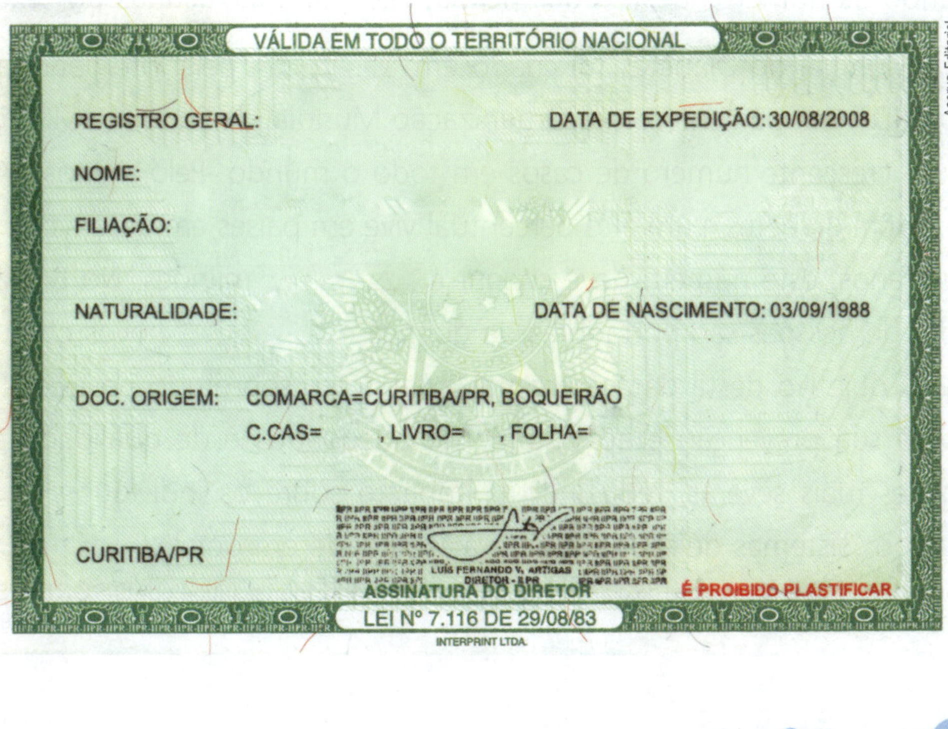
VÁLIDA EM TODO O TERRITÓRIO NACIONAL

REGISTRO GERAL: DATA DE EXPEDIÇÃO: 30/08/2008

NOME:

FILIAÇÃO:

NATURALIDADE: DATA DE NASCIMENTO: 03/09/1988

DOC. ORIGEM: COMARCA=CURITIBA/PR, BOQUEIRÃO

C.CAS= , LIVRO= , FOLHA=

CURITIBA/PR

LUÍS FERNANDO V. ARTIGAS DIRETOR - IIPR

ASSINATURA DO DIRETOR

É PROIBIDO PLASTIFICAR

LEI Nº 7.116 DE 29/08/83

INTERPRINT LTDA.

Acervo Editorial

Roda de conversa

- Você mora no mesmo lugar onde nasceu?
- Na sua opinião, o que motiva as pessoas a sair em busca de novas moradas?
- Na sua cidade é possível perceber a influência de imigrantes?

Você já deve ter visto no resultado da análise de seu sangue muitos números, termos técnicos e valores de referência. Exames de sangue são chamados de "exames complementares" porque complementam a avaliação médica, medem taxas que permitem ao médico detectar se o índice ultrapassou os limites saudáveis.

Por exemplo, a análise da dosagem de glicose é importante para o diagnóstico ou controle do tratamento do *diabetes mellitus*.

- Os valores menores que 100 mg/dl são considerados normais, após jejum mínimo de 8 horas.
- Valores acima de 126 mg/dl indicam suspeita de diabetes, exigindo a realização de exames mais específicos para confirmação do diagnóstico.

4. O texto a seguir alerta sobre o crescente número de casos de diabetes no Brasil e no mundo.

380 500 1991 30

a) Usando os números destacados acima, complete as lacunas do texto:

O Dia Mundial do Diabetes foi criado em ________ pela *International Diabetes Federation* (IDF) em parceria com a Organização Mundial da Saúde (OMS), como uma resposta ao crescente número de casos em todo o mundo. Pelo menos 245 milhões de pessoas têm diabetes e um alto percentual vive em países em desenvolvimento. Em ________ anos, este número deve chegar a ________ milhões. No Brasil, cerca de 10 milhões de pessoas são portadoras da doença e ________ novos casos surgem a cada dia. O objetivo desta data é chamar a atenção, sobretudo no que diz respeito ao acesso à sua prevenção e ao tratamento adequados e de qualidade para evitar complicações mais severas, reduzindo o impacto sobre os indivíduos, as famílias e custos para os sistemas de saúde e para a sociedade em geral.

SUS – Portal da Saúde. O dia mundial do diabetes. Disponível em: <http://portal.saude.gov.br/PORTAL/SAUDE/AREA.CFM?ID_AREA=1739>. (Adaptado).

b) Na sua opinião, os números são importantes para a compreensão desse texto? Por quê?

c) Circule, no texto da página 322, os números que indicam quantidade.

d) Há quanto tempo foi criado o Dia Mundial do Diabetes?

Fazendo conexão com... Ciências

Dentre os principais fatores de risco da diabetes estão: sedentarismo, dieta inadequada e obesidade, sobrepeso (IMC – Índice de Massa Corporal maior ou igual a 25), antecedente familiar, hipertensão arterial (maior que 14 por 9), entre outros.

Saber mais

Através do cálculo do Índice de Massa Corporal (IMC), é possível saber se um indivíduo está acima ou abaixo dos parâmetros de peso ideal para sua estatura. O resultado da equação $\text{IMC} = \frac{\text{Peso (em quilos)}}{\text{altura x altura (em metros)}}$ dará um resultado que deve ser comparado com o da tabela IMC, assim, você pode saber se está acima, abaixo ou com o peso ideal.

- IMC menor que 18,5 = abaixo do peso ideal.
- IMC entre 18,6 e 24,9 = peso saudável.
- IMC entre 25,0 e 29,9 = um pouco acima do peso.
- IMC acima 30,0 indica obesidade.

Evidentemente, a tabela não é um indicador único de saúde do indivíduo, há outros fatores que também devem ser considerados. Em caso de dúvida, deve-se procurar um médico ou um nutricionista para maiores esclarecimentos.

Acompanhe os cálculos sugeridos passo a passo e calcule o seu IMC.

1) Meça sua altura, em metros, e multiplique pelo próprio número, ou seja, faça altura x altura e anote o resultado encontrado.

2) Divida o seu peso pelo resultado obtido no passo anterior.

3) Consulte a tabela acima e verifique se você está com peso acima, normal ou abaixo do recomendado para a sua altura.

Roda de conversa

A meteorologia é a ciência que estuda as condições atmosféricas e, com isso, auxilia na previsão do tempo. Cabe aos técnicos coletar o maior número de dados sobre o clima, no maior número de lugares e horários possível, estudar vários aspectos da atmosfera (massas de ar, frentes frias ou quentes, umidade do ar, temperatura do lugar, etc.), analisar inúmeras imagens de satélites e, com auxílio da Matemática, fazer simulações que fornecem dados sobre a previsão do tempo.

Qual a importância da previsão do tempo? Por que a previsão de tempo não é 100% segura? Podem ocorrer diferentes previsões para um mesmo local em um mesmo dia? É possível prever a mudança do tempo utilizando métodos naturais?

5. Ao checarmos a previsão do tempo, percebemos a utilização dos números para indicar as temperaturas previstas para os próximos dias. Procure saber em jornais, telejornais ou programas de rádio, qual é a previsão do tempo para os próximos dias em sua cidade.

   a) Temperatura mínima prevista.

   b) Temperatura máxima prevista.

BRASIL – PREVISÃO DO TEMPO (28/5/2012)

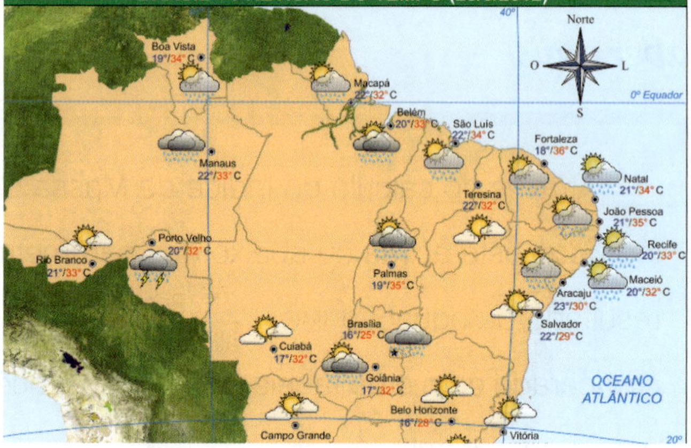

João Miguel A. Moreira

Saber mais

Certamente, você já ouviu falar em temperaturas abaixo de zero. Quando queremos indicar certas temperaturas, saldos bancários, painéis de elevador, termômetros, profundidades de lagos, lagoas, mares, pode ser necessária a utilização de números menores que zero. Esses números são chamados **números negativos**.

Roda de conversa

Graças aos avanços da tecnologia, cada vez mais os meios de comunicação, instrumentos que nos auxiliam a receber ou transmitir informação, permitem a comunicação entre pessoas em locais distantes num menor espaço de tempo. E antigamente, como as notícias chegavam até as pessoas? Quais os meios de comunicação criados mais recentemente?

6. Hoje, além dos jornais, temos o rádio, a televisão e uma intensa popularização dos telefones celulares e computadores, tornando comum o envio de mensagens e o uso de termos como *"Whatsapp"*, *"blog"*, "twitter", *"site"*, "Instagram", "facebook". No entanto, ainda o envio de correspondência escrita e encomendas é muito utilizado, e neste caso o uso adequado do CEP é imprescindível. Leia o texto abaixo e responda:

Estrutura do CEP (Código de endereçamento postal)

O Código de Endereçamento Postal (CEP), com estrutura de 5 (cinco) dígitos, foi criado pela empresa Brasileira de Correios e Telégrafos, em maio/71. Em maio/92, sua estrutura foi alterada para 8 (oito) dígitos e oficializada junto ao público em geral, com a publicação do Guia Postal Brasileiro, Edição 1992.

O Código de Endereçamento Postal é um conjunto numérico constituído de oito algarismos, cujo objetivo principal é orientar e acelerar o encaminhamento, o tratamento e a distribuição de objetos de correspondência, por meio da sua atribuição a localidades, logradouros, unidades dos Correios, serviços, órgãos públicos, empresas e edifícios.

A finalidade do CEP é racionalizar os métodos de separação da correspondência por meio da simplificação das fases dos processos de triagem, encaminhamento e distribuição, permitindo o tratamento mecanizado com a utilização de equipamentos eletrônicos de triagem.

CORREIOS. Estrutura do CEP. Disponível em: <www.correios.com.br/servicos/cep/cep_estrutura.cfm>.

a) O que pode acontecer se o preenchimento do CEP não for feito de forma adequada?

____

b) Qual é o seu endereço para correspondência?

____

7. Placas de trânsito, semáforos, radares e lombadas eletrônicas são elementos comuns nas grandes cidades para organizar o trânsito intenso de pessoas e veículos, bem como para facilitar a localização de ruas e avenidas nomeadas ou numeradas. Mas você sabe como são escolhidos os números das casas de uma rua? Leia o texto na página seguinte e saiba como isso é feito.

Como são escolhidos os números das casas de uma rua?

Desde que a numeração das casas apareceu nas metrópoles europeias, no século XVIII, cada cidade tem um jeito diferente de colocar algarismos nas suas construções. Mas todas elas partem de um princípio comum: escolher um lugar que sirva de base para iniciar a contagem. Seguindo essa regra, surgem muitas possibilidades.

Na histórica Veneza, na Itália, as casas ganham número de acordo com os metros que as separam de um edifício importante em cada bairro. Na maioria das cidades brasileiras, o que geralmente acontece é que a numeração cresce de acordo com a distância em relação ao chamado marco zero, que quase sempre fica no centro da cidade. Esse ponto é a principal referência para determinar onde fica o começo da via e indicar qual lado recebe casas com números pares ou ímpares.

Alguns casos são mais complicados. Quando a rua é paralela ao marco zero, o início da rua é a ponta que fica mais próxima em linha reta a essa referência. Outro lembrete importante é que nem sempre duas ruas que correm lado a lado têm numeração parecida. Isso só ocorre quando elas nascem em um mesmo ponto (duas travessas que começam em uma avenida maior, por exemplo), o que nem sempre acontece.

GLOSSÁRIO

Paralelas: duas ou mais linhas ou superfícies que, em toda a sua extensão, conservam sempre igual distância umas das outras.

Como são escolhidos os números das casas de uma rua? Disponível em: <http://mundoestranho.abril.com.br/materia/como-sao-escolhidos-os-numeros-das-casas-de-uma-rua>.

a) A numeração dos imóveis, que serve para que a população se oriente nas cidades, utiliza números pares e ímpares. Em geral, as casas de um lado da rua são pares, e do outro, ímpares. Esse sistema é bastante comum em diversas partes do mundo, mas está longe de ser a norma. Observe os números das casas da rua onde você mora para descobrir se eles seguem este padrão.

b) O número da sua residência é par ou ímpar?

c) Como podemos determinar se um número é par ou ímpar?

8. Circule os números pares:

25	48	36	102	258	657	741
852	96	320	545	177	963	444

9. Responda:

a) Qual é o ponto de referência que você fornece às pessoas para indicar onde você mora?

b) Como você orientaria uma pessoa a chegar na sua casa de carro, de ônibus ou a pé partindo do centro da cidade? Se julgar necessário, faça um pequeno mapa.

Você já deve ter observado o uso cada vez mais comum do código de barras em embalagens e rótulos de produtos industrializados, etiquetas de preço nas lojas de departamentos, boletos bancários, etc. Como são escolhidos os algarismos que formam um código de barras? Por que ele é utilizado?

Código de barras é uma representação gráfica de dados numéricos ou alfanuméricos. A leitura dos dados é realizada por um leitor de código de barras, o qual emite um raio vermelho que percorre todas as barras, identificando os distintos tons de luz por elas refletidos, e os transforma em um código, que um computador conectado ao sistema transforma em diversos dados e informações que permitem o controle de forma rápida e barata de estoques, movimentações de caixas, entre outras funções.

10. Reúna-se com seus colegas e tragam para a sala de aula embalagens e rótulos de produtos em que apareçam códigos de barras (com 13 algarismos). Observem que esse código, que é um dos mais usados, pode ser subdividido em quatro partes. Os três primeiros algarismos do código indicam o país; o segundo bloco, com quatro algarismos, indica o fabricante do produto; os algarismos do terceiro bloco identificam o produto; o último algarismo é um dígito de controle obtido através de operações aritméticas mais complexas. Confiram essas informações comparando embalagens e rótulos de produtos importados e de mesmo fabricante.

11. Uma empresa está divulgando entre seus clientes a seguinte promoção:

Aproveite a promoção do leite bom sabor!!!!

Junte:

- 10 códigos de barras e troque por uma caneta.
- 25 códigos de barra e troque por um chaveiro.
- 50 códigos e troque por uma xícara decorada.

Promoção válida por tempo determinado ou enquanto durarem os estoques.

Observe a tabela ao lado, que mostra a quantidade de códigos que barras de alguns clientes. Liste no seu caderno as trocas que podem ser feitas por cada um deles.

Nome	Nº de códigos de barras
Maria	66
Jurema	43
José	75
Aurea	87

Roda de conversa

Você tem conta em banco?

Quais os principais serviços bancários que você utiliza?

Você ainda utiliza cheques?

O volume de cheques emitidos diminuiu drasticamente nos últimos anos, principalmente devido à popularização dos cartões de crédito e débito. Na maioria das vezes, são utilizados em compras de valores altos. O seu preenchimento merece atenção porque, além dos cuidados para evitar falsificação ou adulteração, se houver divergência entre o valor por extenso e a quantia em algarismos, prevalecerá perante a instituição financeira, para efeitos de pagamento, o valor indicado por extenso.

12. Suponha que você comprou um produto no valor de R$ 540,00 e o pagamento será feito com dois cheques: um no valor de R$ 300,00, e outro, para trinta dias, no valor de R$ 240,00. Como você preencheria o cheque dado como entrada?

Banco 020 | Agência 001 | Conta nº 134.687 - 02 | Cheque nº 1233456 | R$

Pague por este cheque a quantia de ____________________

a ____________________

BANCO FUTURAMA ________ de ________ de ________

Saber mais

Informações sobre o uso de cheques

O cheque é uma ordem de pagamento à vista. Pode ser recebido diretamente na agência em que o emitente mantém conta ou depositado em outra agência, para ser compensado e creditado na conta do correntista.

Formas de emissão

Ao portador – O cheque só pode ser emitido ao portador (sem a indicação do beneficiário), até o valor de R$ 100,00.

Nominal – A partir de R$ 100,00, o emitente é obrigado a indicar o nome do beneficiário (pessoa ou empresa a quem está efetuando o pagamento).

O cheque nominal só poderá ser pago pelo banco mediante identificação do beneficiário ou de pessoa por ele indicada no verso do cheque (endosso), ou ainda através do sistema de compensação, caso seja depositado.

Cruzado – Tanto o cheque ao portador quanto o nominal podem ser cruzados com a colocação de dois traços paralelos, em sentido diagonal, na parte da frente. Nesse caso, só será pago através de depósito em conta corrente.

Especial – Assim denominado porque o banco concedeu ao titular da conta um limite de crédito para saque quando não dispuser de fundos. O cheque especial é concedido ao cliente mediante contrato firmado previamente.

Informações sobre o uso de cheques. Disponível em: <www.febraban.org.br/Arquivo/Servicos/Dicasclientes/dicas3.asp>.

Roda de conversa

Nas atividades anteriores você percebeu a importância dos números em várias situações. Mas já parou para pensar como eles surgiram? Como foram as primeiras formas de contagem? Como os números foram criados, ou será que eles sempre existiram? Sempre foram escritos como hoje? O que são algarismos? Existem regras para a escrita dos números?

Números

Os números podem ser representados de forma escrita por meio de símbolos. Estes símbolos são conhecidos como **algarismos** e são combinados de forma a representar qualquer número possível.

Os algarismos são: **1 2 3 4 5 6 7 8 9 0**

W.Commons

A palavra ALGARISMO tem sua origem no nome do famoso matemático Muhammad Ibn Al-Khwarizmi.

1. Quais os números de três algarismos que podem ser escritos com os algarismos 4, 5 e 6
   a) sem repetição de algarismos?
   b) com repetição de algarimos?

2. (OBMEP) *O Código Secreto*. O código secreto de um grupo de alunos é um número de três algarismos distintos diferentes de 0. Descubra o código com as seguintes informações:

1 2 3	Nenhum algarismo correto.
4 5 6	Um só algarismo correto na posição certa.
6 1 2	Um só algarismo correto, mas na posição errada.
5 4 7	Um só algarismo correto, mas na posição errada.
8 4 3	Um só algarismo correto na posição certa.

(A)137 (B)876 (C)768 (D)678 (E)576

Os números também têm história

Há milhares de anos os homens primitivos não sentiam necessidade de contar, pois tudo o que necessitavam para a sua sobrevivência era retirado da própria natureza.

Com o passar do tempo o homem começou a plantar, produzir alimentos, construir suas casas, domesticar animais, e os pequenos grupos humanos, aos poucos, tornaram-se mais numerosos, trazendo profundas modificações na vida humana. Essas modificações, aliadas ao comércio rudimentar, trouxeram consigo a necessidade da contagem.

Inicialmente, o homem usou vários recursos para ajudá-lo nas contagens: pedrinhas, conchas, gravetos, marcas em madeira ou ossos, nós em cordas e os próprios dedos.

Saber mais

O povo Inca, cujo território ocupava o que é hoje o Peru e partes da Bolívia, Chile, Equador e Argentina, também marcava a passagem do tempo e registrava quantidades por meio de nós em cordas. No auge do império Inca, no século XV, o povo tinha os seus quipucamayus, especialistas em registrar nos quipos um inventário dos bens do império. Cores eram usadas para indicar o tipo de agrupamento: branco representava a quantidade de prata, amarelo a quantidade de ouro, vermelho o número de soldados, e assim por diante.

Referencial Curricular Nacional para as escolas indígenas

Gravura de Felipe Guaman Poma de Ayala, feita em 1587, de um homem utilizando o quipo.

Da necessidade de registrar quantidades surgiu a numeração escrita. Várias civilizações antigas criaram maneiras diferentes de registrar números.

Estes números estão escritos em diferentes sistemas de numeração. Você é capaz de identificá-los? Quais são os números representados?

LXXVI

O sistema de numeração que usamos até hoje é conhecido como sistema de numeração indo-arábico. Foi desenvolvido pela civilização indiana, também conhecida como civilização hindu, que reuniu diferentes características de sistemas de outros povos com os quais tiveram contato, e difundido pelos árabes, que graças à intensificação do comércio entre os povos, assimilaram esse sistema e o divulgaram pela Europa.

Muitos séculos se passaram e as regras dos sistemas de numeração indo-arábico permaneceram as mesmas, havendo apenas pequenas alterações na forma de escrever os algarismos.

Sistema de numeração decimal

Conheça as principais características do nosso sistema de numeração:

Utiliza poucos símbolos para representar qualquer quantidade (1, 2, 3, 4, 5, 6, 7, 8, 9, 0).

É um **sistema de numeração decimal**, ou seja, de base 10. Contamos os elementos agrupando-os de dez em dez.

Um grupo formado por 10 unidades é chamado de **dezena**.

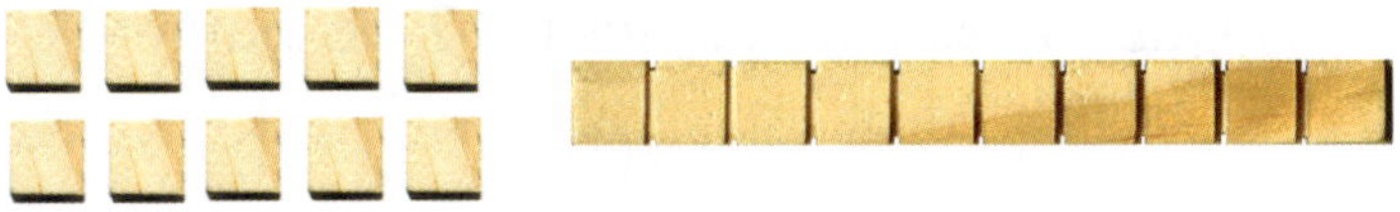

Um grupo de 100 unidades forma 10 dezenas, ou uma **centena**.

Além disso, nosso sistema de numeração utiliza a notação posicional, isto é, o valor do mesmo algarismo varia de acordo com a posição que ocupa.

Acompanhe o exemplo:

No número 444, temos:

444

4 (4 unidades)

40 (4 dezenas ou 40 unidades)

400 (4 centenas ou 40 dezenas ou 400 unidades)

Uma das grandes criações do sistema indo-arábico é a utilização do zero para indicar uma "casa vazia" nos agrupamentos de dez do número considerado. Acompanhe os exemplos:

40 400

54 504

3. Circule a alternativa correta em cada um dos itens:

a) Dos números abaixo, qual é o maior?

666 695 631 699

b) Em qual dos números abaixo o algarismo 5 tem o maior valor?

152 502 125

c) Qual o valor do algarismo 7 no número 796?

7 700 70

d) Qual o valor do algarismo 5 no número 457?

5 50 500

e) Qual dos números abaixo é formado por três dezenas e cinco unidades?

35 350 305

4. Nos quatro números abaixo, só é possível identificar o primeiro algarismo de cada um. Qual deles é o número maior?

5 ■ ■ 8 ■ ■ 6 ■ ■ 4 ■ ■

5. Nos três números abaixo, o algarismo oculto é o 3. Qual deles é o número maior?

9 ■ 1 ■ 9 9 7 ■ 9

A posição de cada algarismo na representação de um número indica uma **ordem.** As primeiras três ordens são: ordens das unidades, ordem das dezenas e ordem das centenas.

6. Responda:

a) Quantas unidades tem o número 286? ______

b) Qual é o algarismo que ocupa a ordem das unidades do número 286? ______

c) Quantas dezenas tem o número 286? ______

d) E quantas centenas? ______

Sucessor de um número é o que vem imediatamente após na sequência habitual. Por exemplo, o sucessor de 58 é o 59.

Antecessor de um número é o que vem imediatamente antes de outro na sequência habitual. Por exemplo, o antecessor de 30 é o 29.

7. Responda:

a) Qual o sucessor de 59? ______

b) Qual o antecessor de 208? ______

c) Qual o antecessor de 299? ______

d) Qual o sucessor de 89? ______

e) Qual o sucessor de 204? ______

f) Qual o antecessor de 315? ______

g) Qual o sucessor de 998? ______

h) Qual o antecessor de 600? ______

i) Qual o sucessor de 825? ______

j) Qual o antecessor de 777? ______

8. Usando algarismos indo-arábicos, escreva os números:

a) Quinhentos e noventa e quatro ______

b) Novecentos e noventa e nove ______

c) Duzentos e cinco ______

d) Quatrocentos e sete ______

Ábaco

Como vimos, o homem utilizou vários recursos para auxiliar os cálculos. Mas o ábaco merece destaque por ser simples e eficiente.

O ábaco é formado por bastões, dispostos no sentido vertical, correspondentes cada um a uma posição digital (unidades, dezenas, ...) e nos quais estão os elementos de contagem (fichas, bolas, contas, ...) que podem ser colocados ou deslizados livremente.

© Aamon/Fotolia.com

© aovalgus /Fotolia.com

Veja como representar as quantidades no ábaco:

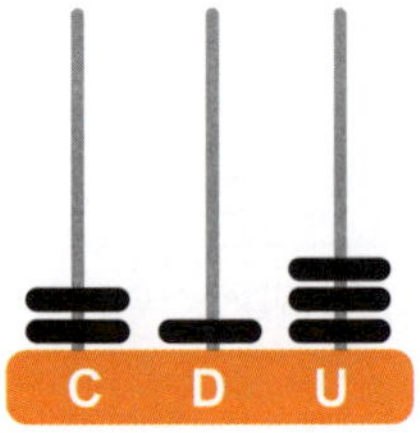

213

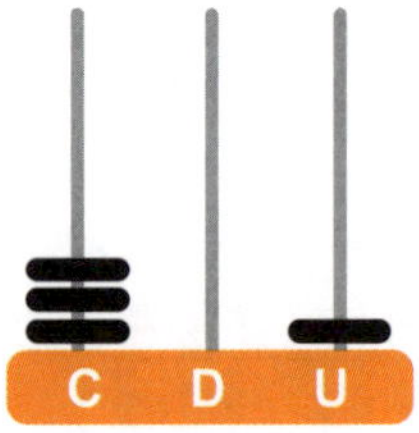

301

534

9. Represente no ábaco:

a) o ano de seu nascimento.

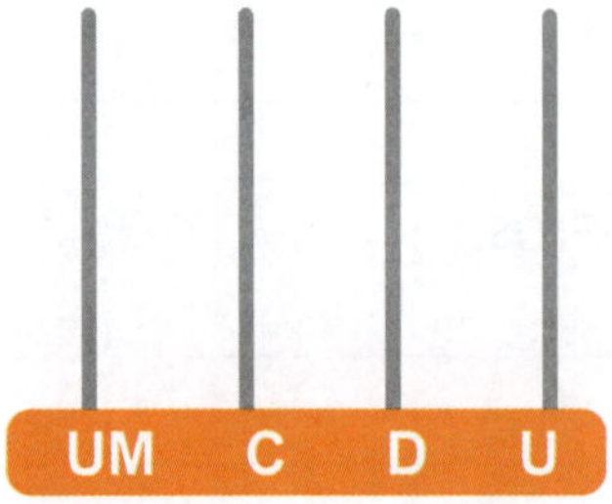

b) o ano em que estamos.

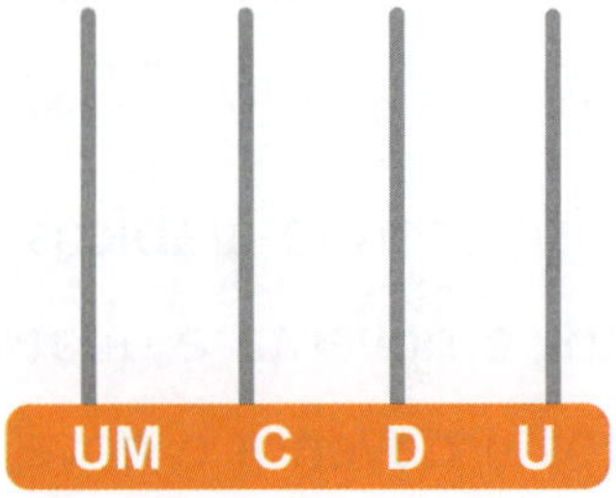

10. Que números estão representados em cada ábaco?

a)

c)

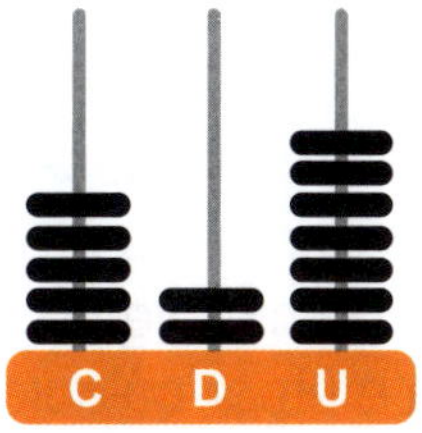

b)

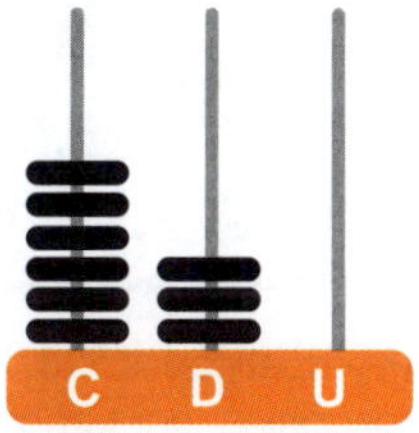

d)

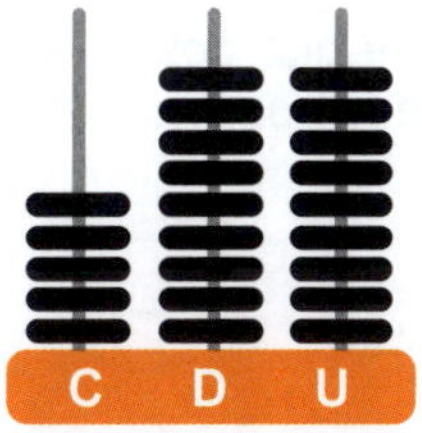

11. Observe o ábaco abaixo:

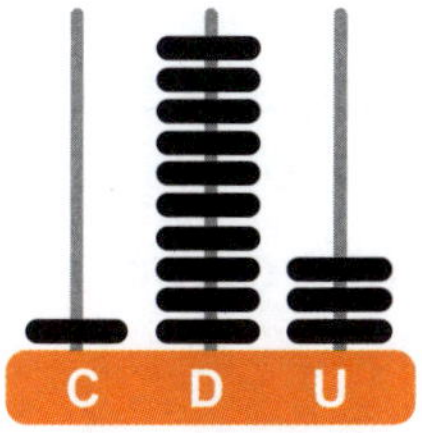

a) O que devemos fazer nesta situação?

b) Desenhe o ábaco depois que você efetuar a troca, e represente, usando números, a quantidade mostrada no ábaco.

Fazendo conexão com... Arte

Xilogravura do livro *Margarita Philosophica*, escrito por Gregor Reisch em 1503. A figura central é Aritmética, a mulher em pé ao centro, assistindo a uma competição entre uma pessoa utilizando algarismos arábicos, e outro usando um ábaco simples ou uma placa de contagem para efetuar cálculos.

GLOSSÁRIO

Xilogravura: técnica de gravura na qual se utiliza madeira como matriz e que possibilita a reprodução da imagem gravada sobre papel ou outro suporte adequado.

Corbis/Latinstock

Pitágoras e Brécio na competição, 1508. Xilogravura do livro Margarita Philosophica, por Gregor Reisch.

Saber mais

A rapidez dos cálculos e a exatidão nas respostas tornou cada vez mais comum o uso de calculadoras. Conheça o funcionamento básico da calculadora:

© Karen Roach/Fotolia.com

A tecla ON/C serve para ligar a calculadora e também funciona para limpar o visor.

A tecla CE deve ser usada quando queremos limpar somente a última digitação.

As teclas das quatro operações + , – , x e / (divisão) servem para realizar as operações.

As teclas de memória servem inicialmente para guardar e recuperar os números na memória.

A tecla M+ guarda o número digitado ou soma esse número ao que estiver já na memória.

A tecla M- subtrai o número digitado daquele registrado na memória.

A tecla MRC mostra o número guardado na memória e, se acionada duas vezes, limpa a memória.

Algumas outras teclas você aprenderá a utilizar futuramente.

AMARAL, Tarsila do. **Morro da Favela**. 1924. Óleo sobre tela, 64 cm x 76 cm. Coleção João Estéfano, São Paulo (SP).

Unidade 2 Que mundo é esse?

Nesta unidade, você perceberá que ao nosso redor existem elementos geométricos nas formas da natureza, nas construções, nos objetos do nosso cotidiano e nas criações artísticas. Aprenderá a diferenciar poliedros de não poliedros. Reconhecerá as semelhanças e diferenças entre alguns poliedros e identificará elementos como faces, vértices e arestas, além de estudar o que diferencia os corpos redondos dos demais poliedros.

Formas geométricas

Roda de conversa

xenia antunes/W. Commons

A arquitetura e a engenharia tem muito a ver com a Geometria, já que a construção de prédios, monumentos, pontes, entre outras obras, requer o uso de conhecimentos geométricos. Um exemplo de construção moderna é a capital federal – Brasília, um projeto audacioso do arquiteto brasileiro Oscar Niemeyer. Seu trabalho, sempre cheio de curvas em concreto, tornou seu estilo inconfundível. Você conhece outras obras do arquiteto no Brasil ou em outros países? Existe alguma construção "diferente" que usa formas inovadoras na sua cidade? Você já observou a diversidade de formas geométricas que estão presentes em objetos e construções? Você conhece profissionais que utilizam conhecimentos geométricos? O que a Geometria estuda? O que são poliedros? O que uma caixinha de remédios tem em comum com um edifício?

© The physicist/Fotolia.com

O homem, desde a Antiguidade, vem observando atentamente as formas presentes na natureza e, assim, constatou que era possível descobrir uma enorme variedade de formas. Ao estudar, imitar e copiar essas formas, criou e desenvolveu uma nova área do saber – a Geometria.

© Tracey Kimmeskamp/Fotolia.com

Vista da Calçada dos Gigantes, Antrim (Irlanda).

© Jerome Labarbe/Fotolia.com

Liste cinco objetos ou construções feitas pelo homem cuja forma se assemelhe às presentes na natureza.

A Geometria é um ramo da Matemática que estuda as propriedades, relações e formas das figuras e dos sólidos no espaço bidimensional e tridimensional.

A palavra "geometria" vem do grego (*geo* = terra, *metria* = medida) e significa "medida da terra". Isso porque, inicialmente, ela foi empregada na medição de terrenos.

A Geometria está presente no mundo que nos rodeia. Muitas embalagens, objetos e até mesmo construções presentes no nosso dia a dia se assemelham a formas geométricas espaciais que provavelmente você conhece. Observe:

Phil Whitehouse/W. Commons

Benh LIEU SONG/W. Commons

© sculpies/Fotolia.com

© edobric/Fotolia.com

© Konstantin Sutyagin/Fotolia.com

© Silkstock/Fotolia.com

WiNG/W. Commons

© Piotr Pawinski/Fotolia.com

© mbongo/Fotolia.com

Africa Studio/Shutterstock

© DURIS Guillaume/Fotolia.com

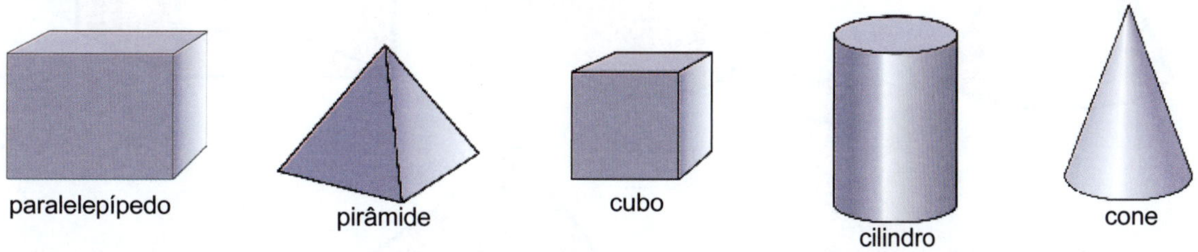

1. Observe as ilustrações acima e identifique as representações geométricas que mais se destacam.

Poliedros e não poliedros

Os sólidos geométricos podem ser classificados em poliedros e não poliedros. Veja alguns exemplos.

Poliedros	Não poliedros
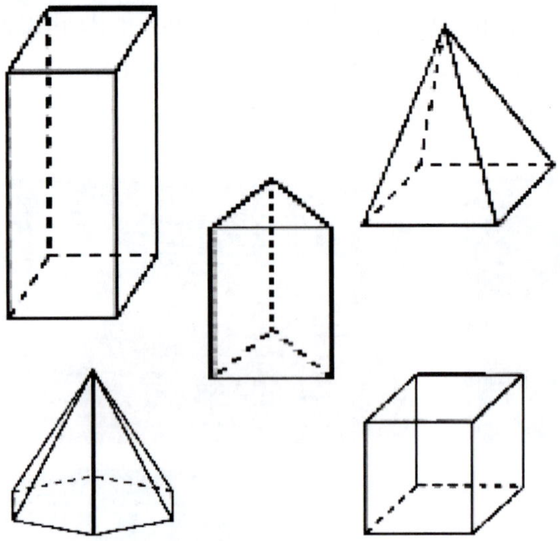	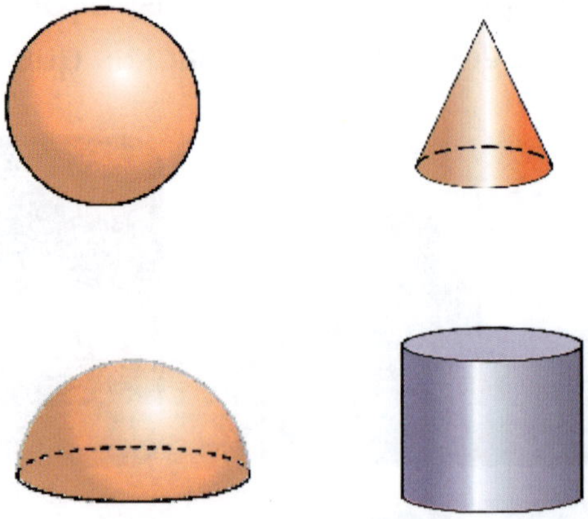
São formados apenas por superfícies planas.	São formados por superfícies planas e não planas ou apenas por superfícies não planas, ou seja, arredondadas.

1. Observe os cinco sólidos geométricos representados abaixo.

a) Escreva os nomes dos sólidos da figura que só tem superfícies planas.

b) Assinale com **X** o nome do sólido da figura que não tem superfícies planas.

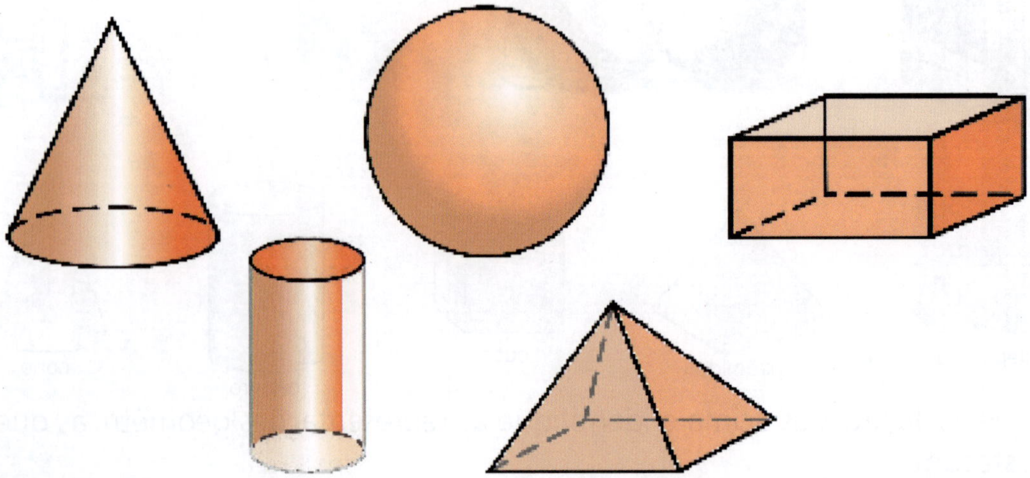

Poliedros

Os sólidos geométricos que possuem todas as faces planas são chamados de poliedros (do grego *poli* = muitas, *edro* = faces).

Num poliedro qualquer, existem três elementos: faces, vértices e arestas.

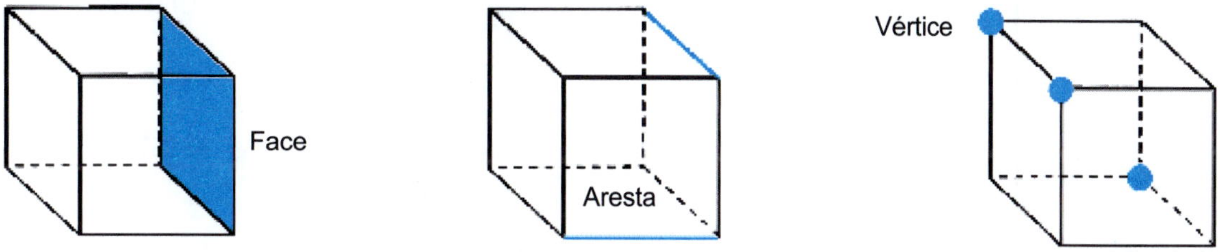

2. Veja os sólidos geométricos abaixo:

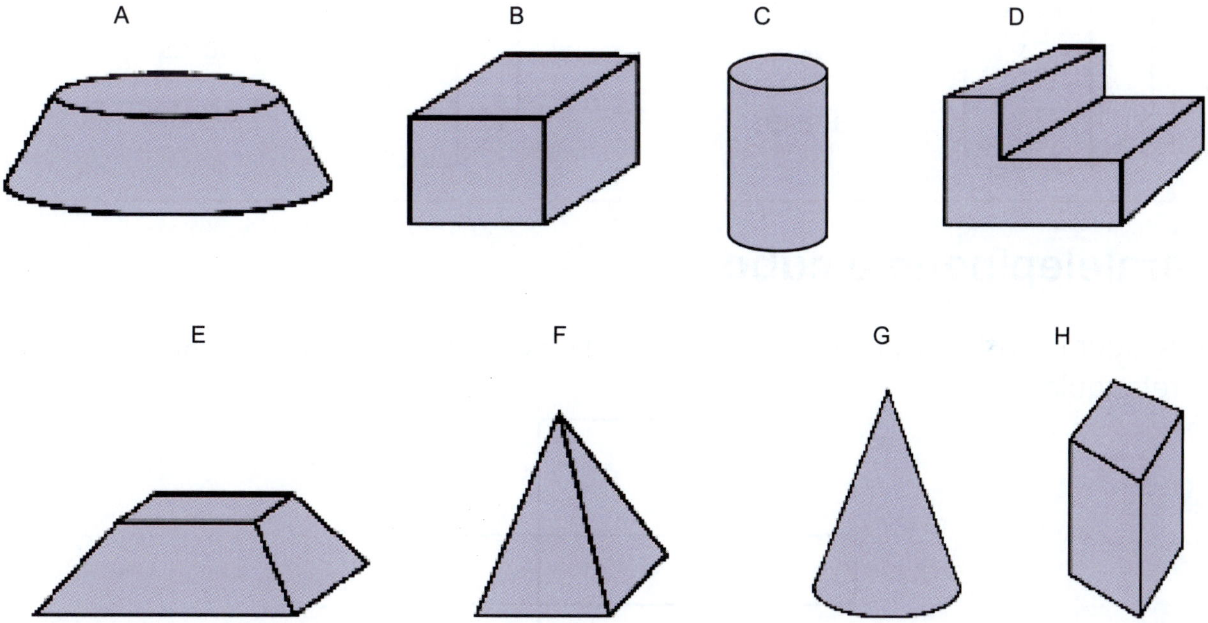

a) Quais são poliedros?

____

b) Quais não são poliedros?

____

3. Escreva o nome de três objetos que lembrem poliedros.

____

____

4. Que partes do paralelepípedo estão destacadas em azul? Assinale a alternativa correta:

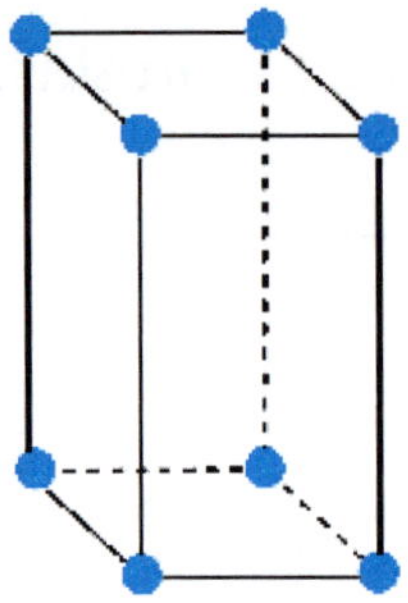

( ) faces laterais
( ) vértices
( ) bases
( ) arestas

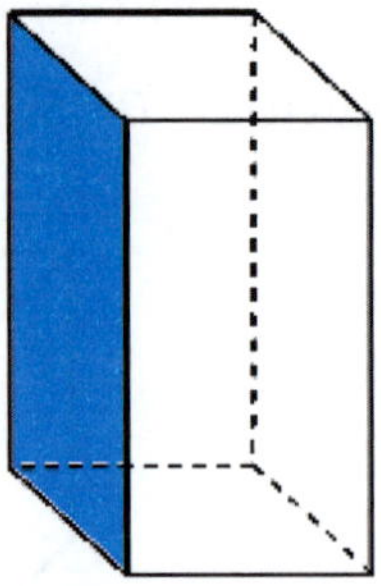

( ) faces laterais
( ) vértices
( ) bases
( ) arestas

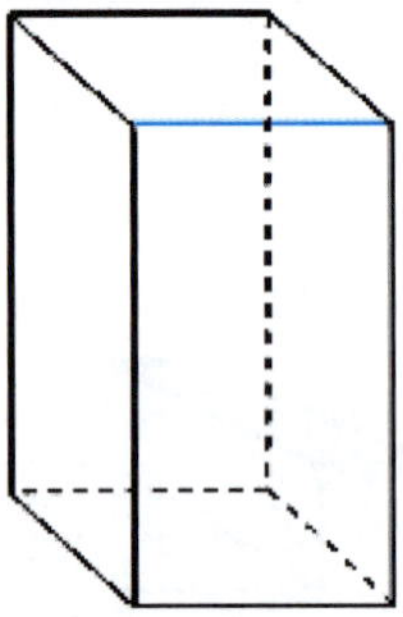

( ) faces laterais
( ) vértices
( ) bases
( ) arestas

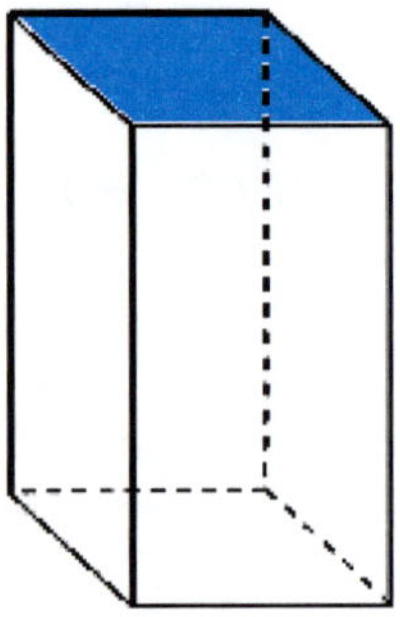

( ) faces laterais
( ) vértices
( ) bases
( ) arestas

Paralelepípedo e cubo

5. A figura mostra a planificação de um paralelepípedo, também chamado bloco retangular

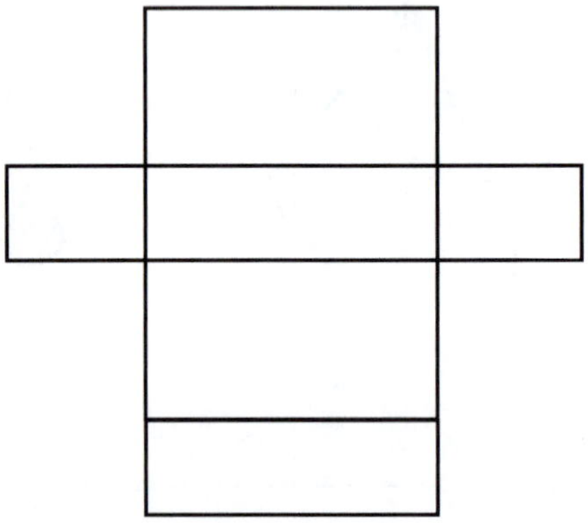

Quantas faces, vértices e arestas tem um paralelepípedo?

6. Liste cinco objetos que você conhece que lembram a forma de um paralelepípedo. Compare suas respostas com a de seus colegas.

7. Por que a maioria das embalagens tem a forma de um paralelepípedo? Discuta com seus colegas.

© Anton Gvozdikov/Fotolia.com

Saber mais

O homem descobriu que o barro molhado servia para reforçar suas cabanas de pau a pique, tornando-as mais resistentes à chuva e ao vento. O homem primitivo misturou, depois, o barro a outros materiais, como a palha picada, para torná-lo mais forte. Mais tarde, passou a cortá-lo em pedaços iguais. Assim nasceu o tijolo. No princípio, eles eram utilizados crus. Os egípcios usavam-nos ainda úmidos, e o sol se encarregava de secá-los. Acreditavam os súditos do faraó que só empregando tijolos úmidos conseguiam que eles se soldassem uns aos outros.

Vmenkov/W. Commons

Depois, os gregos passaram a usar tijolos endurecidos. Deixavam os tijolos secar por um período de até cinco anos. Na hora de usá-los, uniam com barro mole.

Os primeiros tijolos cozidos foram produzidos na Babilônia, nos séculos VII e VI a 100 a.C. O interessante é que mesmo os tijolos mais antigos tinham o formato e o tamanho quase iguais aos de hoje.

DUARTE, Marcelo. **Livro das invenções**. São Paulo: Cia das Letras, 1997.

8. Na figura está representado um cubo.

Descreva esse sólido sem utilizar a palavra "cubo".

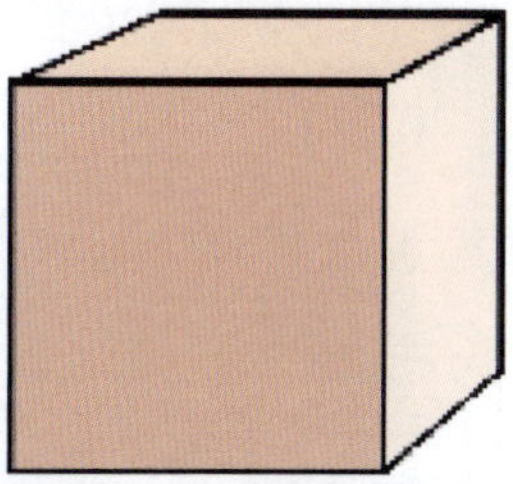

____

____

9. Quantas faces, vértices e arestas tem um cubo?

____

____

10. Assinale a figura que representa a planificação de um cubo.

Fig.1

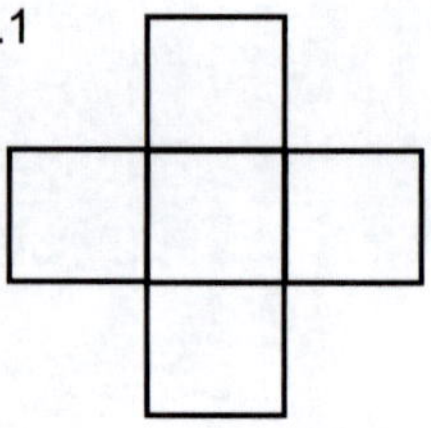

Fig.2

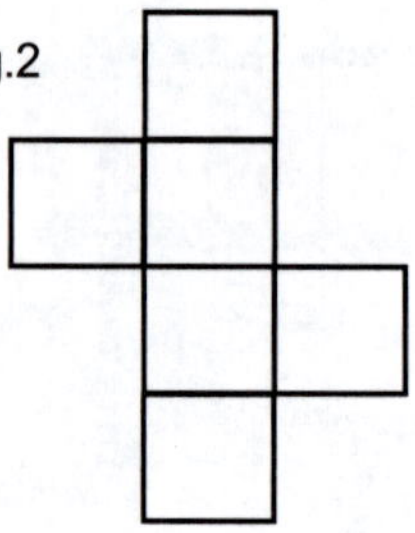

Fig.3

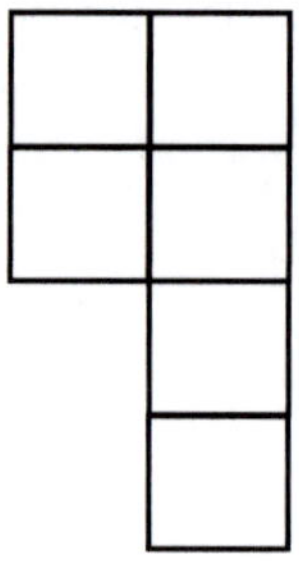

Fig.4

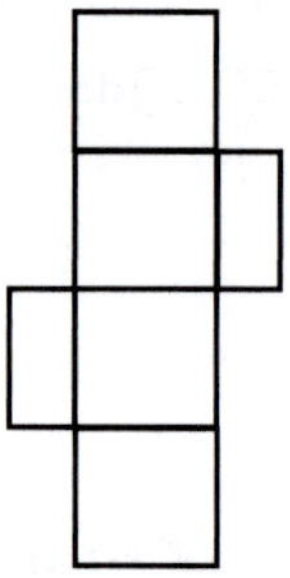

11. Observe e responda:

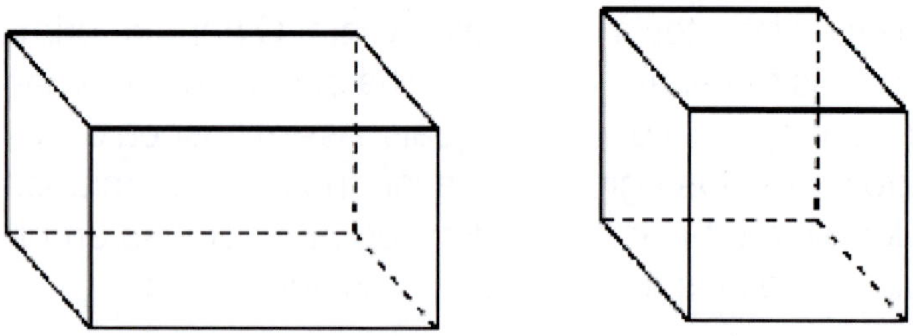

a) O que o paralelepípedo e o cubo têm em comum?

b) O que têm de diferente?

12. Sabendo que em um dado a soma dos valores das faces opostas é sempre sete, responda:

a) Quantos pontos tem a face oposta a 4?

b) Quantos pontos tem a face oposta a 6?

c) Quantos pontos tem a face oposta a 2?

13. Observe os cubos empilhados.

a) Quantos cubos já foram usados?

____

____

b) Quantos cubos precisam ser acrescentados para completar um cubo de três camadas?

____

____

Corpos redondos

Os sólidos geométricos que possuem face não plana são chamados **corpos redondos.**

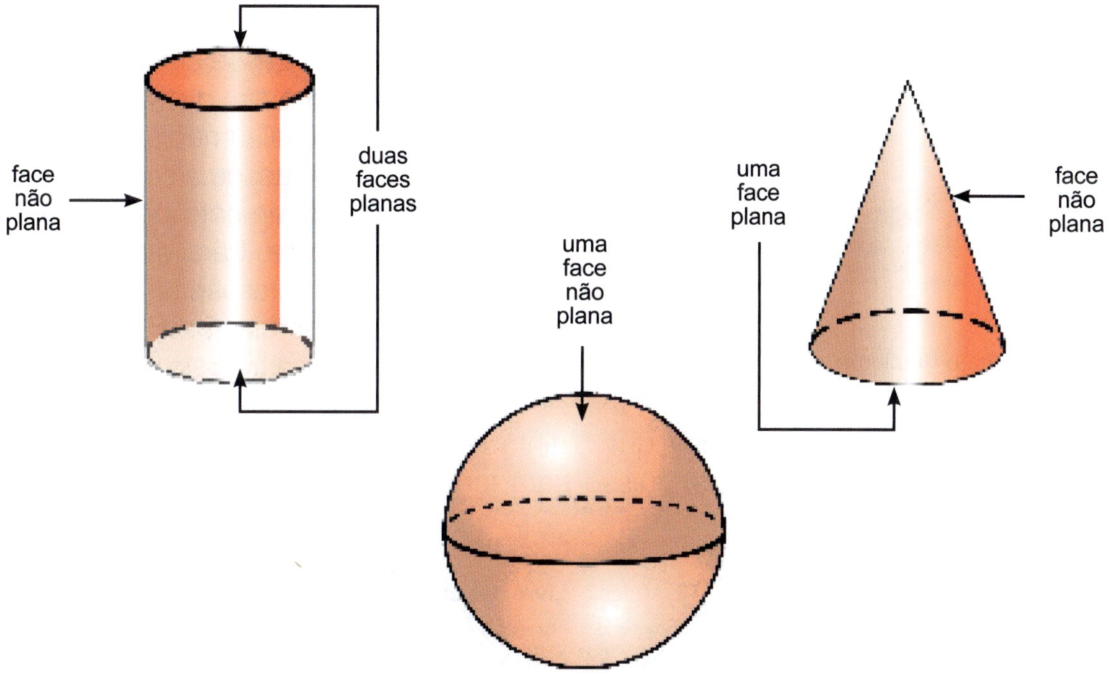

Os sólidos que representam os corpos redondos são:

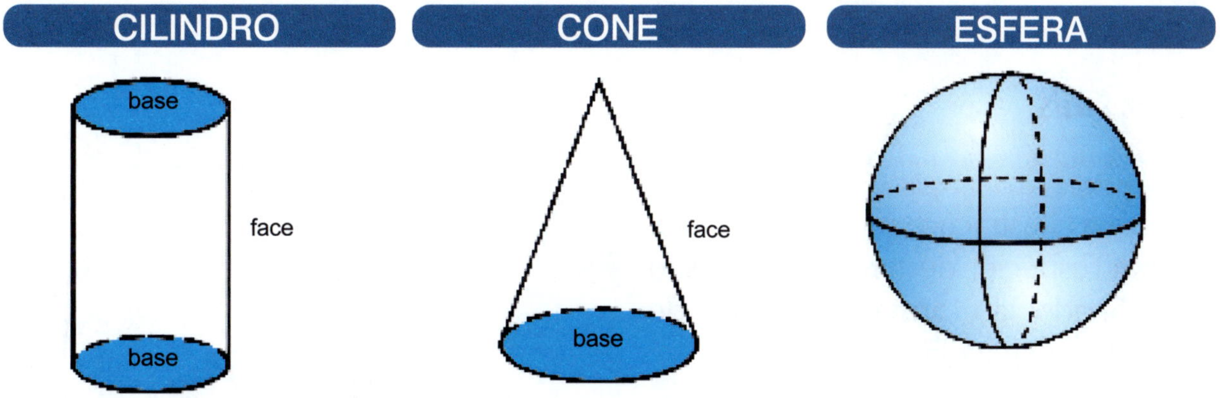

14. Liste três objetos que você conhece que lembram a forma de um

a) cone: ______

b) cilindro: ______

c) esfera: ______

Compare suas respostas com a de seus colegas.

Saber mais

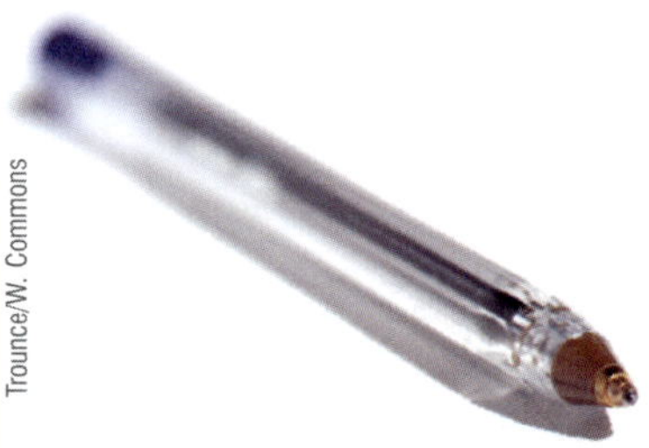

Trounce/W. Commons

Para entender bem o funcionamento da caneta esferográfica, observe um frasco de desodorante antiperspirante *roll-on*, que utiliza a mesma tecnologia em uma escala muito maior.

O revisor tipográfico húngaro Ladislao Biro conhecia bem os problemas das canetas-tinteiro e teve a ideia de criar uma caneta que utilizasse uma tinta de secagem rápida. Na oficina do jornal em que trabalhava, observou que a tinta do jornal saía imediatamente seca e quase nunca borrava. Biro passou a se dedicar à criação de um novo tipo de instrumento de escrita que utilizasse uma tinta semelhante. Para evitar que sua caneta entupisse com uma tinta espessa, usou uma pequena esfera de metal que rolava em uma extremidade do tubo onde estava essa tinta de secagem rápida. A esfera funcionava como um protetor para impedir que a tinta secasse e também permitia que a tinta fluísse para fora da caneta a uma velocidade controlada.

DUARTE, Marcelo. **Livro das invenções**. São Paulo: Cia das Letras, 1997.

15. As embalagens de forma cilíndrica são empilhadas facilmente. Cite três produtos que são encontrados com embalagens com este formato.

Saber mais

A ilustração mostra um silo, uma espécie de grande depósito destinado ao armazenamento de produtos agrícolas.

A dimensão e as características técnicas de um silo dependem da finalidade a que se destinam. Entre as vantagens de seu uso estão, principalmente, a manutenção da qualidade do produto armazenado e a facilidade de enchimento e esvaziamento do silo.

Rehtse/W. Commons

Podemos observar na ilustração da página anterior um silo que têm formas geométricas de dois sólidos geométricos. A parte superior tem a forma de um cone, e a parte inferior, de um **cilindro**.

Extintor de incêndio é um equipamento de segurança usado para extinguir ou controlar incêndios em casos de emergências. Em geral, é um cilindro que pode ser carregado até o local do incêndio, contendo um agente extintor sob pressão.

16. Assinale a figura que pode corresponder à planificação de um cilindro.

fig.1

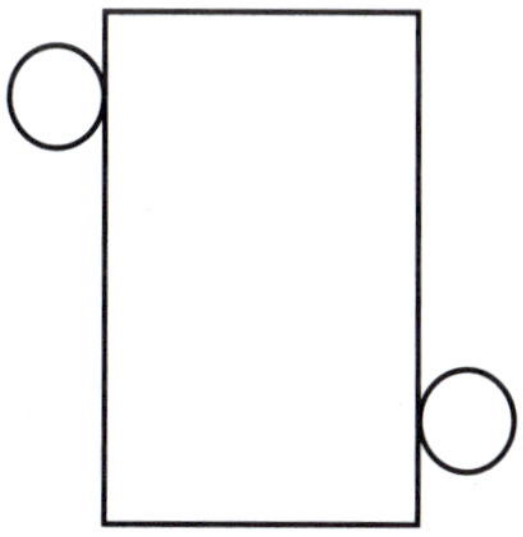

fig.2

fig.3

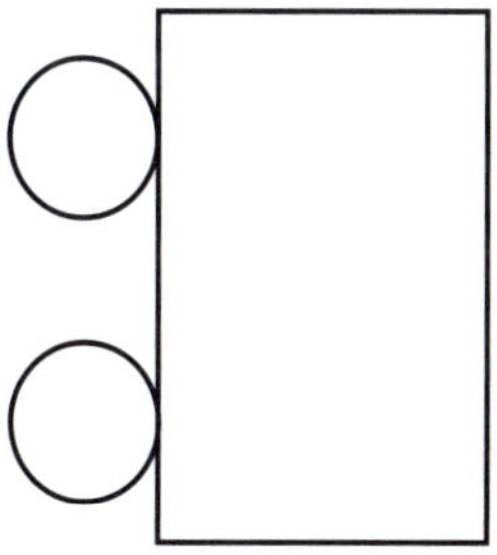

fig.4

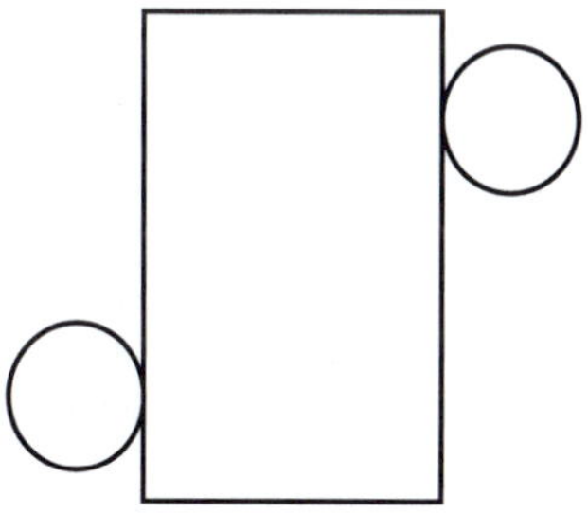

17. Observe as planificações a seguir. Marque um **X** na figura que corresponde à planificação de um cone.

a)

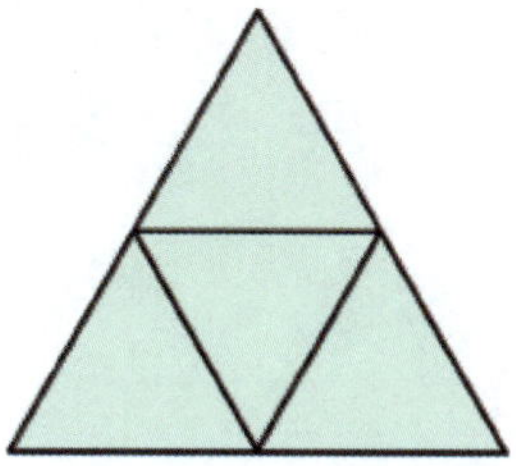

b)

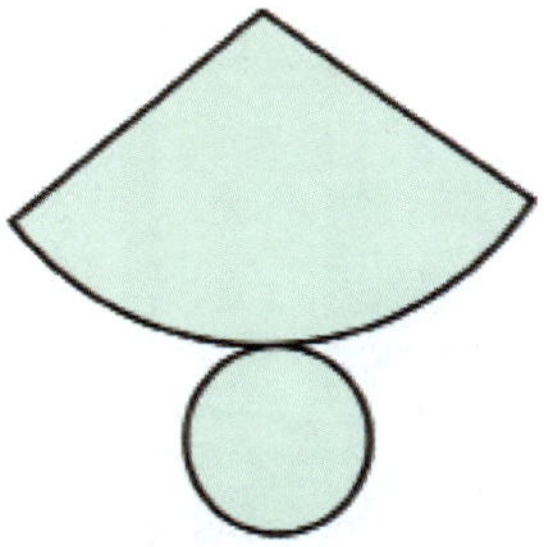

c)

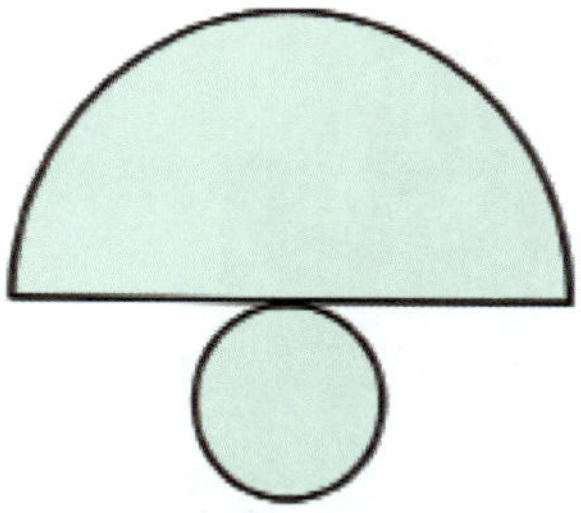

d)

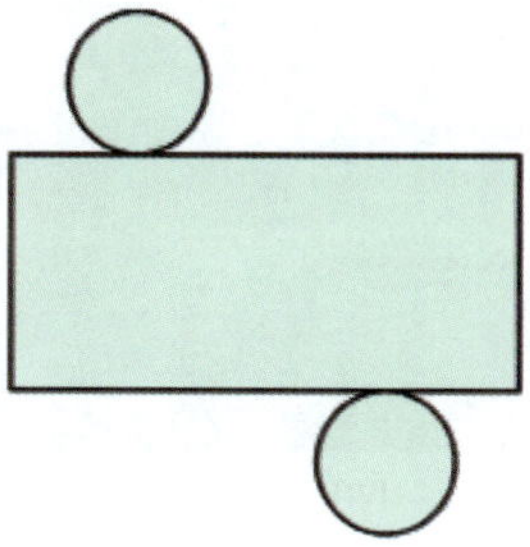

e)

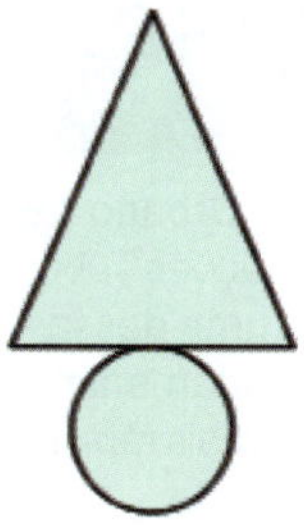

f)

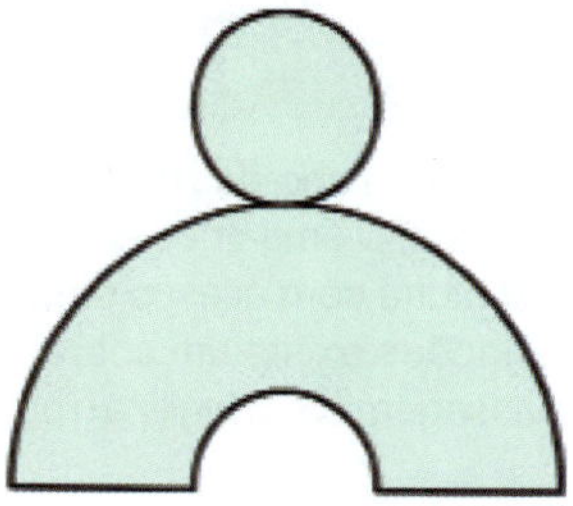

18. Observe e responda:

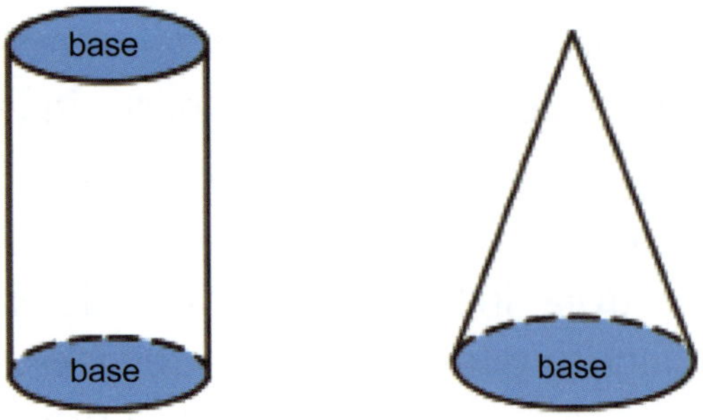

a) O que o cilindro e o cone têm em comum?

b) O que têm de diferente?

Fazendo conexão com... Arte

ESCHER, M.C. **Circo Limite I**. 1958. Madeira, 1/2 polegada. Acervo particular.

As fotos abaixo mostram construções com formatos diferentes e inovadores. Pesquise em jornais e revistas ilustrações como estas e traga para a sala de aula para a montagem de um mural.

mariordo59/W.Commons

Estação Tubo da Rede Integrada de Transportes Urbano de Curitiba. O embarque em nível se dá através das Estações Tubo, a maioria com acesso para cadeirantes. Em cada uma dessas estações existe um cobrador que recebe antecipadamente a passagem, o que agiliza o processo e torna a viagem mais rápida.

Benh LIEU SONG/W. Commons

Museu do Louvre. Paris (França).

Levent Konuk/Shutterstock

Unidade 3 Diferentes formas de ser e viver

Nesta unidade, você vai saber mais sobre outras unidades de medida que foram usadas ao longo da história da humanidade e sobre as unidades mais utilizadas no seu dia a dia. Vai reconhecer e utilizar unidades usuais de tempo, assim como realizar atividades, fazendo conversões simples. Identificará outras grandezas mensuráveis no contexto diário: comprimento, massa e capacidade. E estudará sobre a utilização de unidades usuais de medida, como metro, centímetro, quilômetro, grama, miligrama, quilograma, litro, mililitro.

Unidades de medida

Roda de conversa

A rotina dos trabalhadores brasileiros de diferentes setores da economia, na maioria das vezes, envolve jornadas exaustivas e inúmeros riscos. Para chegar ao local de trabalho, os trabalhadores percorrem grandes distâncias e enfrentam problemas de transporte lotado, congestionamento... No campo, o transporte pode ser precário e até perigoso. Problemas como esse afetam direta ou indiretamente a saúde do trabalhador e até colocam em risco sua vida. No que você trabalha? Como é a sua rotina? Que horas você acorda para ir trabalhar? Quanto tempo você leva para chegar até o seu local de trabalho? Quantas horas você dorme por noite? Quantas horas você trabalha por dia? O que você faz nos dias de folga?

O compositor Seu Jorge relatou parte da rotina dos trabalhadores brasileiros por meio de música. Leia e comente com seus colegas.

TRABALHADOR

Está na luta, no corre-corre, no dia a dia
Marmita é fria mas se precisa ir trabalhar
Essa rotina em toda firma começa às sete da manhã
Patrão reclama e manda embora quem atrasar
Trabalhador
Trabalhador brasileiro
Dentista, frentista, polícia, bombeiro
Trabalhador brasileiro
Tem gari por aí que é formado engenheiro
Trabalhador brasileiro
Trabalhador
E sem dinheiro vai dar um jeito
Vai pro serviço
É compromisso, vai ter problema se ele faltar
Salário é pouco, não dá pra nada
Desempregado também não dá
E desse jeito a vida segue sem melhorar
Trabalhador
Trabalhador brasileiro
Garçom, garçonete, jurista, pedreiro
Trabalhador brasileiro
Trabalha igual burro e não ganha dinheiro
Trabalhador brasileiro
Trabalhador

SEU Jorge. Trabalhador. Intérprete: Seu Jorge. In: Seu Jorge. **América Brasil**. [s. l.]: EMI Records, 2007. 1 CD. Faixa 2.

Fazendo conexão com... Ciências

Importância do sono

Dormir bem é fundamental para descansar e para desfrutar de uma boa saúde, já que esta é a melhor forma para nosso organismo recuperar as energias gastas ao longo do dia.

A maioria dos adultos necessita entre sete e oite horas de sono.

Medidas de tempo

A rotina dos povos antigos era bem diferente da nossa. Suas preocupações eram imediatas: comer, beber, dormir, ir, vir, decidir qual o melhor momento para pescar, etc.

Durante **milênios**, o homem se contentou em dedicar-se ao trabalho, à pesca nos períodos de Sol, durante o dia, e ao descanso, à noite.

O modo de viver dos homens foi se transformando e, com isso, foram surgindo novos instrumentos que auxiliavam na medição do tempo.

Observando as sombras das árvores e das montanhas, o homem notou que ao longo do dia o tamanho dessas sombras variava. Algum tempo depois, viu que podia, através de uma vareta fincada no chão na posição vertical, fazer estimativas sobre a duração do dia, já que ao amanhecer a sombra é bem longa, ao meio-dia fica no seu tamanho mínimo, e ao entardecer volta a alongar-se novamente.

Marcos André/Opção Brasil Imagens

Matriz de Santo Antonio e relógio de Sol. Tiradentes (MG).

Marcos André/Opção Brasil Imagens

Relógio de Sol em Natal (RN).

Dorieo/W. Commons

Clepsidra do final do século V a. C. Museo del Ágora de Atenas. (Grécia).

O relógio de água (ou clepsidra) também foi utilizado para resolver o problema nos dias em que não era possível se basear pela luz solar.

© jib63/Fotolia.com

Ampulheta.

Mais tarde, para atender às necessidades de locomoção dos grandes exércitos, a água foi substituída pela areia. Ao novo instrumento os romanos chamaram *ampulla*, que quer dizer redoma.

Como vimos, com o passar dos anos e o surgimento de novas necessidades no dia a dia, muitos instrumentos foram inventados para medir o tempo, até se chegar aos modernos relógios e cronômetros utilizados atualmente.

Pablo Eder/Shutterstock

© Aleksandr Volkov/Fotolia.com

Leitura das horas em relógios de ponteiros

Uma hora tem 60 minutos. Em alguns modelos de relógios, a leitura das horas é feita através de ponteiros. O ponteiro menor indica as horas, e o ponteiro maior, os minutos. Portanto, cada vez que o ponteiro maior percorrer 60 minutos, terá passado uma hora.

Observe os exemplos:

O relógio está marcando 3 horas.

O relógio está marcando 5 horas e 30 minutos.

1. Observe estes relógios e registre a hora que eles marcam

a) 

____

b) 

____

c) 

____

d) 

____

Saber mais

Santos Dumont não inventou o relógio de pulso, mas ele tem o mérito de ter popularizado o modelo entre os homens. Quando pediu a seu amigo Louis Cartier para desenhar um relógio que o ajudasse a conferir o tempo de seus voos sem colocar a mão no bolso, o relojeiro criou o modelo Cartier-Santos, que fez muito sucesso e é vendido até hoje.

SOALHEIRO, Bárbara. **Como fazíamos sem...** São Paulo: Panda Books, 2006.

© Asparuh Stoyanov/Fotolia.com

2. Marque no relógio as horas indicadas nas frases:

a) Pedro acorda às 6:00 horas para ir ao trabalho.

b) A aula de Marcos inicia às 7:15 horas.

c) Arthur e Ricardo combinaram um jogo de futebol com os amigos às 10 horas.

d) Neide e Luciana vão almoçar juntas às 12:30 horas.

3. Você já ouviu a expressão "pontualidade britânica"? O que ela significa? Pesquise.

4. Assinale o relógio que marca a mesma hora que o relógio digital abaixo:

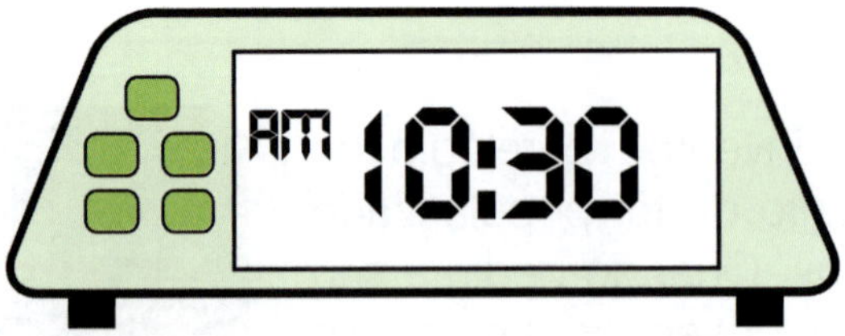

(A)

(B)

(C)

(D)

5. Desenhe os ponteiros do relógio 2, de modo que os dois relógios marquem a mesma hora.

(1)

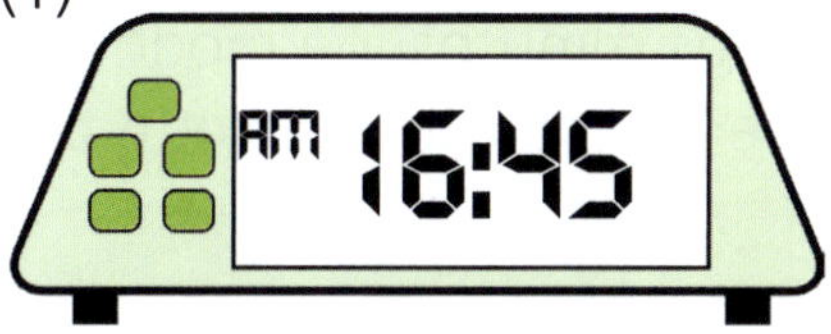

(2)

6. Quantos minutos há em:

a) 2 horas - ______________________

b) 4 horas - ______________________

c) 6 horas - ______________________

d) 8 horas - ______________________

7. Qual a duração de uma partida de futebol?

____

8. Um jogo começou às 16h. Se o jogo dura 2 horas e 10 minutos, quando vai terminar?

____

9. Luiz, Luana e Rafaela combinaram de se encontrar na hora marcada no relógio.

Somente Luana chegou no horário combinado. Luiz chegou 15 minutos depois da hora marcada. O ônibus em que Rafaela estava estragou e ela chegou 45 minutos atrasada.

a) Que horas Luiz chegou?

____

b) Que horas os três finalmente se encontraram?

____

10. Na figura abaixo está o ingresso de cinema da Ana.

Acervo Digital

Desenhe no relógio o ponteiro das horas e o ponteiro dos minutos, de modo que assinale as horas e os minutos em que o filme teve início.

Em que dia da semana Ana foi ao cinema?

11. No Brasil, a legislação garante alguns direitos trabalhistas, como período de férias, jornada semanal, licença à gestante, licença-paternidade e aposentadoria por idade. Pesquise:

a) Qual é a duração da licença-maternidade?

____

____

b) Quando um trabalhador pode solicitar aposentadoria por idade?

____

____

12. Pesquise o significado das palavras a seguir:

a) Biênio: ____________________ d) Dúzia: ____________________

b) Centena: ____________________ e) Grosa: ____________________

c) Década: ____________________ f) Milênio: ____________________

g) Quarentena: ____________________

h) Quinquênio: ____________________

i) Quinzena: ____________________

j) Século: ____________________

k) Semana: ____________________

l) Semestre: ____________________

m) Mês (comercial): ____________________

n) Ano (comercial): ____________________

Pesquise situações do nosso dia a dia em que usamos essas palavras e mostre para seus colegas.

Fazendo conexão com... Geografia

O que é um ano bissexto?

Em nosso calendário, chamado Gregoriano, os anos têm 365 dias, e os anos bissextos têm um dia a mais, totalizando 366 dias. O dia extra é introduzido como o dia 29 de fevereiro, e ocorre a cada quatro anos.

O período de um ano se completa com uma volta da Terra ao redor do Sol. Mas, na realidade, a Terra leva aproximadamente 365 dias e 6 horas para completar uma volta ao redor do Sol. Portanto, um calendário de 365 dias apresenta um erro de aproximadamente 6 horas por ano, equivalente a um dia a cada quatro anos. Para diminuir esse erro, foi adotado o ano bissexto, acrescentando-se um dia a cada quatro anos.

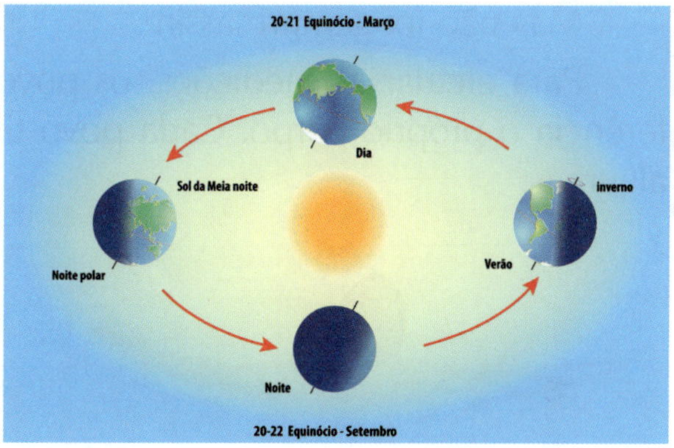

Zhabska Tetyana/Shutterstock

Roda de conversa

Hoje em dia, quando necessitamos comprar uma barra de cano ou de ferro, saber se um móvel cabe ou não em um cômodo, determinar a altura de uma pessoa, entre outras situações, utilizamos as medidas de comprimento. Como isso era feito sem instrumentos? Você sabe o que é braça? O que é polegada? Qual é a distância da sua sala de aula até sua casa? Quem anda mais, quem percorreu uma distância de dois quilômetros ou quem andou 2 000 metros?

Rob kemp/Shutterstock

Medidas de comprimento

Atualmente, dispomos de muitos intrumentos de medidas de comprimento. Observe:

Madlen/Shutterstock

Régua.

Sergej Razvodovskij/Shutterstock

Metro dobrável.

Sergiy Telesh/Shutterstock

Fita métrica.

Seregam/Shutterstock

Trena.

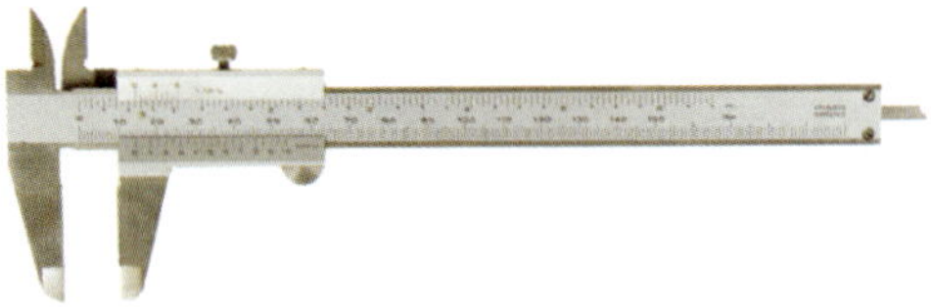
Micha Klootwijk/Shutterstock

Paquímetro.

Mas não foi sempre assim.

Para efetuar as medições, os povos, desde a Antiguidade, usavam como referência o próprio corpo. Cada povo tinha sua própria unidade-padrão. Conheça algumas:

Andresr/Shutterstock

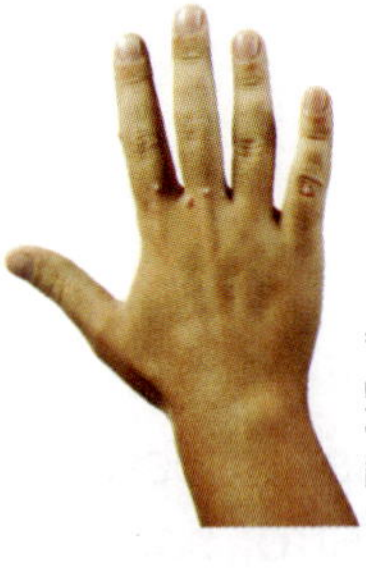
© Tiler84/Fotolia.com

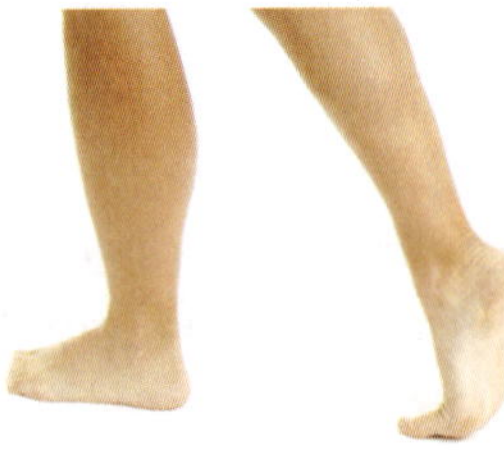
Alan Poulson Photography/Shutterstock

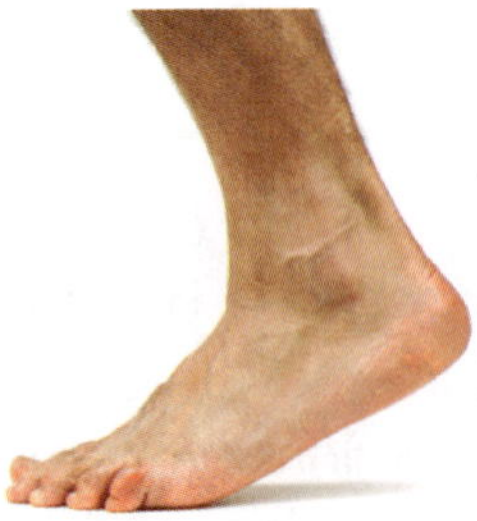
Carlos Yudica/Shutterstock

Com a intensificação do comércio entre os povos, a formação das primeiras cidades, entre outras mudanças no modo de viver das pessoas, essa variedade de padrões passou a ser um problema, pois as pessoas têm corpos com tamanhos diferentes e, por isso, as medidas não poderiam ser exatas.

Muito tempo depois, representantes de vários países reuniram-se para discutir a adoção de um sistema único de medidas. Surgia o Sistema Métrico Decimal, que tem o metro como unidade básica de medida do comprimento.

A partir do metro, foram criadas outras unidades de medida. Entre as mais usadas estão o **centímetro** (cm), o **milímetro** (mm) e o **quilômetro** (km).

1 metro corresponde a 100 centímetros.

1 cm corresponde a 10 mm.

1 km corresponde a 1 000 m.

Saber mais

O pé, a polegada e a jarda são unidades, não pertencentes ao sistema métrico decimal e que continuam sendo empregados até hoje.

1 polegada são 2,54 centímetros.

1 pé são 30,48 centímetros.

1 jarda são 91,44 cm.

13. Como é feita a medição de polegadas de uma TV? Represente por meio de desenho.

14. Você conhece algum produto vendido com medidas em polegadas?

15. Pesquise cinco produtos que são vendidos em metro. Compare suas respostas com as de seus colegas.

____

____

16. Das unidades de medida citadas anteriormente (mm, cm, m, km), qual é a mais adequada para medir o comprimento

a) da sua sala de aula? ____________________

b) do seu caderno? ____________________

c) de uma caixa de sapato? ____________________

d) a extensão de um rio? ____________________

e) da distância entre duas cidades? ____________________

f) de uma formiga? ____________________

17. Utilizando a régua graduada, determine quanto mede o lápis mais comprido.

creatOR76/Shutterstock

18. Caio e seus irmãos estão comparando suas alturas. Observando a figura abaixo, determine a altura de cada um.

Hamiltom Silva

19. Responda:

a) Qual é a sua altura em centímetros?

____

b) Qual é a distância aproximada entre a sua casa e a sua escola?

____

c) E entre o seu local de trabalho e a escola?

____

20. Você sabia que os maiores exemplares de insetos do Planeta estão na Amazônia? Leia as informações abaixo:

- Maior besouro: 20 cm
- Maior mosca: 5 cm
- Maior percevejo: 10 cm
- Maior libélula: 15 cm
- Maior mariposa: 30 cm
- Maior cigarra: 9 cm
- Maior vespa: 7 cm

Disponível em: <www.maniadeamazonia.com.br/trade/cultura_artigo.aspvarartigo=158>.

Você observou como esses insetos são grandes? Pegue uma régua e trace linhas com o tamanho dos inseto citados abaixo .

Mosca:

Percevejo:

Libélula:

Cigarra:

Vespa:

21. Observe os números:

10	124	114

© Millak/Fotdia.com

Usando os números acima, complete as lacunas:

A Catedral Basílica de Maringá é a mais alta catedral da América Latina. De forma cônica, possui um diâmetro de 50 metros, o cone possui uma altura externa de ______ metros, sustentando uma cruz de ______ metros, perfazendo um total de ______ metros de altura.

22. Pesquise

a) qual é a altura do prédio mais alto do Brasil. Onde está localizado?

______

b) qual é a extensão do circuito de Interlagos.

______

c) qual é o pico mais alto do Brasil. Qual é sua altura? Onde está localizado?

______

______

23. Rogério pega o ônibus todos os dias para ir ao trabalho, que fica 20 km de distância da sua residência. O ônibus costuma realizar o percurso com a velocidade média de 60 km/h. Nessas condições, qual é o tempo, em minutos, que Rogério gasta todo dia neste mesmo percurso?

Saber mais

A Ponte Presidente Costa e Silva, mais conhecida como Ponte Rio-Niterói,foi inaugurada em 1974. É uma das maiores pontes do mundo, com seus 13 quilômetros de extensão e até 72 metros de altura no trecho do vão central.

Com fluxo médio de 150 mil veículos por dia, que transportam mais de 450 mil pessoas, é a principal ligação da capital com Niterói e com o interior do estado do Rio de Janeiro.

Clara/W.Commons

© Thomas Frey/dpa/Corbis/Latinstock

24. Observe a imagem ao lado e responda:

Na sua opinião, por que acidentes como esse são ainda são comuns nas grandes cidades?

25. Os principais números relativos a trânsito no Brasil são assustadores. Em 2009, o País registrou mais de 400 mil acidentes de trânsito com vítimas. Confira no gráfico os tipos de acidentes mais comuns:

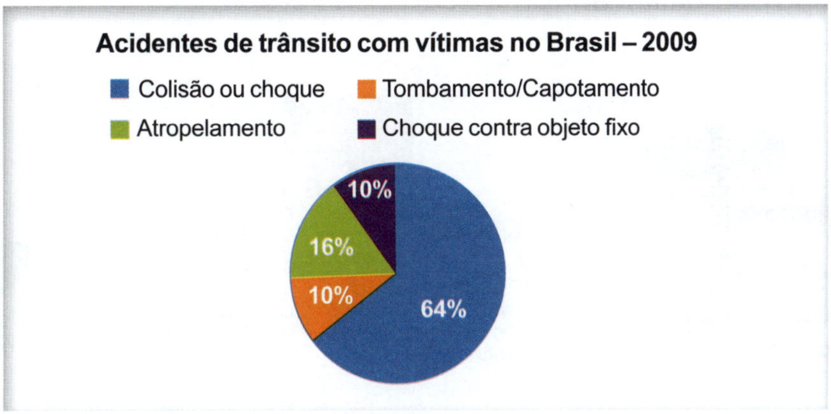

Fontes: Denatran / Ministério das Cidades.

A redução destes altos índices depende dos condutores e também da colaboração dos ciclistas, pedestres e de todos que utilizam as vias urbanas do País. Produza um texto, no seu caderno, com algumas dicas que podem contribuir para a redução desses índices.

Roda de conversa

Saber ler, interpretar e escrever corretamente diferentes tipos de medições é muito importante, principalmente em relações comerciais. Leia os trechos de notícias abaixo:

- O evento é aberto ao público e gratuito, porém, os organizadores pedem a doação de um quilo de alimento não perecível a Entidades Beneficentes de Assistência Social.
- Doze produtos da cesta básica apresentaram alta. O preço do quilo do feijão tem alta de mais de 10% no mês de abril.
- De acordo com ministro da Agricultura, a produção brasileira de grãos este ano bateu recorde e será a maior da história, sendo estimada em 170 milhões de toneladas de alimentos até o fim do ano.

O que elas têm em comum? O que é tonelada? O que é arroba? O que poderia acontecer a um paciente se um medicamento não fosse aplicado na dosagem correta? Você utiliza instrumentos de medida de massa em sua profissão ou no seu cotidiano?

Medidas de massa

A unidade fundamental de massa chama-se **quilograma**. No entanto, na prática, utilizamos o **grama** como unidade principal de massa.

O instrumento utilizado para medir a massa é a balança. Existem vários tipos de balança.

zcw/Shutterstock

Balança mecânica comercial.

Darryl Vest/Shutterstock

Balança digital.

dream designs/Shutterstock

Balança eletrônica.

Muitos produtos, como carne, arroz, milho, feijão, frutas, verduras, entre outros, são vendidos em grama (g) ou quilograma (kg).

Na medida de grandes massas, podemos utilizar ainda as seguintes unidades especiais: tonelada e arroba.

Na pesagem das cargas de caminhões, trens, navios e aviões, utilizamos a tonelada (t).

1 tonelada (t) = 1000 kg

Nickolay Vinokurov/Shutterstock

Avião cargueiro.

Sandro Mesquita/Acervo Editorial

Placa de trânsito com limite máximo de toneladas.

Na pesagem de animais e produtos agrícolas, como o fumo e o algodão, a medida de massa utilizada é a arroba.

José Reynaldo da Fonseca/W. Commons

Plantação de algodão em Avaré (SP).

Marcos Bergamasco/Secom-MT

Pecuária mato-grossense.

Saber mais

No Brasil, são produzidas cerca de 230 mil toneladas de lixo por dia, e boa parte desse lixo é jogada em lixões, terrenos baldios, matas e na beira de rios. Além do lixo sem tratamento estar associado a doenças, pode provocar enchentes por obstruir a passagem da água.

ALMANAQUE Abril. São Paulo: Abril, 2010.

Roda de conversa

Na sua cidade há coleta de lixo?

E coleta seletiva? Como ela funciona?

26. Faça um levantamento para verificar quantos alunos na sua sala de aula separam o lixo. Use a tabela abaixo para organizar os dados obtidos.

Você separa o lixo na sua casa?

	Número de pessoas
Sempre	
Às vezes	
Raramente	
Nunca	

27. Agora que você já coletou os dados, construa um gráfico, pintando um quadrinho para cada resposta dada:

Você separa o lixo na sua casa?

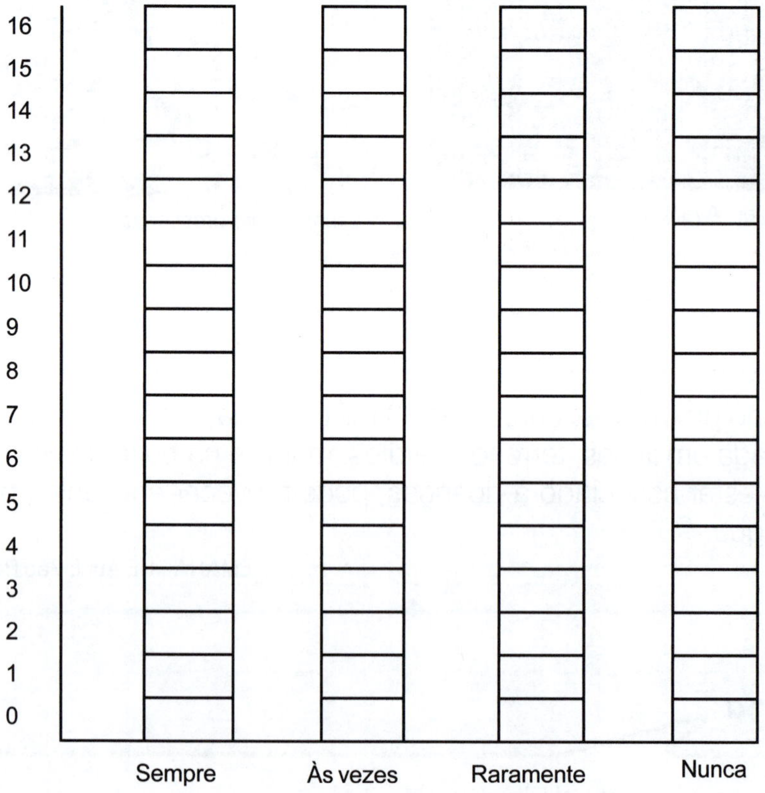

Fazendo conexão com... Ciências

Você já ouviu falar em compostagem?

Compostagem é o conjunto de técnicas aplicadas para controlar a decomposição de materiais orgânicos, com a finalidade de obter, no menor tempo possível, um material estável, rico em húmus e nutrientes minerais, com atributos físicos, químicos e biológicos superiores (sob o aspecto agronômico) àqueles encontrados na(s) matéria(s)-prima(s).

Disponível em: <http://pt.wikipedia.org/wiki/Compostagem>.

28. Encontre

a) cinco produtos que são vendidos em quilo:

____

b) cinco produtos que são vendidos em grama:

____

Compare suas respostas com as de seus colegas.

29. Pesquise: qual é diferença entre peso bruto e peso líquido?

____

____

30. Para medir a massa de pequenas porções, como medicamentos e seus ingredientes e objetos pequenos em geral, utiliza-se o miligrama (mg). Recorte rótulos de medicamentos em que essa unidade é usada.

31. A balança mostra o peso de Mariana, em quilogramas.

Amy Walters/Fotolia.com

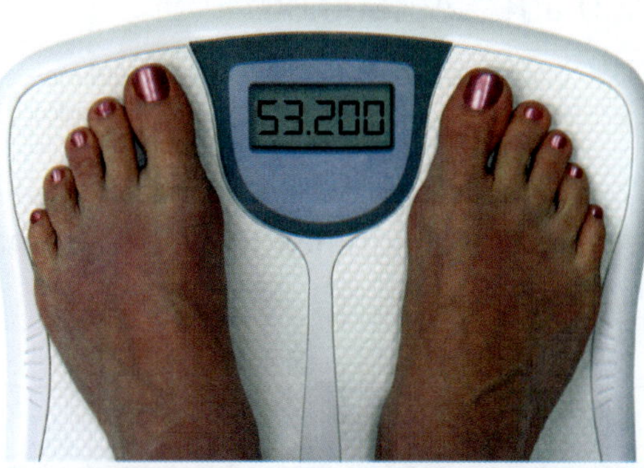

Quanto pesa Mariana, em quilogramas?

____

32. Resolva em seu caderno:

a) Rosana está organizando as lembrancinhas da festa de um ano de seu filho. Ela precisa fazer 20 saquinhos com balas de gomas. Em cada saquinho quer colocar 100 gramas de gomas. Quantos **quilogramas** de gomas ela precisa comprar?

b) O bebê de Janete hoje completa 9 meses, medindo 55 cm e pesando 9,5 kg. Desde que nasceu, ele cresceu 6 cm e aumentou 6 kg e 200 gramas. Quais eram a altura e o peso desse bebê quando nasceu?

33. Qual dos pesos indicados deve ser colocado no outro extremo da gangorra para equilibrar? Marque um X na alternativa correta.

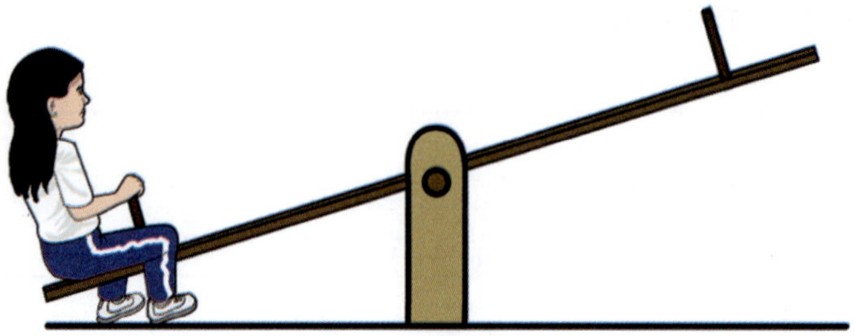
Hamiltom Silva

a) Um peso de 250 mg.

b) Um peso de 25 g.

c) Um peso de 25 kg.

d) Um peso de 2500 g.

34. Leia o texto abaixo e discuta com seus colegas:

Decreto do governador determina que fruta seja vendida apenas por quilo.

A Lei 13.174, de 23 de julho de 2008, muda o jeito como o paulista vai comprar banana. Segundo a lei, fica permitida a venda da banana apenas por quilo e não mais por dúzia, como é feito atualmente em feiras livres de São Paulo. O objetivo é padronizar o procedimento em toda a cadeia, desde o produtor até o consumidor final. Pelo texto, os comerciantes ficam obrigados a vender a banana por quilo e não mais por dúzia, e quem desobedecer a nova regra pode pagar multa que varia de R$ 297,60 a R$ 297.600,00.

Disponível em: <http://g1.globo.com/noticias/saopaulo/0,,mul704330-5605,00-sp+proibe+a+venda+de+banana+por+duzia.html>. (Adaptado).

35. Existem outras palavras envolvendo medidas. Pesquise o significado de cada uma delas.

a) Grosa: ______

b) Légua: ______

c) Resma de papel: ______

Medidas de capacidade

Roda de conversa

Considere a seguinte situação: na empresa onde Paulo trabalha haverá uma reunião entre os patrões e empregados e um vasilhame de água mineral contendo 20 litros foi colocado à disposição dos participantes. Considerando que os copos, com capacidade para 200 ml, serão servidos totalmente cheios, quantos copos poderiam ser servidos? Como sabemos quanto de líquido as embalagens contêm?

nikkytok/Shutterstock

Observe as embalagens:

© DURIS Guillaume/Fotolia.com

Caixa de leite.

© travis manley/Fotolia.com

Garrafa de refrigerante.

© Feng Yu/Fotolia.com

Lata de refrigerante.

© GAUTIER22/Fotolia.com

Galão de água.

A unidade de capacidade mais utilizada para líquidos e matérias secas é o **litro** (l). Ele é dividido em unidades menores chamadas de mililitros (ml).

Um litro é igual a 1000 mililitros.

36. Nas embalagens ou nos rótulos dos produtos, encontramos os símbolos l (litro) e ml (mililitro). Qual deles é usado

a) nas caixas de leite longa vida? ______

b) nas latas de óleo de cozinha? ______

c) nos vidros de remédios? ______

d) nas latinhas de refrigerante? ______

e) num frasco de vinagre? ______

f) num frasco de xampu? ______

37. Cite cinco produtos que são vendidos em litros ou mililitros.

______

38. Responda:

a) Quantos mililitros há em meio litro?

______

b) Quantos mililitros há em um litro e meio?

______

c) Quantos mililitros há em 3 litros?

______

39. Jandira quer preparar refresco para seus netos. Para preparar cada pacote, são usados 1,5l de água. Que quantidade de água ela vai precisar para preparar 6l de refresco?

40. Com 1 litro de gasolina, o carro de Miguel percorre, em média, 12 km na estrada. Quantos litros serão necessários para uma viagem de 180 km?

41. A jarra da figura tinha 1 litro de suco. Julia colocou a mesma quantidade de suco em cada um dos 4 copos representados na figura, e ainda ficaram na jarra 100 ml de suco.

Quantos **mililitros** de suco há em cada copo?

42. Os moradores do edifício de Sandra começaram uma campanha para recolher garrafas de plástico (garrafas pet) para serem recicladas. Observe a tabela abaixo, em que está registrado o número de garrafas recolhidas até o mês de junho.

Cada  representa 100 garrafas.

a) Em que mês os moradores recolheram mais garrafas? ______________________

b) Quantas garrafas recolheram no mês de janeiro? ______________________

c) Quantas garrafas precisam recolher no mês de junho para obterem a mesma quantidade de garrafas recolhidas no mês de março?

____

43. Vazamento e maus hábitos no seu dia a dia podem contribuir para o aumento da conta de água. Confira algumas dicas de economia de água:

Ariwasabi/Shutterstock

Não tome banhos demorados. Um banho de 15 minutos exige 105 litros de água.

hxdbzxy/Shutterstock

Cada vez que você lava as mãos com a torneira aberta o tempo todo, são gastos 7 litros de água.

wavebreakmedia/Shutterstock

Mantenha a torneira fechada enquanto escova os dentes. As pessoas que não fecham a torneira durante a escovação gastam, aproximadamente, 10 litros de água.

Supondo que cada um dos moradores da sua casa tome um banho de quinze minutos por dia, quantos litros seriam gastos na sua casa (só no banho) em

a) um dia? ______

b) uma semana? ______

c) um mês (considere o mês com 30 dias)?

______

44. Reúna-se com mais três colegas e juntos, sob orientação do professor, criem um folheto fornecendo dicas de como utilizar a água, sem desperdiçar, no jardim, no quintal, na limpeza das calçadas, no banheiro, na cozinha e na lavanderia.

YuryZap/Shutterstock

Unidade 4 Desafios da vida

Nesta unidade, você irá resolver situações-problema e construir, a partir delas, os significados de adicionar, subtrair, multiplicar e dividir. Fará cálculos envolvendo as operações fundamentais por meio de estratégias pessoais e algumas técnicas convencionais. E, por fim, resolverá situações-problema, procurando diferentes estratégias e validando os resultados com seus colegas.

Operações fundamentais

Roda de conversa

Celso Pupo/Shutterstock

Torcida no estádio do Maracanã.

O Estádio Jornalista Mário Filho, mais conhecido como Maracanã, é um estádio de futebol localizado no Rio de Janeiro e inaugurado em 1950. Recentemente reformado, a capacidade do estádio, palco da final da Copa de 2014, foi reduzida para 78 639 lugares. As intervenções no estádio seguem as recomendações da Fifa e todos os assentos serão retráteis e numerados. Há quanto tempo existe o Estádio do Maracanã? Quantos ônibus com capacidade para 35 torcedores você acredita que seriam necessários para transportar todos os torcedores para o Estádio?

Como vimos anteriormente, os números são usados em situações do nosso cotidiano que vão além da contagem.

Mas muitas vezes temos de juntar, tirar, comparar, dividir e completar quantidades, entre outras ações. Surge, então, a necessidade de estudarmos as operações fundamentais, que são: adição, subtração, multiplicação e divisão.

Adição

Adicionar quer dizer juntar, acrescentar, somar. Utilizamos a adição quando queremos juntar uma quantidade à outra ou acrescentar uma quantidade à outra. Veja os exemplos:

Exemplo 1: numa indústria, trabalham 21 homens e 32 mulheres. Qual o total de funcionários dessa empresa?

$$\begin{array}{r} 21 \\ +\ 32 \\ \hline 53 \end{array}$$

Neste caso, **juntamos** quantidades.

Trabalham, ao todo, 53 funcionários.

Exemplo 2: se forem contratados 11 novos funcionários nessa indústria, qual será o total de funcionários?

$$\begin{array}{r} 53 \\ +\ 11 \\ \hline 64 \end{array}$$

Neste caso, **acrescentamos** uma quantidade à outra.

A indústria passará a ter 64 funcionários.

1) Em que situações do seu cotidiano você usa a adição? Pense e converse com os colegas sobre isso.

Veja agora um exemplo de como efetuamos uma adição.

Tinha 17 reais e recebi mais 12 reais. Quanto tenho agora?

	Com cédulas e moedas do sistema monetário brasileiro	**No ábaco**	**Usando a técnica operatória**
Temos 17 reais	10 1 1 1 1 1 1 1	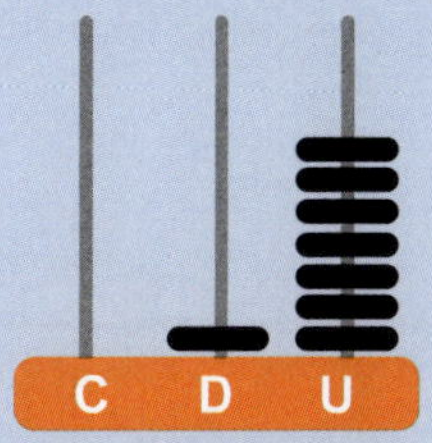	D U 1 7 + 1 2
e vamos acrescentar 12 reais	10 1 1	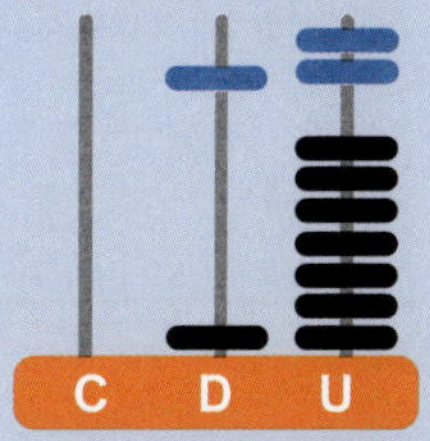	
Temos	10 1 1 1 1 10 1 1 1 1 1	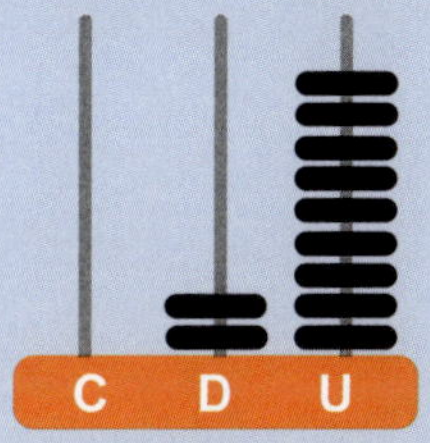	D U 1 7 + 1 2 2 9

O novo valor será de 29 reais.

Em algumas adições, serão necessárias trocas:

- 10 unidades podem ser trocadas por **uma dezena**.
- 10 dezenas podem ser trocadas por **uma centena**.

Acompanhe um exemplo:

Tinha 17 reais e recebi mais 16 reais. Quanto tenho agora?

	Com cédulas e moedas do sistema monetário brasileiro	No ábaco	Usando a técnica operatória
Temos 17 reais	10 1 1 1 1 1 1 1	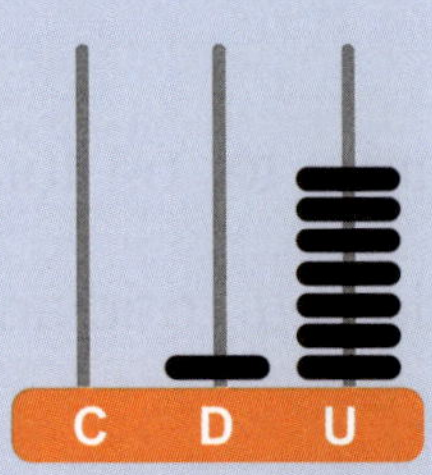	D U 1 7 + 1 6 ———
e vamos acrescentar 16 reais	10 1 1 1 1 1 1	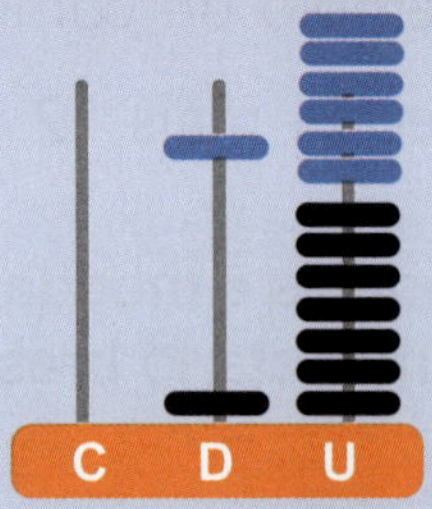	
Efetuando as trocas possíveis	10 1 1 1 10 1 1 1 1 1 1 1 1 1 1	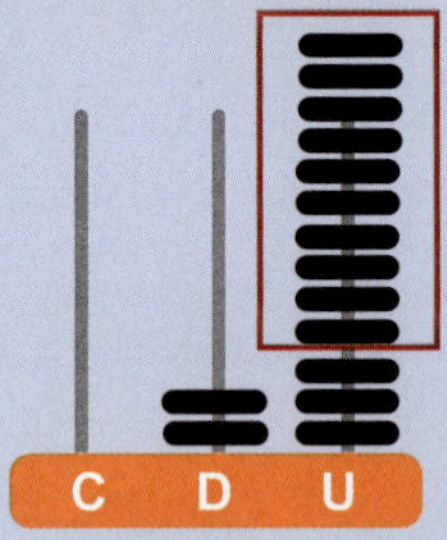	D U 1 1 7 + 1 6 ——— 3
Temos	10 10 10 1 1 1	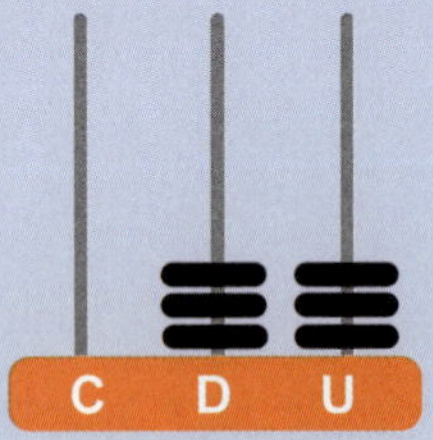	D U 1 1 7 + 1 6 ——— 3 3

O novo valor será de 33 reais.

Elementos de uma adição:

$$\begin{array}{rl} & \overset{1}{17} \text{ parcela} \\ + & 16 \text{ parcela} \\ \hline & 33 \text{ soma} \end{array}$$

2. Determine o valor das seguintes adições:

a) 135 + 123: ______

b) 646 + 203: ______

c) 913 + 154: ______

d) 612 + 76: ______

e) 904 + 49: ______

f) 429 + 230: ______

3. Veja, no esquema, a estratégia utilizada por Miguel para calcular:

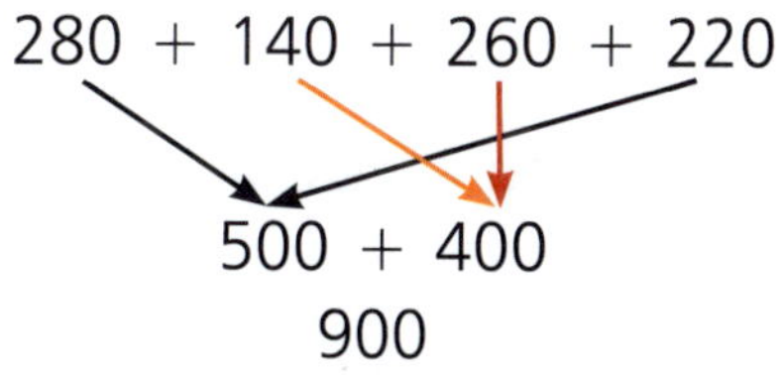

Calcule mentalmente as somas, usando uma estratégia pessoal:

a) 14 + 28 + 6 + 12: ______

b) 190 + 130 + 270 + 210: ______

c) 83 + 107 + 19 + 21: ______

d) 220 + 370 + 180 + 130: ______

4. A soma das três parcelas de uma adição é 988. A primeira parcela é o dobro de 128, e a segunda é oito dúzias. Qual é a terceira?

5. Descubra os números ocultos:

$$\begin{array}{r} 4\ 3 \\ +\ 3\ \square \\ \hline 7\ 7 \end{array} \qquad \begin{array}{r} \square\ 5 \\ +\ 4\ \square \\ \hline \square\ 2\ 8 \end{array} \qquad \begin{array}{r} \square\ \square \\ +\ 3\ \ 9 \\ \hline 1\ \ 1\ \ 9 \end{array}$$

$$\begin{array}{r} 3\ \square\ 9 \\ +\ \square\ 5\ \square \\ \hline 8\ \ 8\ \ 1 \end{array} \qquad \begin{array}{r} 7\ \ 3\ \ 9 \\ +\ \square\ \square\ \square \\ \hline 9\ \ 1\ \ 5 \end{array} \qquad \begin{array}{r} 2\ \square\ 9 \\ +\ \square\ 9\ \square \\ \hline 6\ \ 0\ \ 0 \end{array}$$

6. Responda:

a) Quanto vale a soma de 399 com seu sucessor?

____

b) Quanto vale a soma de 604 com seu antecessor?

____

c) Quanto vale a soma de 199 com seu antecessor e com seu sucessor?

____

Subtração

A subtração está ligada à ideia de tirar uma quantidade de outra, comparar quantidades e completar quantidades.

Acompanhe os exemplos:

Exemplo 1: para um concurso estavam inscritos 44 candidatos, mas faltaram 11 no dia da prova. Quantos compareceram?

Compareceram ao concurso 33 candidatos.

$$\begin{array}{r} 44 \\ -\ 11 \\ \hline 33 \end{array}$$

Nesse caso, tiramos uma quantidade de outra.

Exemplo 2: João tem 39 anos e sua irmã Ana tem 23. Quantos anos João tem a mais que Ana?

$$\begin{array}{r} 39 \\ -\ 23 \\ \hline 16 \end{array}$$

João tem 16 anos a mais que Ana.

Nesse caso, comparamos uma quantidade com a outra.

Exemplo 3: Mário está juntando dinheiro porque quer comprar uma bicicleta que custa 580 reais. Ele já tem 360 reais. Quanto falta para poder comprar a bicicleta?

$$\begin{array}{r} 5\,8\,0 \\ -\ 3\,6\,0 \\ \hline 1\,2\,0 \end{array}$$

Faltam 120 reais.

Nesse caso, verificamos quanto falta para completar uma quantidade.

Acompanhe agora um exemplo de como efetuamos uma subtração.

Tinha 27 reais e gastei 15 reais. Quanto tenho agora?

	Com cédulas e moedas do sistema monetário brasileiro	No ábaco	Usando a técnica operatória
Temos 17 reais	10 1 1 1 1 10 1 1 1	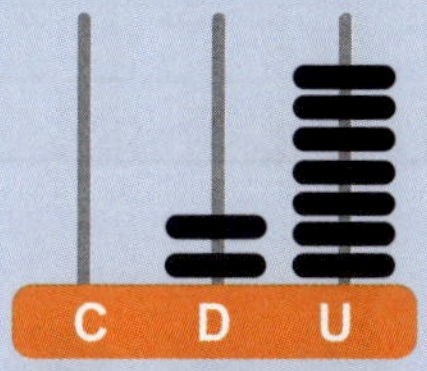 	D U 2 7 - 1 5
e vamos subtrair 15 reais	10 1 1 ~~1~~ ~~1~~ ~~10~~ ~~1~~ ~~1~~ ~~1~~	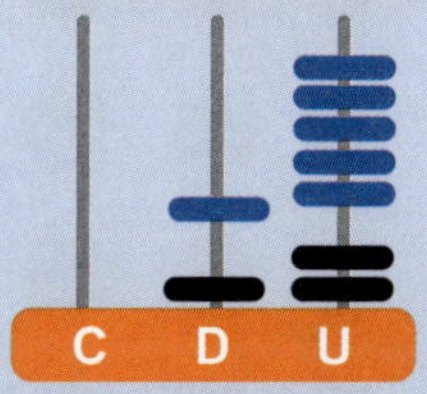 	
Temos	10 1 1	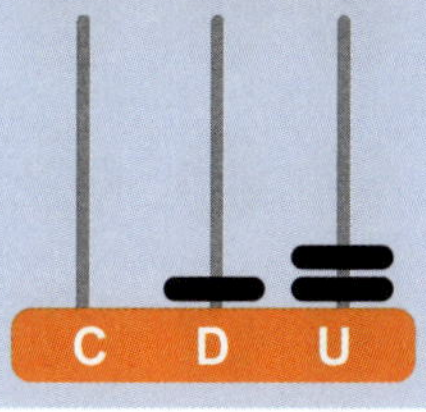 	D U 2 7 - 1 5 1 2

Tenho 12 reais.

Você já usou ou ouviu alguém usar o termo "emprestar" ao resolver subtrações?

Na verdade, quando se usa o termo "emprestar", estamos realizando trocas:

De uma dezena por dez unidades.

Acervo Editorial

© renan_gk/Fotolia.com

De uma centena por cem unidades.

Acervo Editorial

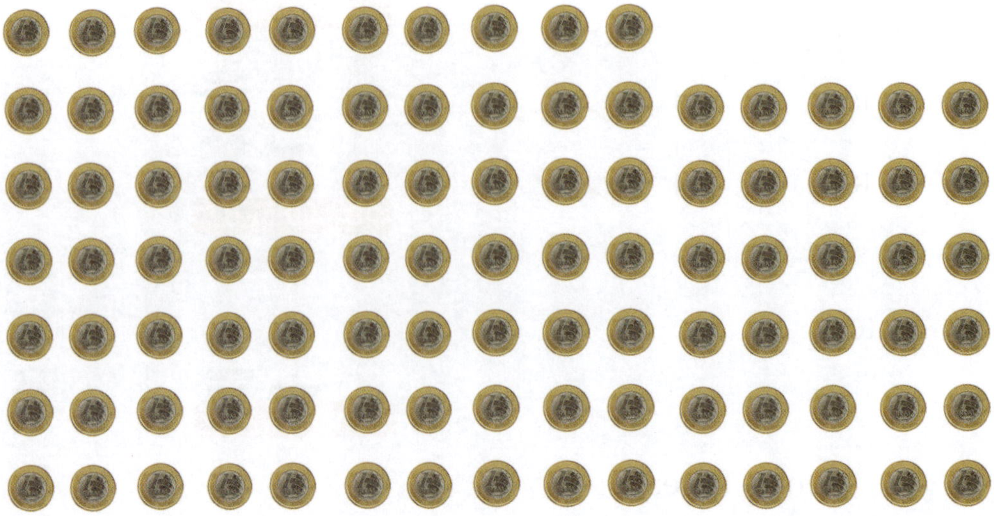

Acompanhe o exemplo e veja como são feitas as trocas.

Tinha 27 reais. Comprei um produto que custou 19 reais. Quanto tenho agora?

	Com cédulas e moedas do sistema monetário brasileiro	No ábaco	Usando a técnica operatória
Temos 27 reais e vamos subtrair 19 reais	10 1 1 1 1 10 1 1 1	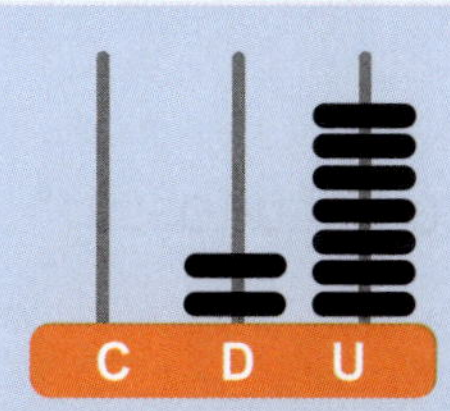	D U 2 7 − 1 9
Fazemos as trocas necessárias Temos então	10 1 1 1 1 1 1 1 1 1 1 1 1 1 1 1 1 1		D U 1 17 − ~~2~~ ~~7~~ 1 9
Efetuamos a subtração	10 1 1 1 1 1 1 1 1 ~~1~~ ~~1~~ ~~1~~ ~~1~~ ~~1~~ ~~1~~ ~~1~~ ~~1~~ ~~1~~	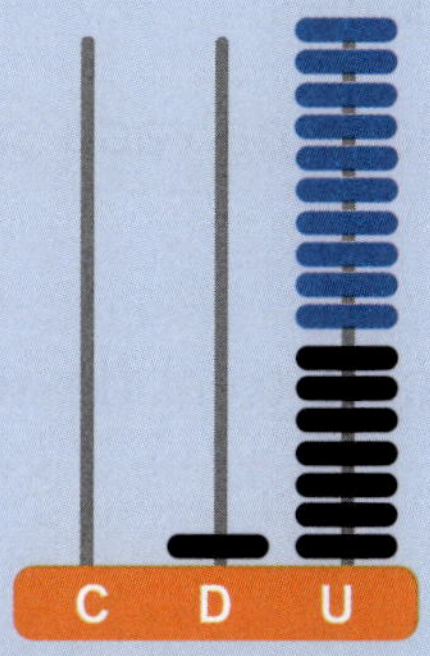	D U 1 17 − ~~2~~ ~~7~~ 1 9

Tenho agora 8 reais.

Elementos de uma subtração:

$$\begin{array}{rl} 97 & \text{minuendo} \\ -\ 16 & \text{subtraendo} \\ \hline 81 & \text{resto ou diferença} \end{array}$$

7. Descubra os números ocultos:

$$\begin{array}{r} \square\,7 \\ -\ 3\,\square \\ \hline 1\,3 \end{array} \qquad \begin{array}{r} \square\,5 \\ -\ 4\,\square \\ \hline 2\,8 \end{array} \qquad \begin{array}{r} \square\,\square\,\square \\ -\ 3\,9 \\ \hline 1\,1\,9 \end{array}$$

$$\begin{array}{r} 3\,\square\,9 \\ -\ \square\,5\,\square \\ \hline 1\,8\,1 \end{array} \qquad \begin{array}{r} 7\,3\,9 \\ -\ \square\,\square\,\square \\ \hline 4\,1\,5 \end{array} \qquad \begin{array}{r} 2\,\square\,9 \\ +\ \square\,9\,\square \\ \hline 1\,0\,0 \end{array}$$

8. Um shopping oferece três confortáveis salas de cinema. Cada sala conta com 320 lugares. Para atrair o público, são oferecidos preços promocionais nas quartas e quintas-feiras na sessão das 15h. Além disso, há cinco bilheterias que possibilitam a compra do ingresso em terminal eletrônico de autoatendimento, evitando a formação de longas filas.

a) Qual é a capacidade de cada sala de cinema?

b) Qual é a capacidade total desse cinema?

c) Supondo que na primeira sala estejam 157 lugares ocupados, na segunda 214 lugares ocupados e na terceira 255, quantas pessoas estão, ao todo, no cinema?

d) Quantos lugares vagos há ainda em cada sala?

9. Você já ouvir falar em quadrado mágico? É um quebra-cabeça numérico que causa espanto e admiração, sendo muitas vezes usado como amuleto. É assim chamado porque a soma dos números de cada linha, de cada coluna e de cada diagonal é sempre a mesma. No exemplo abaixo, essa soma é 15. Acompanhe:

2	9	4
7	5	3
6	1	8

Complete os números que faltam nos quadrados abaixo para que eles sejam quadrados mágicos.

7	2	
		4
3	10	

Soma 18

12		10
	9	
8		6

Soma 27

8		4
6	10	
	2	12

Soma 30

6		18
	15	
12		

Soma 45

Fazendo conexão com... Arte

W.Commons

Na gravura *A melancolia*, do pintor alemão Albrecht Dürer (1471--1528), podemos observar, no canto direito superior, um quadrado mágico. Os números 15 e 14 aparecem no meio da linha de fundo, o que indica a data da obra, 1514.

Multiplicação

A multiplicação é a operação matemática associada a várias ideias. Uma delas é equivalente a uma adição de parcelas iguais.

A multiplicação é utilizada quando precisamos adicionar parcelas iguais, mas também pode ser usada na contagem de possibilidades e quando usamos a ideia de proporcionalidade.

Acompanhe os exemplos:

Exemplo 1: utilizamos a multiplicação para calcular o número de botões, por exemplo, de 4 cartelas com 4 botões cada. Veja:

4+4+4+4=16 ou 4x4=

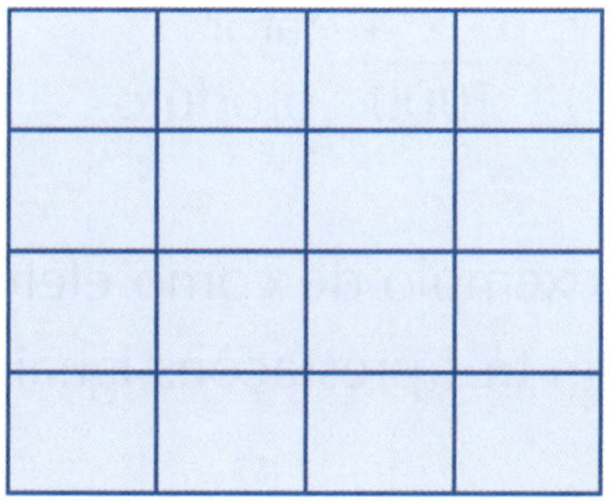

Exemplo 2: Mariana quer escolher uma saia e uma blusa para ir ao cinema com uma amiga. Ela tem uma saia preta e uma azul e três camisetas: vermelha, amarela e verde. De quantas maneiras diferentes ela pode se vestir?

Saia preta → Camiseta vermelha
Saia preta → Camiseta amarela
Saia preta → Camiseta verde

Saia azul → Camiseta vermelha
Saia azul → Camiseta amarela
Saia azul → Camiseta verde

Para calcular o número de combinações possíveis, efetuamos o produto 3 x 2, porque são três cores diferentes de blusas e duas cores diferentes de saias.

3 X 2 = 6

Mariana pode se vestir de 6 maneiras.

Exemplo 3: para preparar uma embalagem de gelatina, são usados 250 ml de água quente. E para preparar 4 embalagens de gelatina?

1 embalagem – 250 ml

2 embalagens – 500 ml

3 embalagens – 750 ml

4 embalagens – 1000 ml

Serão necessários 1000 ml de água para preparar 4 embalagens de gelatina.

Elementos de uma multiplicação:

200	fator
x 4	fator
1000	produto

Acompanhe agora um exemplo de como efetuamos uma multiplicação.

Comprei um produto em três prestações iguais de 182 reais. Qual o valor do produto comprado?

Representado com o material dourado ficaria assim:

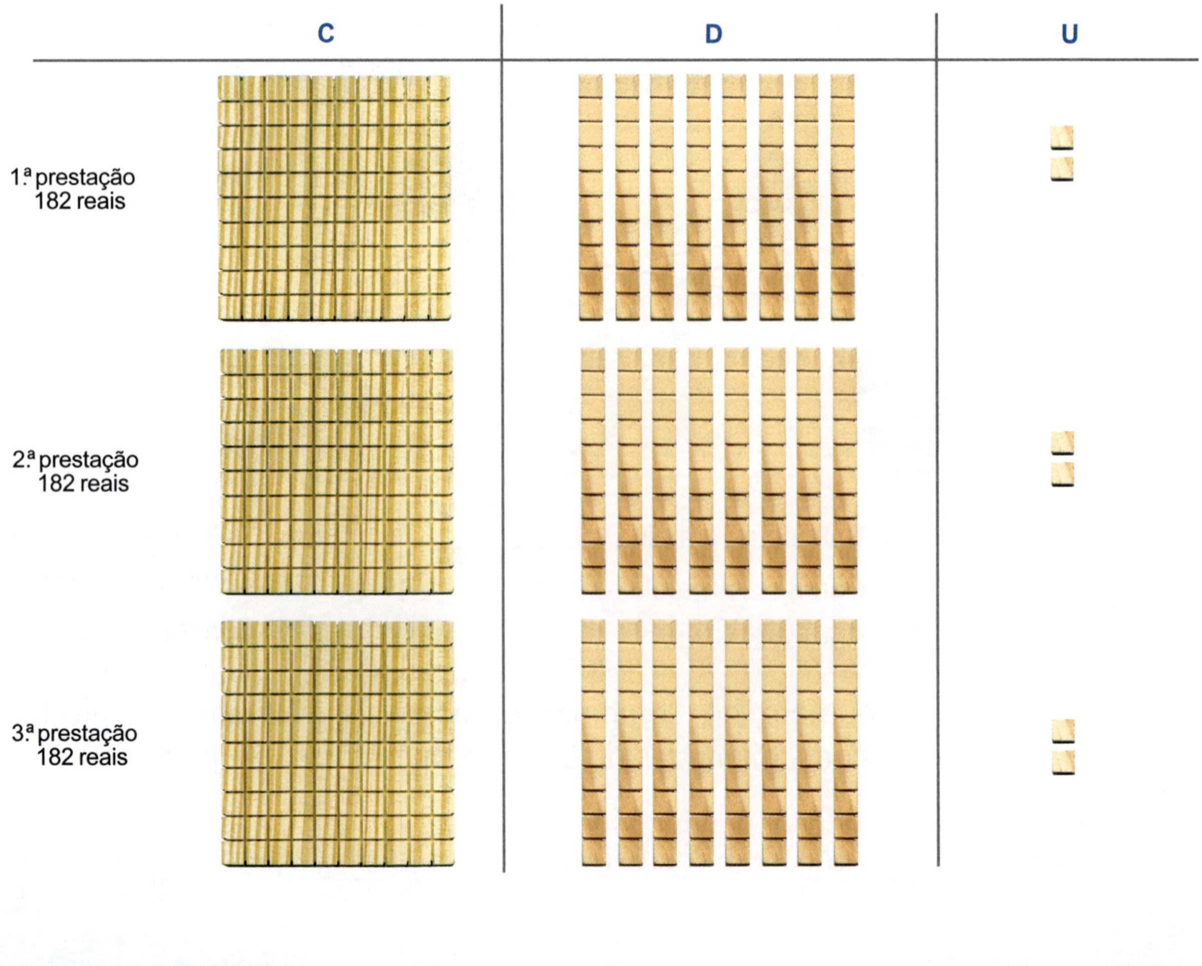

Juntando as três prestações, temos: 6 unidades, 24 dezenas e 3 centenas.

C	D	U
1	8	2
x		3
		6

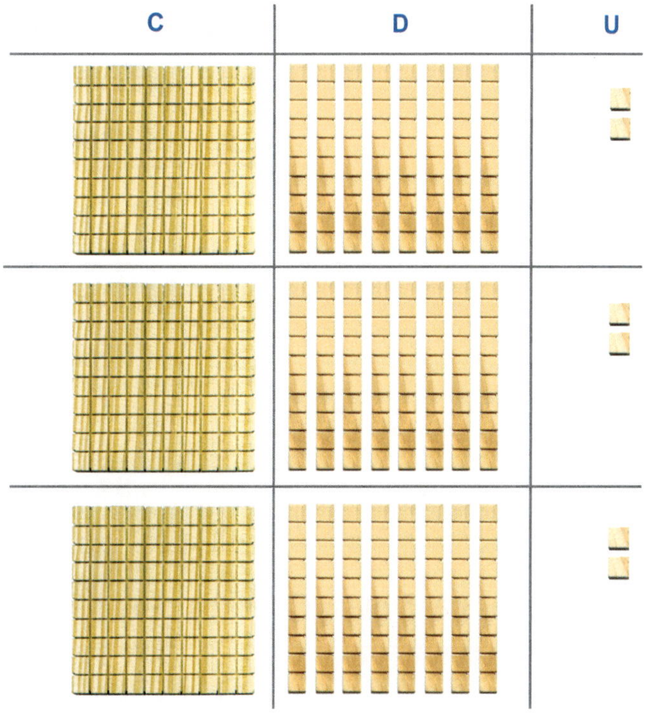

As dezenas podem ser trocadas: 24 dezenas equivalem a 2 centenas e 4 dezenas.

C	D	U
2		
1	8	2
x		3
5	4	6

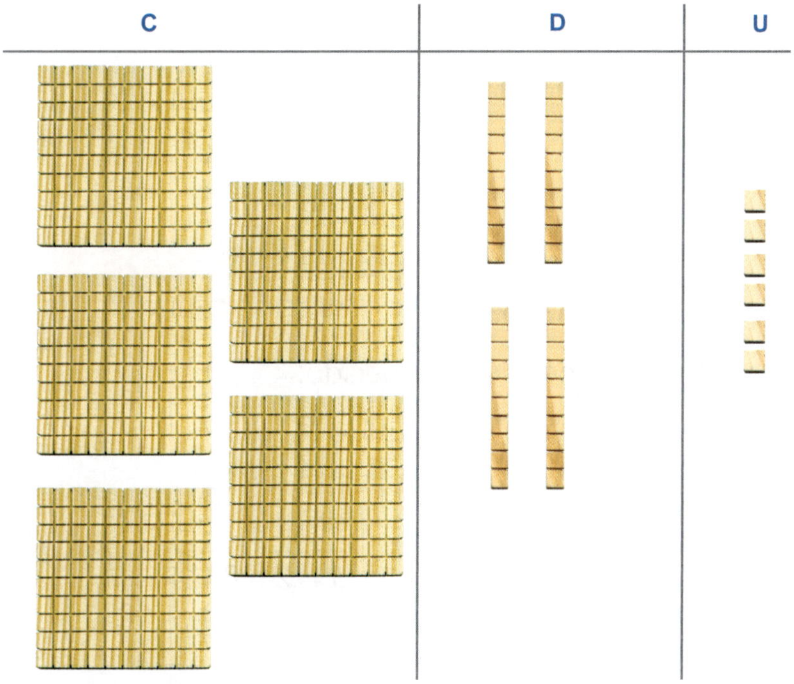

Ficamos então com 5 centenas, 4 dezenas e 6 unidades.
Ou seja, 182 x 3 = 546.

O valor do produto comprado é de 546 reais.

10. Calcule:

- Em um pacote, há 20 balas. Quantas balas há em 3 pacotes?

- Em uma semana, há 7 dias. Quantos dias há em 6 semanas?

11. Descubra o número desconhecido:

$$\begin{array}{r} 4\;3 \\ \times\;\;\square \\ \hline 8\;6 \end{array} \qquad \begin{array}{r} \square\;2 \\ \times\;\;\square \\ \hline 1\;2\;8 \end{array} \qquad \begin{array}{r} \square\;\square \\ \times\;\;4 \\ \hline 2\;0\;4 \end{array}$$

$$\begin{array}{r} 3\;\square\;9 \\ \times\;\;\square \\ \hline 6\;7\;8 \end{array} \qquad \begin{array}{r} 3\;\square \\ \times\;\;7 \\ \hline \square\;\square\;1 \end{array} \qquad \begin{array}{r} 2\;1\;9 \\ \times\;\;\square \\ \hline 6\;\square\;7 \end{array}$$

12. Numa lanchonete posso, escolher entre três tipos de pão: pão de forma, pão francês ou pão italiano. Para o recheio há quatro opções: salame, queijo, presunto ou mortadela. Quantos modos diferentes de sanduíche a lanchonete oferece?

13. As seleções do Brasil, Alemanha, Inglaterra, Cuba e Itália participarão de um campeonato de voleibol. Sabendo que são 10 jogos e que os times enfrentam-se uma única vez, faça a lista de todos os jogos.

14. Rafael comprou uma televisão. Ele deu uma entrada de R$ 300,00 e pagará o restante em 4 prestações mensais de R$ 350,00. Qual é o valor da televisão?

15. Observe no encarte os produtos e compare os preços:

Com as informações do encarte, faça os cálculos e preencha a tabela abaixo:

Produto	Preço à vista	Total a prazo	Diferença entre o preço à vista e a prazo
Fogão 4 bocas			
Guarda roupa			
TV 21''			
Refrigerador			

Divisão

A divisão está ligada à ideia de repartir em partes iguais e à ideia subtrativa ou de medida que permite verificar quantas vezes uma quantidade cabe em outra.

Exemplo 1: tenho 84 bombons e quero colocá-los em 4 caixas com a mesma quantidade. Quantos bombons devem ser colocados em cada caixa?

```
  8 4 |_4___
– 8     2 1
  0 4
– 4
  0 0
```

Devem ser colocados 21 bombons em cada caixa.

Exemplo 2: tenho 84 bombons e quero colocá-los em caixas com meia dúzia em cada. Quantas caixas serão necessárias?

```
  8 4 |_6___
– 6     1 4
  2 4
– 2 4
  0 0
```

Serão necessárias 14 caixas.

Elementos de uma divisão:

```
dividendo   divisor
  4 8 6 |_2______
– 4       2 4 3  quociente
  0 8
  – 8
    0 6
    – 6
      0  resto
```

Acompanhe agora um exemplo de como efetuamos uma divisão.

Exemplo 1: comprei um produto de 488 reais e vou pagá-lo em quatro prestações iguais e sem acréscimo. Qual o valor de cada prestação?

Podemos representar a quantidade 488 com o material base 10.

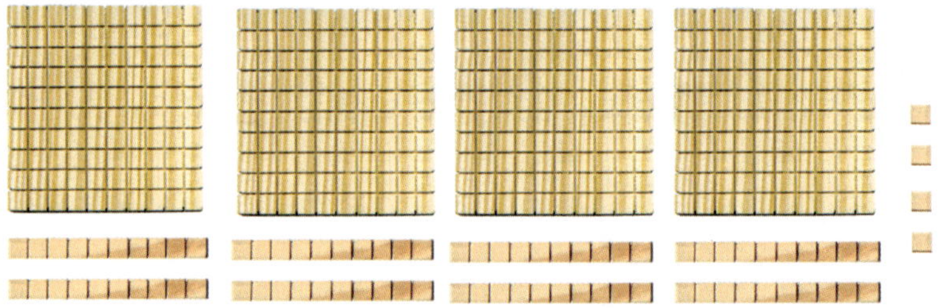

Temos quatro centenas. Portanto, podemos colocar 1 (uma centena) por grupo.

```
  D U
 4 8 8 | 4
-4     |______
 0       1
         C D U
```

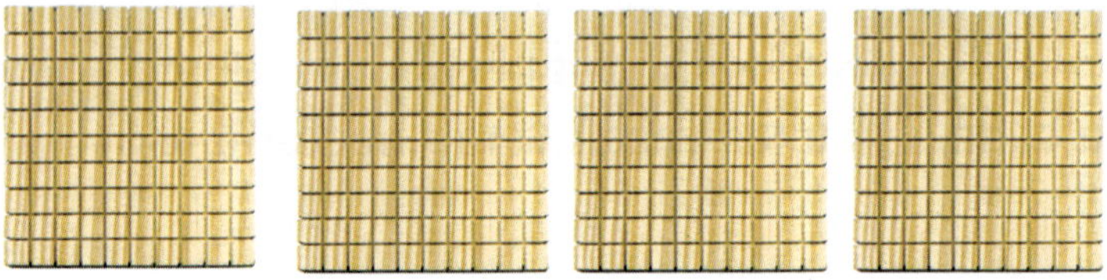

Em seguida, dividiremos as dezenas.

```
 4 8 8 | 4
-4     |______
  8      1 2
 -8      C D U
  0
```

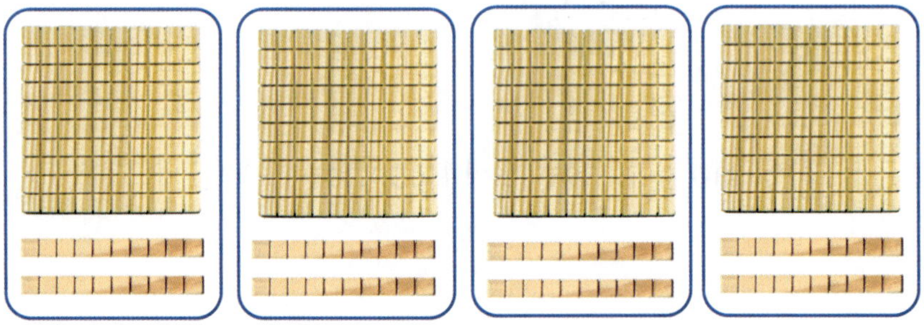

E finalmente dividiremos as unidades soltas.

```
 4 8 8 | 2
-4     |______
  8      1 2 2
- 8      C D U
  0 8
  - 8
    0
```

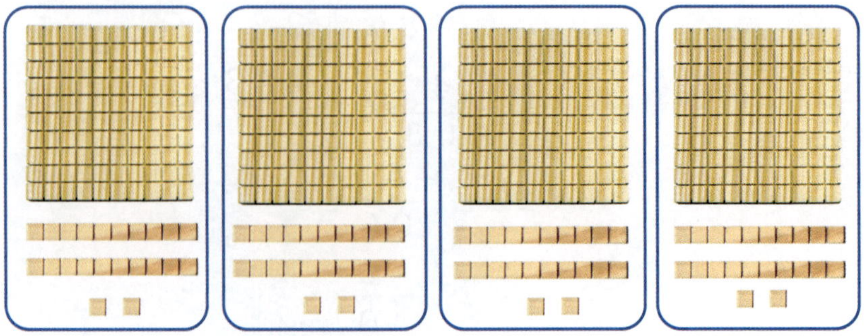

Portanto, cada prestação será de 122 reais.

Em alguns casos também há necessidade de troca. Acompanhe um exemplo:

Exemplo 2: quero dividir 96 reais entre duas pessoas.

Podemos representar a quantia a ser repartida com material base 10.

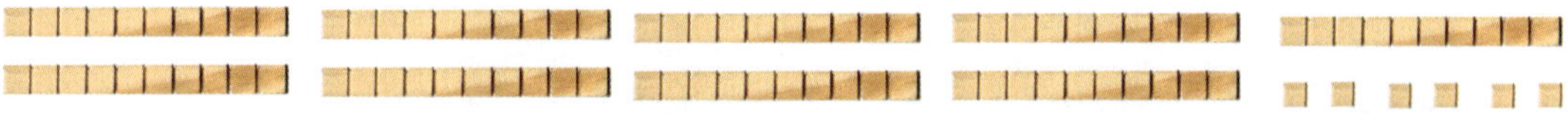

Inicialmente dividimos apenas as dezenas.

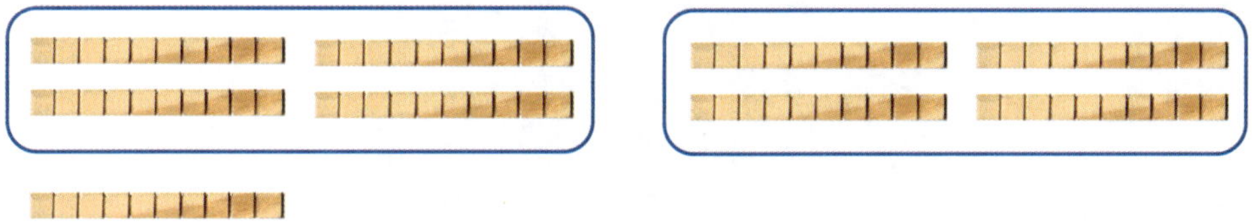

```
 96 |2
-8  |----
 -- | 4
 1
```

A dezena que sobrou é trocada por dez unidades.

Temos, portanto, 16 unidades para dividir entre duas pessoas.

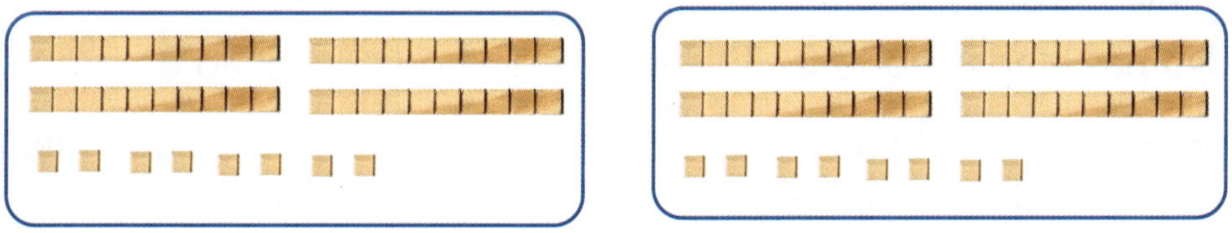

```
 96 |2
-8  |----
 -- | 48
 16
 16
 --
 00
```

Cada pessoa receberá 48 reais.

16. Resolva em seu caderno

a) 147 : 2

b) 179 : 4

c) 266 : 5

d) 397 : 7

e) 419 : 8

f) 346 : 6

g) 526 : 9

h) 815 : 2

i) 829 : 3

Resolução de problemas

Normalmente, associamos problemas a aborrecimentos.

© Sergej Razvodovskij/Fotolia.com

Mas as situações-problema, em Matemática, são diferentes. São situações que nos desafiam a refletir, buscar soluções...

Realizar corretamente as operações é indispensável em Matemática, mas também é importante pensar, planejar.

Seguir algumas etapas pode facilitar o processo de resolução de problemas:

- **Compreenda o problema:** leia bem o enunciado do problema, identifique os dados fornecidos e verifique qual é a pergunta que deve ser respondida;
- **Estabeleça um plano**: crie um plano ou estratégia de resolução do problema usando esquemas, tabelas, desenhos ou cálculos;
- **Execute** cuidadosamente os passos do seu plano;
- **Revise**: examine atentamente a solução encontrada conferindo se efetuou os cálculos;
- **Escreva a resposta** à pergunta do problema.

1. No sitio da avó de Marcos há cavalos e galinhas. Sabendo-se que o número de cavalos é igual ao número de galinhas e que ao todo os animais somam trinta patas, descubra quantos cavalos e quantas galinhas há no sitio.

   Explique aos seus colegas como encontrou a resposta.

2. Sérgio tem, na carteira, uma cédula de 50 reais, duas cédulas de 10 reais, três cédulas de 5 reais e três cédulas de 2 reais.

- Quantos reais Sérgio tem?
- Quanto falta para completar 150 reais?

3. Sabendo que Pedro e sua família estão viajando de Belo Horizonte a São Paulo, que a distância aproximada entre as duas cidades é 586 km e que eles já percorreram 316 km dessa distância, determine quantos quilômetros eles ainda têm que percorrer para terminar a viagem.

4. Nicole tem R$ 412,00 e Arthur tem R$ 807,00. Nessas condições:

a) Quanto eles têm juntos?

b) Quanto falta para Nicole ter a mesma quantia que Arthur?

5. Um televisor de vinte polegadas pode ser comprado em 10 pagamentos de R$ 140,00, ou à vista por R$ 1.350,00. Se for comprado à vista, a economia em relação ao valor final pago em 10 vezes será de quanto?

6. Pensei em um número. Desse número, subtraí 72 e deu 88. Em que número pensei?

7. Quando Roberto nasceu, a mãe dele tinha 25 anos. Hoje, a mãe de Roberto tem 61 anos. Quantos anos Roberto tem?

8. A tabela abaixo indica o número de coxinhas vendidas durante uma semana na lanchonete onde Sueli é cozinheira.

Dia da semana	Número de coxinhas vendidas
Segunda-feira	95
Terça-feira	78
Quarta-feira	84
Quinta-feira	92
Sexta-feira	100
Sábado	48

a) Em que dia da semana foram vendidas mais coxinhas?

b) Quantas coxinhas foram vendidas durante a semana?

c) Se cada coxinha custa 9 reais, calcule quanto a lanchonete recebeu durante a semana e complete a tabela abaixo:

Dia da semana	Valor arrecadado
Segunda-feira	
Terça-feira	
Quarta-feira	
Quinta-feira	
Sexta-feira	
Sábado	

d) Utilizando as informações da tabela, construa um gráfico que represente o número de coxinhas vendidas durante a semana:

9. Jorge trabalha numa loja que vende aparelhos celulares. Ele registrou numa tabela as vendas efetuadas no primeiro semestre desse ano.

Meses	Número de aparelhos vendidos
Janeiro	227
Fevereiro	215
Março	315
Abril	280
Maio	217
Junho	189
Julho	205

a) Qual foi o total de aparelhos vendidos no primeiro trimestre?

____

b) Em que mês o número de aparelhos vendidos foi menor?

____

c) Assinale o gráfico que representa as vendas do 1º semestre.

a) (   )

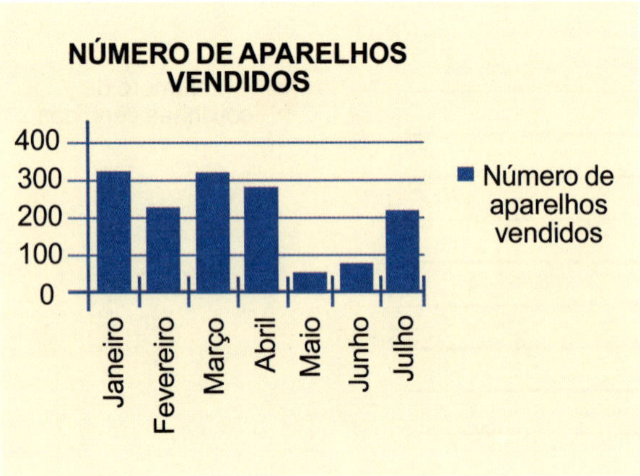

b) (   )

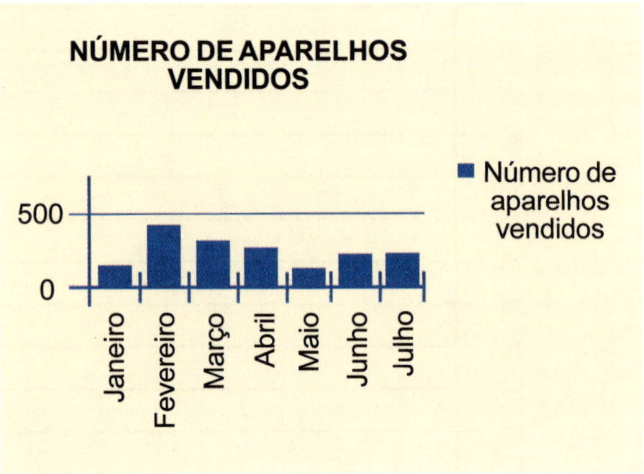

c) (   )

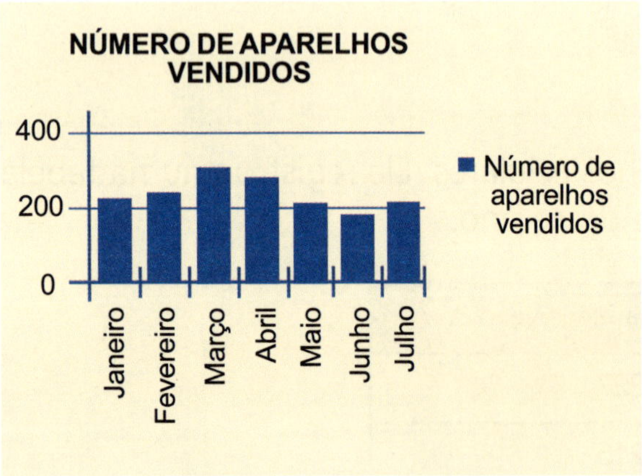

d) (   )

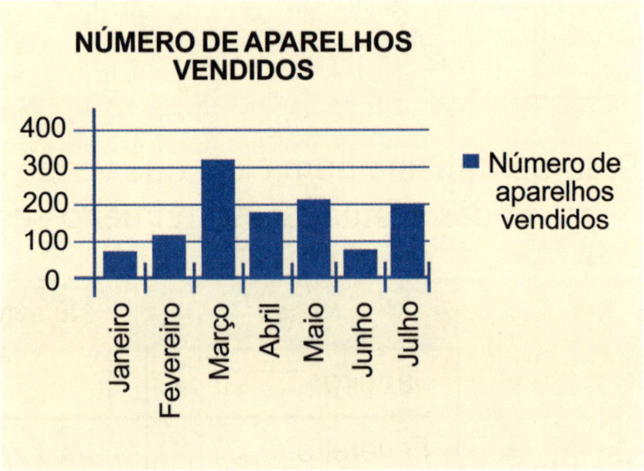

Referências

ALVES, Castro. **Navio negreiro**. Disponível em: <www.culturabrasil.pro.br/navionegreiro.htm>.

ALMANAQUE Abril. São Paulo: Abril, 2010.

BENJAMIN, Roberto. **A África está em nós**: história e cultura afro-brasileira. João Pessoa: Grafset, 2006.

BRASIL. Ministério do Turismo. Um mundo chamado Brasil. **Revista Roteiros do Brasil**, 2010. Disponível em: <http://turismo.gov.br/export/sites/default/turismo/o_ministério/publicacoes/downloads_publicacoes/Revista_Roteiros_do_Brasil_2.pdf>.

BOFF, Leonardo. **O despertar da águia**: o diabólico e o simbólico na construção da realidade. Petrópolis: Vozes, 1998.

CAMPOS, Paulo Mendes. **Brasil brasileiro**: Crônicas do país, da cidade e do povo. Rio de Janeiro: Civilização Brasileira, 2005.

CAMPOS, Humberto de. **Memórias**. 3. ed. São Paulo: José Olympio, 1937.

CARTILHA para a mãe trabalhadora que amamenta. Disponível em: <http://bvsms.saude.gov.br/bvs/publicacoes/cartilha_mae_trabalhadora_amamenta.pdf>.

CAVALCANTE, Rodrigo. A cara do brasileiro. **Superinteressante**, São Paulo, set. 2005. Disponível em: <http://super.abril.com.br/cultura/cara-brasileiro-445905.shtml>.

CORREIOS. Estrutura do CEP. Disponível em: <www.correios.com.br/servicos/cep/cep_estrutura.cfm>.

Dados obtidos da Biblioteca Virtual do Ministério da Saúde.

Disponível em: <http://michaelis.uol.com.br/moderno/portugues/index.php?lingua=portugues-portugues&palavra=cultura>.

Disponível em: <www.recicláveis.com.br/noticias/00307/0030722Familias.htm>.

Disponível em: <http://pt.scribd.com/doc/6693501/reciclagem>.

Disponível em: <http://amambainoticias.com.br/meio-ambiente-e-tecnologia/consumo-de-agua-por-habitante-no-brasil-e-estavel>.

Disponível em: <wwo.uai.com.br/UAI/html/sessao_2/2008/10/25/em_noticia_interna,id_sessao=2&id_noticia=85013/em_noticia_interna.shtml>.

Disponível em: <www.plenarinho.gov.br/noticias/noticias-antigas/2007/04/bate-papo-discute-situacao-dos-indios brasileiros/?searchterm=situação dos índios>.

Disponível em: <www.pt.wikipedia.org/wiki/Cultura_do Brasil>.

Disponível em: <http://www.palhetacafeteria.com.br/hist_cafe_br.htm>.

Disponível em: <http://pt.wikipedia.org/wiki/Imigração_no_Brasil>.

Depoimento de Mathilde Hostes. Disponível em: <http://historiadesaopaulo.wordpress.com/imigracao>.

Disponível em: <www.adorocinemabrasileiro.com.br/filmes/narradores-de-jave/narradores-de-jave.asp>.

Disponível em: <www.sosma.org.br/participe/guia-de-denuncias>.

Disponível em: <www.geografia.seed.pr.gov.br/modules/conteudo/conteudo.php?conteudo=277>.

Disponível em: <www.cruzeirodosul.inf.br/acessarmateria.jsf?id=448808>

Disponível em: <http://g1.globo.com/pb/paraiba/noticia/2013/02/uniao-reconhece-territorios-de-comunidades-quilombola-na-paraiba.html>.

Disponível em: <http://www.mundodomarketing.com.br/reportagens/mercado/26699/especial-franquias-segmentacao-e-interiorizacao-sao-oportunidades.html>.

Disponível em: <http://www.correiodoestado.com.br/noticias/brasil-e-acusado-de-roubar-territorio-na-guiana_173439/>.

Disponível em: <www.ipea.gov.br/desafios/index.php?option=com_content&view=article&id=716:repor tagens-materias&Itemid=39>.

Disponível em: <http://bvsms.saude.gov.br>.

Disponível em: <http://feeds.folha.uol.com.br/fsp/cotidian/ff2705200804.htm>.

Disponível em: <http://www.prosaude.org/publicacoes/diversos/envelhecimento_ativo.pdf>.

Disponível em: <www12.senado.gov.br/noticias/materias/2012/09/11/debate-revela-discriminacao-e-violencia-contra-idosos-brasileiros>.

Disponível em: <www.portaldoenvelhecimento.org.br>.

Disponível em: <http://chc.cienciahoje.uol.com.br/tem-cheiro-de-quimica>.

Disponível em: <www.turminha.mpf.gov.br/para-o-professor/para-o-professor/publicacoes/Alimentacaosaudavel.pdf>.

Disponível em: <www.alainet.org/active/34902&lang=es>.

Referências

Disponível em: <http://dnit.gov.br/rodovias/operacoes-rodoviarias/estatisticas-de-acidentes/quadro-0103-numero-de-acidentes-por-dia-da-semana-ano-de-2011.pdf>.

Disponível em: <www.sesisp.org.br/home/2006/saude/dicas3.asp>.

Como são escolhidos os números das casas de uma rua? Disponível em: <http://mundoestranho.abril.com.br/materia/como-sao-escolhidos-os-numeros-das-casas-de-uma-rua>.

Informações sobre o uso de cheques. Disponível em: <www.febraban.org.br/Arquivo/Servicos/Dicasclientes/dicas3.asp>.

Disponível em: <www.maniadeamazonia.com.br/trade/cultura_artigo.aspvarartigo=158>.

Disponível em: <http://g1.globo.com/noticias/saopaulo/0,,mul704330-5605,00-sp+proibe+a+venda+de+banana+por+duzia.html>.

Disponível em: <www.invivo.fiocruz.br/cgi/cgilua.exe/sys/start.htm?infoid=193&sid=8>.

DUARTE, Marcelo. **Livro das invenções**. São Paulo: Cia. das Letras, 1997.

ENCICLOPÉDIA nosso século: Brasil-1900/1910. São Paulo: Abril, 1985, p. 105. v.5.

FREIRE, Paulo. **Pedagogia da esperança**. Rio de Janeiro. Paz e terra. 1992.

FERREIRA, Marina B et. al. **O Aurélio com a turma da Mônica**. Rio de Janeiro: Nova Fronteira, 2003.

FREIRE, Gilberto. **O escravo nos anúncios de jornais brasileiros do século XIX**. São Paulo: Global, 1963.

GALEANO, Eduardo. **As caras e as máscaras**. Porto Alegre: L&PM Rocket, 1997. (Memória do fogo).

GUIMARÃES, Lucia Maria Paschoal; VAINFAS, Ronaldo. **Sonhos galigos**: os espanhóis no Brasil. IBGE. Disponível em: <www.ibge.gov.br/ibgeteen/datas/agua/declaracao.html>.

INCRA. Disponível em: <www.incra.gov.br/index.php/estrutura-fundiaria/quilombolas>.

In: BRASIL – 500 anos de povoamento. Rio de Janeiro: IBGE, 2000.

IBGE. Disponível em: <www.ibge.gov.br/ibgeteen/datas/discriminacao/valorizacao.html>.

LOPES, Manuela. **Desnutrição, um problema de peso**.

MACHADO, Aníbal. **João Ternura**. 4. ed. Rio de Janeiro: José Olympio, 1978.

MARTINS, José de Souza. A vida privada nas áreas de expansão da sociedade brasileira. In: SCHWARCZ, Lilia Moritz (Org.). **História da vida privada no Brasil**: contrastes da intimidade contemporânea. São Paulo: Companhia das Letras, 1998.

MUNDO ESTRANHO. Disponível em: <http://mundo-estranho.abril.com.br/materia/o-que-existe-no-centro-da-terra>.

NUNES, Lygia Bojunga. **A bolsa amarela**. 22. ed. Rio de Janeiro: Agir, 1990.

O Brasil mostra sua cor. Disponível em: <www.cdsa.ufcg.edu.br/portal/index.php?option=com_content&view=article&id=836:o-brasil-mostra-a-suacor&catid=92:artigos&Itemid=460>.]

PESSOA, Fernando. Mar Português. In:______. **Mensagem**. Rio de Janeiro: Bestbolso, 2008.

QUEIRÓS, Bartolomeu Campos de. ... das saudades que eu não tenho. In: ABRAMOVICH, Fanny (Org.). **O mito da infância feliz**. São Paulo: Summus, 1983.

RIBEIRO, Darcy. **O povo brasileiro**: a formação e o sentido do Brasil. São Paulo: Companhia das Letras, 1995.

RIBEIRO, Darcy. **O povo brasileiro**: a formação e o sentido do Brasil. São Paulo: Companhia das Letras, 1995.

SELLIER, Marie. **A África, meu pequeno Chaka...** Tradução de Rosa Freire d'Aguiar. São Paulo: Companhia das Letras, 2006.

SIMÃO, José. **Aí eu peguei e nasci!** Disponível em: <www2.uol.com.br/josesimao/biografia.htm>.

SOALHEIRO, Bárbara. **Como fazíamos sem...** São Paulo: Panda Books, 2006.

SÓ HISTORIA. Disponível em: <www.sohistoria.com.br/lendasemitos/mandioca/>.

SOUZA, Francisco. **Indígenas de Araguari participam da Rede Cegonha**. Disponível em: <http://portal.saude.gov.br/portal/aplicacoes/noticias/default.cfm?pg=dspDetalheNoticia&id_area=1529&CO_NOTICIA=14232>.

SOUZA, Laura de Mello e; NOVAIS, Fernando A. (Org). **História da vida privada no Brasil**. São Paulo: Companhia das Letras, 1998.

SUS – Portal da Saúde. **O dia mundial do diabetes**. Disponível em: <http://portal.saude.gov.br/PORTAL/SAUDE/AREA.CFM?ID_AREA=1739>.

VERÍSSIMO, Érico. **As aventuras de Tibicuera**. São Paulo: Cia. das Letras, 2005.

VERÍSSIMO, Luis Fernando. **O analista de Bagé**. 81. ed. Porto Alegre: L&PM Pocket, 1984.